民事执行竞合研究

王贵彬 著

中国政法大学出版社

2024·北京

声　　明　　1. 版权所有，侵权必究。
　　　　　　2. 如有缺页、倒装问题，由出版社负责退换。

图书在版编目（CIP）数据

民事执行竞合研究 / 王贵彬著. -- 北京 : 中国政法大学出版社, 2024. 5. -- ISBN 978-7-5764-1530-8

Ⅰ. D925.104

中国国家版本馆 CIP 数据核字第 2024UL2411 号

出 版 者	中国政法大学出版社
地　　址	北京市海淀区西土城路 25 号
邮寄地址	北京 100088 信箱 8034 分箱　邮编 100088
网　　址	http://www.cuplpress.com (网络实名：中国政法大学出版社)
电　　话	010-58908586(编辑部) 58908334(邮购部)
编辑邮箱	zhengfadch@126.com
承　　印	固安华明印业有限公司
开　　本	720mm×960mm　　1/16
印　　张	13.5
字　　数	220 千字
版　　次	2024 年 5 月第 1 版
印　　次	2024 年 5 月第 1 次印刷
定　　价	59.00 元

序 言

当下，执行质效是人民群众评价法院工作的核心指标。质效不佳不仅降低人民群众对法院的评价，而且侵蚀司法系统的公信力，甚至影响政治威信。影响执行质效的因素有很多，其中一个重要原因是执行制度的不完善。经过多年理论研究、实践探索和立法推进，我国的执行制度建设已经渡过浅水区，正在跋涉深水区，甚至无人区，而执行竞合问题的研究是其不得不面对的湍流。

我国现行法中没有执行竞合的概念。理论界认为，执行竞合是指针对同一债务人的特定财产，存在多个执行债权而产生的难以同时满足的现象。笔者发现，只要不确定它们的执行顺序，就无法推进执行程序的继续进行。且没有合理的排序标准，就无法得到当事人的信服和接受。虽然现行法规定了一些确定执行顺序的方法，但这些规定存在不足之处，也存在矛盾之处，需要继续研究。目前理论界对此问题关注不多，相关成果寥寥无几。因这一问题不仅涉及民事执行法的知识，还涉及民事实体法的知识，理论界认为，探究执行竞合具有相当难度。宝剑锋从磨砺出，梅花香自苦寒来。美景藏于深山之中，宝珠孕于骇浪之下。不历险路，不涉深潭，怎能览拥。基于其知识复合的特点，笔者采用实体法与程序法相结合的方式来全面系统地探讨民事执行竞合问题。本书分为六章，第一章介绍基本问题；第二章和第三章探讨确定执行顺序的通常和特殊考量因素；第四章概括我国的立法和实践现状；第五章提出完善的建议；第六章初步探讨民事执行与刑事执行或行政执行的竞合问题。

第一章介绍了民事执行竞合的基本问题。笔者认为，产生执行竞合的原因在于，市场经济的自由性和利益的驱动、财产公示机制的不完善和信用机制的不健全等。民事执行竞合与执行根据竞合的主要区别是实体请求权的数量。民事执行竞合与民事执行顺序属于交叉关系。执行竞合具有多种类型，除了通常的类型，先予执行也会与民事执行产生竞合。

第二章探讨了确定执行顺序的通常考量因素。按照申请执行的先后确定执行顺序的思路，既能保障执行公平，更能提高执行效率，最终促进执行程序所追求价值的更好实现。况且，比较法上广泛存在采用优先主义确定执行顺序的立法例。

第三章研究了确定执行顺序的特殊考量因素。由于时间标准无法顾及个体差异、权利区别及实体和程序之间的差异而可能损害实质公平，因此需要确立特殊考量因素。后申请执行人，如果具有更值得保护的权益，可以通过执行竞合程序请求法院改变执行顺序，维护自己的权益。后申请执行人是否具有更值得保护的权益，本质上是其权益是否具有优先受偿的效力。后申请执行人的权益是否具有优先受偿的效力，需要在与先申请执行人的权益进行具体比较后得出，在具体判断或情境排序时，可以参考权益位阶理论来进行。

第四章概括了我国解决民事执行竞合问题的立法和实践现状。关于普通金钱债权执行竞合的清偿原则，我国存在两种模式，即有限优先原则与有限平等原则，两者存在矛盾的内容，造成了实践的混乱。对于金钱债权执行与非金钱债权执行之间竞合的处理办法，现行法存在不完善之处；对于基于债权形成的债权与金钱债权执行之间竞合的处理方法，法律没有规定。对于非金钱债权执行之间竞合的处理办法，现行法存在缺位。执行规范目前没有直接表明优先支持劳动债权和人身损害赔偿之债的态度。对于保全执行之间或者与终局执行之间竞合的处理办法，现行法没有完善的规定。对于先予执行与民事执行竞合的处理办法，现行法尚未明确。现行法下解决执行竞合问题的程序，不仅不能完全满足处理执行竞合问题的需要，还增加了处理的难度。

第五章提出了完善我国民事执行竞合的立法建议。对于终局执行之间的竞合，原则上按照优先主义处理，除非后申请执行人具有更值得保护的权益。原则上应该按照优先主义的思路来处理终局执行和保全执行之间的竞合问题。如果多个保全措施存在抵触，后者不能执行。先予执行与金钱债权执行竞合时，需要优先支持，也需要考虑错误先予执行和保全执行未获终局执行依据的情况。先予执行与非金钱债权执行竞合时，可以参照金钱与非金钱债权执行竞合的规则处理。个人破产程序确立后，应由参与分配程序和处理其他执行竞合类型的程序，共同组成我国的民事执行竞合程序。

第六章提出了完善我国民事执行竞合相关制度的建议。民事执行与刑事执行竞合中，特殊情况下，退赔被害人的损失应与其他民事债务顺位相同。民事执行与行政执行竞合中，拍卖公告中不能要求税款完全由拍定人承受。滞纳金应该与税款具有同等顺位。

限于目的和篇幅限制，序言以蜻蜓点水的方式介绍了本书的结构和观点。只有全面阅览，才能深刻了解本书的思想。笔者殷切希望，本书的面世能够抛砖引玉，供后人批评指正。

目 录

序　言 / 001

绪　论 / 001

第一章　民事执行竞合的基本问题 / 007
第一节　民事执行竞合的概念、特征和起因 / 009
第二节　民事执行竞合和相关制度的比较 / 014
第三节　民事执行竞合的类型 / 017

第二章　确定执行顺序的通常考量因素 / 027
第一节　通常考量因素的类型和选择 / 027
第二节　选择优先主义的原因 / 032
第三节　比较法上优先主义的立法例 / 045
第四节　优先主义的适用范围与判断标准 / 057

第三章　确定执行顺序的特殊考量因素 / 061
第一节　特殊考量因素的确立原因、现状和发展 / 063
第二节　金钱债权执行之间竞合中的优先受偿权 / 078
第三节　其他执行竞合类型中的优先受偿权 / 097

第四章　我国解决民事执行竞合的立法和实践现状 / 099
第一节　普通金钱债权执行之间竞合中清偿原则的立法和实践现状 / 099

第二节 优先受偿权的立法和实践现状 / 103

第三节 保全执行与终局执行竞合的立法和实践现状 / 110

第四节 保全执行之间竞合的立法和实践现状 / 112

第五节 与执行竞合相关的程序的立法和实践现状 / 114

第五章 我国民事执行竞合的立法完善 / 118

第一节 终局执行之间竞合的执行顺序规则 / 118

第二节 保全执行和终局执行竞合的执行顺序规则 / 151

第三节 保全执行之间竞合的执行顺序规则 / 157

第四节 先予执行与民事执行竞合的执行顺序规则 / 160

第五节 执行竞合程序的构建与完善 / 162

第六章 我国民事执行竞合相关制度的完善 / 176

第一节 民事执行与刑事执行的竞合 / 176

第二节 民事执行与行政执行的竞合 / 185

结　语 / 196

参考文献 / 198

绪　论

一、研究对象

通说认为，民事主体享有财产权、人身权、知识产权和社员权。[1]基于这些权利，民事主体之间通过合意或者非合意形成了财产法律关系与人身法律关系。在法律关系中，权利人对义务人享有权利，义务人需要履行对应的义务。除自我救济之外，义务人如果能够履行相应的义务，那么就不会进入作为国家救济的纠纷解决程序。反之，经过纠纷解决程序后，民事债权人获得执行债权。[2]债务人若能自觉履行金钱义务或非金钱义务，执行债权消灭。否则，债权人获得请求法院强制执行的请求权，进而开启民事执行程序。

民事司法实践中广泛存在，同一义务人基于合意或者非合意形成的多个财产法律关系或者人身法律关系，对多个民事主体负担义务的情况。当多个债权人的债权都得不到自觉履行而先后进入执行程序时，就有可能存在多个债权无法同时得到满足的情况。其中有针对债务人全部财产的债权，也有针对债务人特定财产的债权。无论多个债权的执行内容是否具有同质性，当所有债权都无法得到同时满足时，需要先选择其中的一部分进行执行，这就与

---

[1] 参见王利明主编：《民法》（第 8 版·上册），中国人民大学出版社 2020 年版，第 107~109 页。

[2] 参见许士宦：《强制执行法》（第 3 版），新学林出版股份有限公司 2021 年版，第 5 页。

其他不能被优先执行的债权,形成一种矛盾关系,即执行竞合。执行竞合也存在重合性的内容,即无论是在执行程序中才确定执行对象的情况,还是在建立法律关系时就确定执行对象的情况,多个债权的执行对象具有同一性。面对多个债权无法同时得到满足的情况,法律必须确立执行的顺序及其排序标准,并给出正当性的理由,从而推进执行程序的进行和终结,维护司法公信力,并对其他民事执行实践产生引导作用。

民事债权执行基于内容的差异,区分为金钱债权执行与非金钱债权执行。为了保证将来裁判的内容能够实现,或者避免损害的进一步扩大,法律设定了行为保全与财产保全。依据执行阶段的不同,还能够划分为终局执行与保全执行。从理论上来讲,上述民事执行类型的任何两种,都有可能发生执行竞合,解决执行竞合问题的关键是执行顺序的确定,这属于执行竞合的实体问题。而确定执行顺序以及对相关争议问题的解决,需要相应的程序,这属于执行竞合的程序问题。关于解决这些问题的路径和方法,理论上虽然取得了进步,立法也制定了一些规则,但依然存在相互冲突和有待补充的地方。因此,本书将主要围绕这些问题进行系统全面的研究。

二、研究现状

根据目前搜集到的国内外相关资料可知,对执行竞合进行专门研究的成果包括,王娣的博士学位论文及其之后出版的专著,肖建国、谭秋桂和董少谋主编或所著教材中的专门章节,江必新主编书籍中的专门章节,以及少量的硕士学位论文;陈荣宗、吴光陆、张登科、陈计男、赖来焜等人著作中的专门章节。通过分析可知,他们普遍认可存在执行竞合的现象及问题;其中多数研究成果仅仅关注民事执行与民事执行的竞合。有的研究成果对民事执行与行政执行或刑事执行的竞合进行了初步探讨。[1]关于金钱债权执行之间能否成立

---

[1] 参见江必新主编:《强制执行法理论与实务》,中国法制出版社2014年版,第729~730页;肖建国主编:《民事执行法》,中国人民大学出版社2014年版,第316页;王娣:《强制执行竞合研究》,中国人民公安大学出版社2009年版,第60~73页。

竞合,存在争议;有的观点持肯定态度,[1]有的观点持否定态度,[2]但都缺乏对先予执行与民事执行竞合的关注。关于确定执行顺序的规则,观点差别较大。对于金钱债权之间的执行顺序,主要存在优先主义和平等主义两种观点。"关于以支付金钱为内容的执行与支付金钱以外行为为内容的执行之间竞合,或者支付金钱以外行为为内容的执行之间竞合的执行顺序问题,存在三种学说。"[3]对于保全执行与终局执行之间的执行顺序,有观点主张按照折中说处理;[4]有观点主张按照终局执行之间竞合的规则处理。[5]对于保全执行之间的执行顺序,观点也存在一些差别。[6]以上研究都对执行竞合程序问题关注较少,有观点认为应该通过第三人异议之诉处理。[7]

通过阅读王洪亮等翻译的2019年、2020年出版的《德国民事执行法》上下两册,日本学者中野贞一郎等写作的2016年出版的《民事执行法》,日本学者园部厚于2017年出版的《民事执行の实务》(上)(下)等著作,没有发现关于执行竞合的专门系统研究,但分散存在着一些规则。[8]通过阅读英国学者Stuart Sime等于2018年出版的 *Black Stone'S Civil Practice*,和Stuart Sime于2017年出版的 *A Practical Approach To Civil Procedure* 可知,书中仅仅提到依据刑事没收令(Criminal Confiscation Orders)的执行应该让位于民事执行,对于其他相关问题,则没有论述。

---

〔1〕 参见肖建国主编:《民事执行法》,中国人民大学出版社2014年版,第315页;王娣:《强制执行竞合研究》,中国人民公安大学出版社2009年版,第52~53页;江必新主编:《强制执行法理论与实务》,中国法制出版社2014年版,第731~732页;杨与龄编著:《强制执行法论》(最新修正),中国政法大学出版社2002年版,第270页。

〔2〕 参见董少谋:《民事强制执行法学》(第2版),法律出版社2016年版,第162页。

〔3〕 参见谭秋桂:《民事执行法学》(第3版),北京大学出版社2015年版,第276~277页;吴光陆:《民事执行法》,三民书局2017年版,第561页。

〔4〕 参见谭秋桂:《民事执行法学》(第3版),北京大学出版社2015年版,第286页。

〔5〕 参见王娣:《强制执行竞合研究》,中国人民公安大学出版社2009年版,第290页。

〔6〕 参见张登科:《民事执行法》,三民书局2018年版,第621~624页;王娣:《强制执行竞合研究》,中国人民公安大学出版社2009年版,第290~293页。

〔7〕 参见张登科:《民事执行法》,三民书局2018年版,第617页。

〔8〕 参见[德]弗里茨·鲍尔、霍尔夫·施蒂尔纳、亚历山大·布伦斯:《德国强制执行法》(上册),王洪亮、郝丽燕、李云琦译,法律出版社2019年版,第113~116页;[日]中野贞一郎、下村正明:《民事执行法》,青林书院2016年版,第36页。

三、研究意义与创新之处

（一）研究意义

对执行竞合问题进行探索，既有理论意义，又有实践价值，还能为立法贡献力量。

首先，本研究可以填补理论上的空白之处。关于金钱债权执行竞合中优先权的含义、范围及与其他给付义务的关系问题，以支付金钱以外行为为内容的终局执行和以支付金钱为内容的终局执行之间的执行顺序问题，决定执行顺序的特殊考量因素问题，专门的执行竞合处理程序的问题、民事执行与刑事执行或者行政执行竞合的问题等的研究成果缺乏，通过本研究能够填补这些空白。

其次，本研究能够定分止争。现行法和现有理论成果之中，存在很多争议问题。例如，当某个债权人依据以金钱为内容的执行债权请求执行债务人的特定财产之后，其他对债务人的同一财产存在非金钱债权的权利人，也提出强制执行的申请，此时的执行顺序应如何确定。主要域外国家的立法没有给出明确解决方案。但学者们给出了三种思路。其一，因审执分离，通常情况下执行程序不处理实体问题，使其判断执行债权背后的实体权利之间的关系，属于不合理的要求。而仅仅依据申请执行的时间先后这一形式化的标准，来确定竞合时的处理顺序，与程序的功能与配置相符。其二，"应该根据权利的性质，判定实施的先后次序，如若非金钱债权基于物权而生，那么该债权应当优先被实现"。[1]其三，"原则上应该依据申请执行的先后进行处理，如果后者的基础权利是物权，那么可以优先于先申请者执行"。[2]

当某个以支付金钱以外行为为内容的债权人对债务人的财产申请民事执行之后，其他具有同质执行内容的债权人也对债务人的相同财产申请执行，此时如何判定执行顺序，主要域外国家的法律也没有给出明确答案。但理论界提出了两种观点。[3]其一，依据优先主义的观点，凭借采取保全措施的先后顺序

---

[1] 参见江必新主编：《强制执行法理论与实务》，中国法制出版社2014年版，第733页。
[2] 参见杨与龄编著：《强制执行法论》（最新修正），中国政法大学出版社2002年版，第270页。
[3] 参见谭秋桂：《民事执行法学》（第3版），北京大学出版社2015年版，第276~277页。

来排序满足。其二，需要凭借执行债权的基础权利关系来决定清偿顺序。基于债权的执行让位于基于物权的执行。倘若都是基于物权的执行，且相互排斥，那么应依据权利产生的时间先后，来确定执行的先后顺序。[1]另外，有观点认为，一般情况下，应该凭借申请的时间先后处理，除非后申请执行人的执行债权的基础权利是物权，此时应该比先申请执行人被实现。[2]由于上述争议问题的存在，阻碍执行顺利进行，造成执行混乱，需要尽快定分止争。

最后，本研究能够产出系统全面的成果，清晰指引实践。执行竞合本身存在众多类型，执行顺序的确定还需要情境排序。涉及不同实体法和程序法，而与此对应的规则较为多样化和碎片化，不集中有序。为此，本书的研究将系统整理，理顺关系，形成体系化成果，方便了解，促进指导。

(二) 创新之处

1. 研究资料方面的创新

日本学者中野贞一郎等的《民事执行法》、园部厚的《民事执行の实务》(上)(下)、英国学者 Stuart Sime 等的 *Blackstone'S Civil Practice*、Stuart Sime 的 *A Practical Approach To Civil Procedure*、我国学者张登科的《民事执行法》、吴光陆的《民事执行法》，再加上王洪亮等翻译的《德国民事执行法》上下两册要么是国内没有引进，要么是缺乏最新版。本书通过对这些资料的引介和更新，能够一定程度上保证研究资料的新颖性。

2. 研究对象方面的创新

第一，以往的研究存在矛盾之处。例如，对优先权的含义、类型、性质等的研究，存在不一致的地方。本书将就此专门研究。

第二，以往的研究存在漏洞。例如，决定执行顺序的特殊考量因素问题，执行竞合处理程序的问题，民事执行和刑事执行或者行政执行之间竞合的问题，以往的研究存在缺位。本书将努力填补漏洞。

第三，以往的研究，多是就事论事，分散进行，本书将进行系统的研究，充分全面探讨执行竞合中的实体与程序问题。

第四，个人破产制度的建立只是时间的问题。那么，在建立个人破产制

---

[1] 参见江必新主编：《强制执行法理论与实务》，中国法制出版社 2014 年版，第 733 页。
[2] 参见杨与龄编著：《强制执行法论》(最新修正)，中国政法大学出版社 2002 年版，第 271 页。

度之后,[1]对于执行竞合中相关部分的影响和应对,存在提前研究的必要性。

3. 研究角度方面的创新

解决执行竞合的规则中,牵涉到"更值得保护的权益"。通过名称就能看出,对于该问题的研究,多是站在执行程序的角度进行分析。从本质上来说,在后的执行是否存在更值得保护的权益,实质上是后者的执行债权是否具有优先受偿的效力问题,由此,可从实体法的角度去探究,促进该具体问题的理论化和体系化。

四、研究方法与研究框架

(一)研究方法

1. 比较研究的方法

众所周知,我国民事执行立法和理论研究,起步较晚,理论与实践基础薄弱。与民事程序法一样,需要借鉴发达国家的成熟经验。执行竞合研究也不例外,笔者将充分研究比较法上的做法及其背后的深层原因,以资借鉴。

2. 实证研究的方法

民事执行的理论与立法不能脱离本国的实际情况,在我国这个历史悠久和文化独特的国家,更应如此。比较法上的成功经验,只有与本国的实际情况相适应,才具有意义。并且,我国的特殊情况,也能催生不同于其他国家的理论和立法。因此,笔者将最大限度发掘真实的实践情况,为研究打下坚实的实践基础。

(二)研究框架

本书首先从介绍民事执行竞合的概念、起因、类型等基本问题入手,打牢基础,厘清概念。其次,分析多个执行债权无法同时满足时,确定执行顺序的通常和特殊情况下的考量因素、选择原因和操作标准、突破要点。再次,概括我国处理民事执行竞合的立法与实践现状,以及存在的问题,把握方向,锁定目标。最后,针对我国的民事执行竞合及其相关制度提出有针对性的完善建议。

---

[1] 参见肖建国、庄诗岳:《参与分配程序:功能调整与制度重构——以一般破产主义为基点》,载《山东社会科学》2020年第3期。

第一章

民事执行竞合的基本问题

民事执行竞合是多个民事执行并存和冲突的现象,了解民事执行是研究其竞合问题的基础。民事执行是指,获得执行依据的债权人,在义务人不主动承受债务的情况下,申请法院强制义务人实现债务,以实现执行依据所载债权内容的程序。执行名义的来源,"不只是法院的裁判文书,还包含公证机构的债权文书、仲裁机构的裁决书、涉财产内容的刑事裁判文书,以及涉财产内容和行为内容的行政裁判文书"。[1]从实体法的角度出发,执行名义所载债权人对义务人的权益,是基于民事实体法而形成的请求权,被称执行债权。虽然执行债权本质上属于债权,或者请求权,但产生执行债权的基础权利不仅包括债权,还包括物权、人身权利等民商事领域的实体权利。该执行债权或者请求权是法律上的权利,能够请求债务人履行,债务人如果自主履行,那么请求权因满足而消灭。否则,应该允许债权人,申请法院介入,运用强制手段帮助其实现权益。[2]

民事执行程序和民事审判程序具有密切的关系。它们都属于民事程序法的一部分,因功能不同被设计在不同的阶段。民事审判属于民事程序法中解决纠纷程序的一种,其他的还有仲裁、公证和调解。倘若义务人不实现通过这些纠纷解决程序判定的义务,则债权人可以启动处于后阶段的实现权利的

---

[1] 参见谭秋桂:《民事执行法学》(第3版),北京大学出版社2015年版,第7页。
[2] 参见张登科:《强制执行法》,三民书局2018年版,第1页。

执行程序。[1]两者不是泾渭分明的前后者的关系，它们之间还存在共同之处。在民事审判程序中，经常需要进行保全执行与先予执行。而在民事执行程序中，当对实体问题存在争议时，经常需要启动债务人异议之诉或者第三人异议之诉程序。从本质上来说，这些程序属于民事审判程序。可见，功能差异是两者最大的不同。由此，两者被设定了不同的价值导向。前者更注重效率，后者更看重公正。如果债务人自觉履行了民事裁判的内容，那么就没有必要启动民事执行程序，所以，后者并不是必需的。

具体而言，民事执行具有如下特征：

（1）执行机关具有特定性。从自力救济过渡到公力救济之后，作为具有执行权负责实现债权内容的重要机关，必须是能力相称，且明确具体的，这样才值得公民对解决纠纷权利的让渡，才能树立起公力救济的公信力。经过历史的精挑细选，这一重要的权利，被赋予法院。[2]只有法院才有进行保全执行、进行先予执行、对债务人财产进行控制和变价的权力，除此之外的任何机关，通常情况下，不应该具有强制执行权。

（2）执行依据具有有效性。进行审判活动和执行活动的目的存在区别，两者不应该由同一部门负责。基于功能的不同，执行程序更注重效率价值。表现之一就是，减少执行准备的时间，尽快进入实质执行阶段。为此，执行债权、当事人和内容等的确定，应该高效进行，这就要求执行依据的有效性。只有如此，执行法院才不需要投入过多的时间就可完成上述执行准备工作，尽早进行实质执行。比较法上，为此专门建立了执行文制度。[3]只对执行依据进行形式审查，就可确定执行债权的存否和内容，进而快速进入实质执行阶段。由此可知，确保执行依据的有效性，是执行程序法理的要求。[4]

（3）执行程序具有法定性。执行实施权在本质上类似于行政权，[5]也存在行政权滥用与扩张等弊端，与执行相对人的利益直接相关，影响甚大。在惩罚犯罪与治安处罚的程序中，都需要注重对犯罪分子和行政相对人的宪法

---

[1] 参见肖建国：《民事诉讼程序价值论》，中国人民大学出版社2000年版，第619页。
[2] 参见陈杭平：《中国民事强制执行法重点讲义》，法律出版社2023年版，第70~71页。
[3] 参见刘颖：《执行文的历史源流、制度模式与中国图景》，载《中外法学》2020年第1期。
[4] 参见谭秋桂：《民事执行法学》（第3版），北京大学出版社2015年版，第8页。
[5] 参见肖建国主编：《民事执行法》，中国人民大学出版社2014年版，第25页。

权利等权益的保护；在与财产利益相关的民事执行中，更应该注重对债务人的权利的保障。于是，执行必须具有法定性。即执行措施的启动、审查、控制财产、变价财产、分配款项、保全执行、程序与实体的救济等，都需要法律作出明确的规定，法院与当事人都必须严格执行。

（4）执行方法具有强制性。进入解决民事权利义务纠纷的程序之后，存在两种最终实现债权人权益的方式，即自觉履行与强制执行。自觉履行是指，当实体上的权利义务确定后，不需要外力的介入，债务人主动承担实现义务的行为。而当债务人不主动承担时，就需要一种能够强迫其履行的方式，这就是民事执行。由此可知，强制执行是自觉履行的对立面，民事执行最显著的特征是强制性，该特征决定执行的底色，伴随执行的始终。当债务人不自觉履行债务时，如果没有国家强制力的介入去帮助实现，那么既有可能债权人忍气吞声，违背公平，又有可能因债权人的武力自救，而转变为治安案件或刑事案件。为此，唯有具有强制力的行为的帮助，才能维护债权人的权益，预防矛盾的激化。具体来说，一旦启动民事执行，就不需要照顾债务人的态度，可以对债务人的财产直接进行控制，之后进行变价；可以直接取回，并移交给债权人；可以通过直接增加罚款和利息的方式迫使债务人自觉履行。需要强调的是，强制执行的过程，不排除自觉履行的存在。如果债务人仍然愿意自觉履行，基于执行效率的考虑，可以终结债务人已经自觉履行部分的执行。

第一节　民事执行竞合的概念、特征和起因

一、民事执行竞合的概念

执行实践中，经常遇到如下情况，即一个债务人对多个债权人负担义务，这几个义务的内容，要么都是金钱债权，要么都是非金钱债权，要么有的是金钱债权，有的是非金钱债权。当两个以上义务无法得到债务人的履行，都进入执行程序后，就有可能出现基于债务人的财产不可同时实现所有债权人的债权，而使执行程序陷入停滞的状态，或者因为其他债权人对某些债权人

的优先执行的不满而陷入无休止的争执状态。这就是民事执行竞合现象。规范来说，民事执行竞合是指，两个或者两个以上的债权人凭借执行名义，先后或者同时，申请对债务人特定的同一财产进行强制执行，因该财产无法同时满足所有执行债权人的债权而产生矛盾状态，需要依据相应标准，确定执行顺序的情况。[1]执行竞合本质上是债权请求权之间的冲突。[2]

民事执行竞合存在广义与狭义之分，区别在于是否包括多个金钱债权执行之间的冲突现象。[3]狭义说认为，执行财产被变价的金钱债权执行，不存在竞合的基础。并且，金钱债权执行竞合可以通过参与分配程序解决，不需要在执行竞合的框架下探讨。[4]笔者不赞成该观点，数个金钱债权人对于债务人特定财产的变价款，也会在分配阶段出现不能同时清偿的现象，符合执行竞合的特征与本质。并且，参与分配将来的功能会发生调整，现在的功能将由个人破产程序接手，将来，其会完全变成解决金钱债权执行竞合的平台，分配变价款的规则也将发生改变，彼时，其会成为真正的执行竞合程序。因此，本书将从广义上研究民事执行竞合问题。

二、民事执行竞合的特征

（一）存在多个债权人

对于民事执行竞合是否需要两个以上债权人存在的问题，存在争议。笔者认为，如果两个以上给付都是属于同一个债权人的，那么即使债务人的特定财产不能同时满足，因这完全是债权人与债务人之间的履行顺序问题，故不会产生债权人之间的排斥状态。[5]由此可知，存在多个债权人是执行竞合的前提条件。

（二）存在多个执行名义

与上述情况类似，如果多个给付义务同出于一个执行名义，那就是执行

---

[1] 参见谭秋桂：《民事执行法学》（第3版），北京大学出版社2015年版，第265页。
[2] 王娣、王德新、周孟炎：《民事执行参与分配制度研究》，中国人民公安大学出版社、群众出版社2019年版，第171页。
[3] 参见肖建国：《中国民事强制执行法专题研究》，中国法制出版社2020年版，第44页。
[4] 参见董少谋：《民事强制执行法学》（第2版），法律出版社2016年版，第162页。
[5] 王娣、王德新、周孟炎：《民事执行参与分配制度研究》，中国人民公安大学出版社、群众出版社2019年版，第177页。

顺序问题。通常同一个诉讼程序中出现排斥现象时，都会被法院考虑，并在裁判中作出安排。只有当多个执行名义，出自多个执行机关或者执行法官，才有可能出现多个给付义务相互排斥的现象。

（三）被执行人应为多个给付

债务人对多个债权人负担多个债务，多个债务不能同时满足，才会产生执行竞合现象。因此，存在两个或者两个以上的债务，特别是不同性质的债务，是执行竞合产生的基础条件。

（四）以被执行人的特定财产作为执行对象

民事执行程序本质上属于个别执行程序，不是针对债务人的全部财产。多个债权之所以会出现不能同时满足的情况，就是因为执行对象属于同一个。如果执行对象不属于同一个，那么多个债权不会集中于同一物之上，就不会产生执行顺序的冲突。

（五）债权人先后或者同时向执行法院提出请求

多个执行债权不可同时实现债权，才会导致执行竞合的出现。其前提就是履行之时，债务人的特定财产上具有多个债务。如果多个债务不会在履行之时并存于特定财产之上，而是先后出现，那么债权之间就不会出现无法同时满足的情况，更不可能发生执行的竞合。

由此可见，民事执行竞合的最本质特征就是，多个执行债权人就同一被执行人的同一财产，存在多个不能同时满足的债权负担的状态，及由此引发的确定执行顺序的问题。执行实践中，通常只有一个或者在先的债权能够被实现，而其他的暂时或者永远不能被满足。可见，执行顺序的确定问题，影响甚大，需要深入研究，这也是本书的核心研究对象。

三、产生民事执行竞合的原因

（一）市场经济的自由性与利益的驱动

市场经济具有逐利性和竞争性，对利益的追逐是市场主体开展经济活动的根本动力，也是促进市场繁荣的源泉。市场经济秉持法无禁止即自由的原则，给市场主体提供追寻利益的平台。[1]不管是作为市场主体的个人，还是组织，只要有意愿，就可以自由进行多样的、频繁的交易行为，不可避免地引发一个主体负担多个权利义务关系、债务人的同一财产成为多个法律关系对象的局面。一旦这些权利义务不能很好地被实现，就会产生多个债权人通过执行程序对同一债务人请求承担责任的情况。这是产生执行竞合的经济因素。

（二）风险的广泛存在

当今社会属于风险社会，不仅有商业风险，还有政治风险与自然风险。[2]有的风险，可以被预料，并且被提前通过合同或者保险进行预防或消解。大部分风险，都难以被提前预测，更谈不上躲避。这些风险，小则造成财产损失，大则导致违约、侵权、公司破产、损害身体健康和丧失生命等。身处这个风险社会的主体，无论是自然人，还是法人，都有可能同时面临多种风险，也会因这些风险，承担多个债务。当债务人无法履行这些债务时，就有可能导致多个债权人通过法院申请执行的情形。

（三）财产公示机制的不完善和信用机制的不健全

执行竞合的前提是债务人的同一财产成为多个法律关系的对象，当其中某个法律关系的成立需要公示时，实践中却没有进行公示，其中固然有权利意识淡薄的原因，更因公示机制的不完善。例如，特殊动产的成立、移转和担保规则就存在很多矛盾的地方，导致较低的公示率，这为执行竞合的并存创造了条件。有时，虽然公示程序很完善，但当事人为了自己的私利，进行借名登记等行为，[3]也会导致执行竞合的产生，这多与信用机制的不健全有关，即当事人对自己进行虚假行为的后果并不惧怕，以致此种行为大行其道。

（四）执行功能的错位及与相关制度的不协调

我国没有建立比较法上的个人破产制度，导致必须在执行程序中建立一

---

[1] 参见王保树：《市场经济与经济民主》，载《中国法学》1994年第2期。

[2] 参见[德]乌尔里希·贝克：《风险社会：新的现代性之路》，张文杰、何博闻译，译林出版社2018年版，第9页。

[3] 参见王贵彬：《论执行异议之诉中对借名买房人的裁判思路和救济路径》，载《西部法学评论》2021年第4期。

个针对自然人和非法人组织发挥相同功能的制度。[1]这又与执行程序的价值追求相矛盾,于是导致实践操作中矛盾行为层出不穷,给执行实践,特别是执行竞合的处理造成很多制度性的障碍。针对企业法人,有时虽然符合破产情形,但因各种原因不能进行破产,这就需要在执行程序中找寻解决之道,此时,追求效率的执行程序又被附加了维稳的功能,由此导致,执行与破产不能顺畅转换,不能进入破产程序的案件,只能采用与破产差异明显的执行程序来替代,由此,为执行竞合的产生创造了空间。

(五) 信息的不通畅

法院的审判信息涉及众多利益,需要适当保密。但如果不进行适当的公开,过于封闭,那么就会导致判决的不协调,甚至错误。如果在诉讼中进行适当的检索,找寻共同的当事人,就很有可能通过合并诉讼的方式,即便不能合并诉讼,也可以提前通过判决对执行对象作出合理的安排,避免在执行程序中,因不能同时满足不同的执行债权,而再进行协调债权之间关系的工作。另外,其他纠纷解决机构与法院之间也会存在信息不通畅的情况,导致针对债务人的多个执行名义的产生。可见,信息的不通畅,也是产生执行竞合的原因之一。

(六) 法律制度的不健全

执行竞合的产生,从某种意义上来说,就是不完善的法律规定导致的。如果法律规定是完善的,就不会出现远超债务人财产的担保的出现,就不会导致市场经济中出现如此大的风险,就算出现,也会把风险控制在合理的范围内。就算不合理,也会有明确的执行顺序的安排。可见,执行竞合产生的原因之一就是法律规定的不完善。

---

[1] 参见肖建国、庄诗岳:《参与分配程序:功能调整与制度重构——以一般破产主义为基点》,载《山东社会科学》2020年第3期。

第二节 民事执行竞合和相关制度的比较

一、民事执行的竞合和执行依据的竞合

执行根据是纠纷解决机构的工作成果，也是执行机构的办案凭据。依据理论观点和法律规定，执行依据分为人民法院制作的和法院以外机构制作的。众所周知，人民法院主要审理三种类型的案件，即民事案件、刑事案件和行政案件。其裁判形式包括判决、裁定与调解书。法院制作的执行名义包括：民事裁判与调解书，先予执行中的裁定，保全执行中的相关裁定；具有执行内容的行政和刑事判决、裁定、调解书；外国的有些判决与仲裁文书，有时，我国法院也需要承认与执行。具有纠纷解决功能的机关，还有仲裁机构和公证机构。它们所作的具有给付内容的文书，也具有执行力。此外，还有行政部门作出的需要申请法院执行的文书。这三种属于法院外机构制作的执行文书。执行根据的竞合是指，基于对债务人的同一个实体权利，债权人获得了多个执行的根据。例如，基于对债务人的金钱债权，债权人先去公证机构获得公证债权文书，后来又起诉到法院获得对债务人的确定判决，此时，债权人对债务人就形成了执行根据的竞合。[1]

综上所述，执行根据的竞合与民事执行的竞合是两个不同的概念。两者的区别如下：

（1）在债权人的人数方面，两者的要求存在不同。虽然前者的实体权利只有一个，但权利人却通过合法的，或者非法的途径，获得多个执行的根据。既然只有一个实体权利，那么通常就不可能有多个债权人的存在。单一的债权人对同一债务人的特定财产，即使存在多个给付，也不产生债权人之间相互抵触的现象，仅仅是债权人与债务人之间的履行顺序问题，并不属于执行竞合的范畴，而多个债权人的存在才是执行竞合的前提。

（2）在请求权的个数方面，两者的要求也不同。正如上文所述，基于同

---

[1] 谭秋桂：《民事执行原理研究》，中国法制出版社2001年版，第326页。

一个实体法上的请求权，而产生多个执行根据，是执行根据竞合的主要特征。此时，存在两种类型。其一，通过非法的手段，债权人对债务人获得两个同种性质的执行根据。例如，债权人先获得对于债务人的法院调解书后，又在另一个法院获得对于同一债务人的终局裁判。此时，由于前者不仅具有执行力，还有既判力，就与同样具有既判力的后者构成重复诉讼。其二，通过合法手段，债权人对于债务人先获得公证债权文书，之后，又对同一问题提起诉讼，获得终局裁判。此时，由于公证债权文书只有执行力，没有既判力，[1]两者之间并不矛盾。民事执行竞合的构成，对实体法上的请求权的数量，没有严格的限制，如果债权人对债务人存在多个实体权利，那么其理所应当获得多个执行根据，但对执行对象有同一性的限制。基于多个实体法上的请求权，而产生多个针对同一财产的执行依据，才是成立执行竞合的基础。

（3）在两者竞合的处理办法方面，存在不同的规则。解决执行根据竞合的关键问题是多个执行根据之间的效力问题。针对同种性质的执行根据，虽然都具有执行力，但因存在非法产生的执行根据，故同时申请执行时，应该中止执行，先由共同的上级机关对执行管辖和执行内容进行判定，然后，依据合法产生的执行依据进行执行。针对不同性质的执行依据，因都是合法产生，故应该按照时间的先后，依据先申请执行的执行根据进行执行。而民事执行竞合的类型多样，针对同种性质的执行债权与不同性质的执行债权的相互竞争，存在不同的处理办法。还要考虑以保全裁定为依据的执行与以终局裁判等为依据的执行之间竞合的解决办法。因此，两种竞合的处理办法，差别明显。

二、民事执行的竞合和民事执行的顺序

民事执行的顺序是指，实体法规定的，在具体执行案件中应该遵循的，债务人之间的履行顺序和执行对象的执行顺序，以及对债权人之间的满足顺序。我国法律对此作出如下规定：

---

[1] 参见朱新林：《论公证执行证书的既判力——建构多元纠纷解决机制背景下的考量》，载《法律适用》2011年第4期。

(一) 债务人之间的负担顺序

当存在多个执行义务人，并且，他们彼此之间没有确定履行顺序，或者履行顺序不明时，法律设定了三个履行顺序。第一顺序义务人包括七类，分别是：裁判文书确定的第一债务人；裁判文书确定的连带债务人；裁判文书确定的连带保证人；被推定为连带责任的保证人；法定连带责任人；前面主体的权利义务的承受人；帮助债务人打理财产的主体。第二顺序义务人包括三类，分别是：裁判文书确定的担保主债务的保证人；一般担保债务人债务的保证人；对债务人产生债务具有过错或者牵连责任的人。第三顺序义务人本质上是义务人的债务人。

(二) 执行对象的执行顺序以及债权人之间的满足顺序

执行实践中，债务人的财产范围广，类型多样，不同的财产之上存在不同的负担。相对地，债权人的债权性质也不同，债权人与债权人之间的关系很复杂。再加上，债权人与债务人之间的法律关系性质也不同，这就决定了需要设定针对债务人财产的执行顺序，以及对债权人之间的满足顺序。遵循立法和法理，必须遵守以下几点：其一，执行对象只能是义务人的财产，不应剥夺他人所有的财产。有必要思量被执行人和其扶养家属的生存权益，应该保留他们生存所必需的物品。其二，有些债权需要优先满足。例如，债权人的工资、社会保险费、人身损害赔偿金、国家的税款、诉讼费和执行费用、享有担保物权的债权、优先权等。其三，当存在多个债权人时，进行抵销时需要考虑债权人之间的公平问题。

综上所述，民事执行顺序所解决的问题包括：多个债务人时，债务人的履行顺序问题；多个执行财产时，执行财产的执行顺序问题；多个债权人时，债权人之间的实现顺序问题。而民事执行竞合主要解决多个债权人时债权人之间的实现顺序问题，不存在针对多个义务人的情况。就算是针对多个债权人时的满足顺序问题，仍有两点不同。其一，民事执行竞合的执行对象属于同一特定财产，而民事执行顺序的执行对象没有同一性的要求。其二，民事执行的顺序安排，多是针对金钱债权，而民事执行竞合的顺序问题，不仅针对金钱债权，还针对非金钱债权。另外，需要强调的是，实体法规定的顺序与司法实践中针对具体情况基于权益衡量建立的顺序，存在较大不同。

第三节 民事执行竞合的类型

多个民事执行的并存是执行竞合成立的前提,民事执行的类型是执行竞合类型的基础。民事执行类型多样,遵循不同的标准,能够得到不同的分类:

(1) 终局执行与保全执行。凭据阶段和内容的差异,民事执行能够分为以终局裁判等为依据的强制执行和以保全裁定为依据的强制执行。前者是指,可以使债权人满足执行依据所载请求权的执行。后者是指,仅仅能够保全权利,而不能满足申请执行人请求权的执行。确定判决、公证债权文书等的执行,属于前者;财产保全和行为保全等的执行,属于后者。

(2) 先予执行和本执行。凭据执行的完满状态进行分类,民事执行可以分为本执行与先予执行。前者能够实现执行债权的完满状态,不仅是金钱债权,还针对非金钱债权;后者属于提前执行,要求对方提前给付部分款项。

(3) 以支付金钱为内容的执行与以支付金钱以外行为为内容的执行。凭据内容方面的不同,民事执行能够分为以支付金钱为内容的执行和以支付金钱以外行为为内容的执行。前者中的执行名义要求被执行人支付金钱。如果债务人不主动支付金钱,债权人只能通过合法途径取走被执行人的金钱来还债。如果被执行人没有金钱或者不足,那么可以把其所有的合法财产进行变价,然后将得来的变价款支付给债权人。后者,是指以支付金钱以外行为为内容的执行。包含要求对方交付财物的执行,与要求对方进行某种行为和不进行某种行为的执行。

(4) 对财产的执行和对行为的执行。凭据执行对象的差异,民事执行能够分为以财产为对象的执行和以行为为对象的执行。以债务人的金钱或者其他财产为对象的执行,属于前者。例如,强制腾退房屋归还房主的执行。把被执行人的行为作为执行的对象,属于后者。例如,拆除违法建筑的执行、容忍排水的执行和赔礼道歉的执行等。对于财产的执行,执行机关能够采用直接执行的方法,强制控制与变价债务人的财产;而对于行为的执行,相较于民事领域的行为义务而言,没必要侵犯宪法权利和人身权利,采用间接的执行方法更符合比例原则。需要强调的是,对行为的执行和对人身的执行之间存在差异。后者是指,通过对债务人的人身权益等采取措施而增加其心理压力的方式,迫使被执行人积极主动地履行义务的执行方式。因对人执行,侵犯到债务人的人身权益,不符合比例原则,因此,应该被禁止。

(5) 直接执行、间接执行与代替执行。凭据执行措施方法和对义务人影响的区别,民事执行可以分为直接针对债务人财产或者身体的执行、间接针对债务人不可替代行为的执行和针对债务人可替代行为的执行。对于三者的使用顺序问题,存在争议的是间接执行与代替执行两者。因间接执行与现代法治精神存在冲突,故只有在替代执行或者直接执行无法适用时,才能采用。[1] 执行名义的内容,直接依据执行机关的执行行为获得实现,无需债务人协助的情况,称为直接执行。例如,对金钱债权的执行,直接依据执行机关的查封、换价、清偿等执行方法实现;或者对要求被执行人交付财物的执行,由执行机关直接拿走,或者剥夺被执行人占有的事实状态,然后交给债权人,实现其债权。执行名义的内容,不依执行机关的执行行为实现,而以罚款、拘留、加处利息等间接方法,对债务人的心理施予压力,促使债务人自行履行其给付的情形,称为间接执行。执行机关授权第三人或者债权人顶替被执行人承担债务,并且由被执行人支付执行花费,以实现执行名义所载执行内容的情况,称为代替执行。例如,执行名义命令债务人拆除房屋时,如果债务人不自动履行,则由执行机关授权第三人代替债务人拆除,其执行花费于执行前或执行后向债务人收取。

(6) 本来执行与代偿执行。凭据执行的结果(债权人是否实现执行名义本来的内容),民事执行可以分为本来执行与代偿执行。前者是指,债权人实现执行名义所载请求权的执行。后者则指不问执行名义所载请求权的种类、内容,将之改为支付金钱,以此代替原来执行内容的执行[2]。民事执行原则上应该进行本来执行,但当本来执行已经没有履行的可能时,可以命令债务人采用代偿执行的办法。

(7) 一般执行与个别执行。前者是指,因债务人的总资产不抵所有债务,用其所有财产,按债权比例清偿债权人债权的执行。后者是指,债权人以债

---

[1] 参见张登科:《强制执行法》,三民书局2018年版,第9页。
[2] 参见赖来焜:《强制执行法总论》,元照出版有限公司2007年版,第27页。

务人的某个特定的财产为执行对象，而进行的执行。破产程序属于前者。而民事执行属于后者。

本书将民事执行竞合区分为通常类型的执行竞合与特殊类型的执行竞合。前者指被普遍认可的竞合情形，包括以保全裁定为依据的执行之间、以终局裁判等为依据的执行之间以及前述两者之间的竞合；后者指先予执行与民事执行的竞合，包括多个先予执行之间以及先予执行与民事（非）金钱债权执行之间的竞合。具体分析如下：

一、民事执行竞合的通常类型

在执行实践中，虽然面向同一债务人的多个债权人的执行进程通常不会同步，但经常发生并存的现象。有时是纯粹保全执行的并存，有时是终局执行的并存，有时是纯粹保全执行与以终局裁判等为依据的执行的并存。于是，形成了基于执行阶段划分的执行竞合的类型。具言之，形成了以保全裁定为依据的执行之间、以终局裁判等为依据的执行之间，与以保全裁定为依据的执行和以终局裁判等为依据的执行之间的竞合。

（一）终局执行之间的竞合

当其余债权人凭据终局的执行文书，同时或者之后加入已经被启动的以债务人特定财产为执行对象的终局执行时，就有可能产生竞合。例如，当债权人乙依据法院作出的命令债务人丙交付金钱的判决，去申请拍卖丙的汽车时，债权人甲依据法院作出的认可甲丙之间买卖汽车合同的终局裁判，去申请法院强制交付，此时，债权人乙和债权人甲的债权不能同时得到实现，形成了一种相互排斥的关系，此时就产生了竞合关系。

因终局执行内容的差异，执行竞合可以分为以支付金钱为内容的执行之间、以支付金钱以外的行为为内容的执行之间与前述两者之间的竞合。对于后两者之间竞合的存否，学界普遍持认可态度。但是，关于以支付金钱为内容的终局执行之间，是否可以形成竞合形态，学界存有争议。笔者认为，以支付金钱为内容的执行之间依然存在竞合现象。之所以对此问题有争议，原因在于对排斥关系的理解不同。持否定看法的观点认为，相互排斥是指因特定财产不能同时满足所有执行债权，而导致的需要选择优先实现对象的状态，而金钱债权的标的物上不会出现这种排斥的现象，这些债权之间只是量的问题。[1]笔者认为，这种理解并不完全准确，变价款是执行财产的另一种形式，排斥关系的本质应该是不能同时满足，与载体没有多大关系。金钱债权终局执行之间的竞合，在变价款上存在不能同时满足的情况，应该属于执行竞合的范畴。[2]因此，以终局裁判等为依据的执行之间存在三种竞合现象。

1. 以支付金钱为内容的执行之间的竞合

多个对债务人享有金钱债权的债权人，在获得终局确认他们享有金钱债权的文书后，同期或者先后，对债务人的某个财产或者财产的变价款申请执行，形成的不能同时偿还的状态，属于以支付金钱为内容的执行之间的竞合。[3]比如，债权人甲在获得针对债务人乙的借款债权的终局裁判后，申请对债务人的轿车强制执行，同期或者之后，债权人丙凭借法院作出的确认其对债务人乙享有金钱债权的判决，对债务人乙的同一辆轿车申请执行，当轿车的价值不能同时偿还甲和丙的债权时，就在甲与丙之间形成一种相互排斥的关系。

2. 以支付金钱为内容的执行和以支付金钱以外的行为为内容的执行之间的竞合

两者的竞合存在两种类型，其一，金钱债权人在获得终局裁判后，对债务人先申请执行，获得终局裁判的非金钱债权人，同时或之后，针对同一债务人的某个特定的财产申请执行。其二，两者的顺序正好相反。非金钱债权人获得终局裁判后，对债务人申请强制执行，同时或之后，获得以支付金钱为内容的终局裁判的债权人，对同一债务人的某个财产申请执行。此时，如果前述两种执行程序中，被执行人的特定财产不能同时实现金钱债权与非金钱债权时，就会产生两者之间的竞合状态。例如，债权人甲依据确认其和债务人乙之间的房屋买卖合同的终局裁判，申请法院强制执行该房屋时，债权人丙依据法院确认其对债务人乙享有金钱债权的终局裁判，来申请对该房屋进行变价措施，此时，被执行人乙的房屋不能同时实现两个债权，于是，便会形成此种竞合类型。

---

[1] 杨建华主编：《强制执行法·破产法论文选集》，五南图书出版公司1984年版，第91页。
[2] 参见江必新主编：《民事强制执行操作规程》，人民法院出版社2010年版，第415页。
[3] 参见肖建国主编：《民事执行法》，中国人民大学出版社2014年版，第314页。

3. 以支付金钱以外的行为为内容的执行之间的竞合

某债权人凭据认可其对债务人享有以支付金钱以外的行为为内容的债权的文书，对债务人的财物请求执行，同时或者之后，其他债权人也凭据确认其对债务人具有非金钱债权的文书，对被执行人的相同财产申请执行，当被执行人的该财产不能同时实现两个执行债权时，便会产生以支付金钱以外的行为为内容的执行之间的竞合。例如，债权人丙凭据法院认可其对债务人的房子享有所有权的终局裁判，申请执行债务人的房子时，债权人甲凭据法院认可其对该房子享有租赁权的终局裁判，也申请执行。于是，就产生债务人的房子无法同时满足两个债权人债权的状态，此时，产生了以支付金钱以外的行为为内容的执行之间的竞合。

(二) 保全执行之间的竞合

从理论上来说，保全执行分为针对证据的保全、针对财产的保全和针对行为的保全。从执行的角度来说，主要指后两者。财产保全与行为保全的功能是，在诉讼之前或者诉讼中，为了保证将来的判决能够实施，或者防止损害的扩大，让法院针对当事人的财产或者行为采取的临时执行行为。由于不同的执行对象具有不同的特点，应该适用对应的执行措施。面对行为时，主要是要求义务人进行一定的行为，或者禁止一定的行为。面对财产时，主要是限制义务人对财产的处分。日本和德国，针对不同的执行债权，设置假处分与假扣押两种保全措施。前者是指，为维护债务人对债权人背负的支付金钱的债权或者可转化为支付金钱的债权未来的履行，而扣押并限制债务人对其财产处置的执行程序。后者是指，为保证债务人对债权人负有的非金钱债权未来的实现，而进行的临时性的措施。例如，对土地没有使用权的债务人，依据享有的租赁权，开始在土地上建造房屋，债权人申请禁止该债务人建造，并获得法院裁定并执行。通过与上述情况进行比较可知，我国对保全执行的划分与之差别明显。其是依据执行债权的内容划分，我国是依据执行对象划分，这就导致两种划分在功能上存在交叉。但依据大多数学者的观点，应借鉴德日立法的经验，对我国的保全执行进行改造。[1]笔者将在此基础上探讨执行

---

[1] 参见王娣：《强制执行竞合研究》，中国人民公安大学出版社2009年版，第56页。

竞合的问题。

保全执行，分为执行中的保全与诉前或诉中的保全。执行中的保全，本质上属于终局执行。诉前和诉中的保全，才是纯粹的保全执行。本书此处讨论的保全执行限于纯粹的保全执行，[1]即同时存在多个针对债务人特定财产的保全执行裁定，而裁定确定的执行内容无法同时实现的情况。例如，为维护将来的金钱债权的顺利实现，债权人甲申请对债务人乙的汽车采取保全措施，制止其处分。债权人丙为保证买卖汽车的约定将来能够实现，也申请对债务人乙的汽车保全执行，禁止其处分。此时，就形成了多个保全裁定集中于债务人同一财产的情况。因保全的裁定出自不同的司法机关，故保全执行竞合的原因多是执行管辖分散导致的执行内容的不协调。因以保全裁定为依据的执行，分为针对金钱请求的假扣押和针对金钱以外请求的假处分，故保全执行之间的竞合可包括三种情况。具体分析如下：

1. 假扣押之间的竞合

当某个金钱债权人或者能够转化支付金钱的债权人申请对债务人假扣押执行后，其余的金钱债权人或能够转化为支付金钱的债权人，也对债务人的相同财产申请假扣押，此时形成基于金钱债权的假扣押之间的竞合。比如，债权人丙与债务人丁的诉讼中，债权人丙为防止将来的金钱债权落空无法执行，就申请法院查封了债务人丁的房屋。债权人戊与债务人丁的诉讼中，债权人戊同样为了将来的金钱债权能够顺利执行，对债务人丁的房屋申请了扣押，于是，便形成两个假扣押之间的竞合。

2. 假处分之间的竞合

当一个非金钱债权人申请对债务人的财产进行假处分执行后，另一个非金钱债权人也对债务人的相同财产申请假处分执行，于是，便形成两个假处分之间的竞合。比如，在丙和丁的买卖房屋纠纷中，丙诉请查封房屋，防止丁处分。在戊与丁的侵占房屋纠纷中，戊也申请查封该房屋，防止丁继续侵占与破坏。此时就产生了两者的竞合。

---

[1] 刘东：《涉财产刑执行中民事债权优先受偿的困境与出路》，载《华东政法大学学报》2021年第5期。

3. 假扣押与假处分之间的竞合

两者之间的竞合具有两种类型。其一，某个债权人先凭据扣押执行裁定对债务人的财产实施保全措施后，其他的债权人又对债务人的相同财产申请假处分裁定并执行。其二，某个债权人先凭据假处分执行裁定申请保全债务人的财产后，其他的债权人凭据假扣押裁定对同一个财产申请保全措施。此时，便产生了假处分和假扣押之间的竞合。比如，债务人的财产被假扣押后，其他债权人就同一财产申请禁止移转的假处分，此时，产生两者之间的竞合。依据假扣押与假处分的措施是否相同和抵触，可以把它们分为三种形态，具体分析如下：

（1）两者的执行方法相同。即两者采取了相同的执行方法。例如，假扣押为了金钱债权而要求禁止处分财产。而假处分为了租赁权也要求债务人禁止处分财产。

（2）两者的执行方法不同但是不抵触。假扣押与假处分针对同一特定财产，采取不同的执行方法，但执行措施能够兼容。例如，假扣押债权人申请查封债务人的土地，禁止其转让，而假处分债权人却要求债务人容忍其耕种。

（3）因执行方法差异而相互抵触。假处分与假扣押针对债务人的同一财产，采取不同的执行方法，并且，执行措施也不能兼容。例如，假扣押债权人申请查封债务人的财产后，假处分债权人却要求让与该财物。

（三）保全执行与终局执行之间的竞合

终局执行和保全执行的竞合存在两种形态。其一，纯粹保全执行的债权人对债务人的财产申请执行保全措施后，其他的债权人凭据获得的对债务人的终局裁判，对已经保全的财产申请执行。其二，获得终局裁判的债权人申请对债务人的财产强制执行后，执行终结前，正在和债务人处理纠纷的其他债权人对债务人的相同财产申请采取保全措施。[1]此时，就产生了竞合现象。例如，某一诉讼中，债务人的特定财产，被债权人申请采取保全措施，债务人不能对其处分。之后，债务人的另一个债权人，凭据对债务人的终局裁判，申请对该特定财产的强制执行，此时，如果支持前者，那么将损害终局裁判

---

[1] 参见吴光陆：《强制执行法》（修订3版），三民书局2015年版，第562页。

等执行依据的效力，进而损害法院的公信力。如果支持后者，前者的保全效力将被架空。于是，便形成了债务人的相同财产不能同时实现前述两种执行债权的状态。因为纯粹保全执行和终局执行都存在多种类型，故两者之间的竞合，也存在多种形态。具体分析如下：

1. 凭据执行内容的差异

由于假扣押保障的是以支付金钱为内容的债权，假处分保障的是以支付金钱以外行为为内容的债权，而终局执行的内容既可以是支付金钱，也可以是支付金钱以外的行为，故可以依据执行债权的内容和阶段进行组合。保障金钱债权的假扣押执行与以支付金钱为内容的终局执行之间的竞合；保障金钱债权的假扣押执行与以支付金钱以外行为为内容的终局执行之间的竞合；以保障支付金钱以外行为为内容的假处分执行与以支付金钱为内容的终局执行之间的竞合；以保障支付金钱以外行为为内容的假处分执行与以支付金钱以外行为为内容的终局执行之间的竞合。

2. 凭据不同类型执行开始时间的差异

由于保全执行与终局执行很少能够同步进行，故根据两者启动执行的时间上的先后关系，能够组成不同的竞合形态。

（1）终局执行在先。获得终局裁判的债权人，先对被执行人的财产申请执行后，未执行完毕之前，与债务人还在辩论权利义务关系的债权人，申请对债务人的同一财产采取假扣押或者假处分措施，此时就构成了终局执行在先的执行竞合状态。

（2）保全措施在先。一是假扣押措施在先。诉前或者诉中，对债务人享有金钱债权的权利人，申请对债务人的财产进行保全执行后，其他的对债务人享有金钱债权或非金钱债权的权利人，凭据获得的终局裁判，对被执行人的相同财产，申请执行，此时便会形成假扣押在先的竞合形态。比如，债权人在诉讼中，对债务人的房屋申请查封，以确保将来实现金钱债权。在此之后，其他的债权人凭借获得的以支付金钱以外行为为内容的终局裁判，请求对该义务人的财物进行变价，于是，便形成优先支持保全执行人还是终局执行人的问题。也就是假扣押在先的执行竞合的形态。二是假处分措施在先。诉前或者诉中，为维护将来的非金钱债权的履行，债权人对债务人的财产申请采取假处分措施。之后，获得金钱债权或者非金钱债权终局裁判的债权人，对该财产申请强制执行，此时，就诞生了假处分措施在先的执行竞合的类型。

二、民事执行竞合的特殊类型

(一) 先予执行与民事执行之间的竞合

先予执行是指，基于人身权益等的考量，在未获得终局执行名义的情况下，对相对人的部分金钱财产实施的提前执行。[1]我国现行法把先予执行和保全执行规定在同一章，体现了先予执行的临时性。因其功能的特殊定位，使其能够发生于起诉后至执行终结前的每个阶段。于是，其不仅能够与保全执行形成竞合关系，还能够和终局执行形成竞合关系。另外，也存在多个先予执行程序并存的情形。由此，先予执行与民事执行竞合的形态，分为以下几种类型。

1. 先予执行之间的竞合

因实践中债务人对多个债权人负担医疗费、劳动报酬和赡养费等费用的情况时有发生，故债务人的相同财产，先后或同时，被多个前述债权人申请先予执行，也不稀奇。假如债务人的相同财产不能同时实现多个以支付金钱为内容的先予执行债权人的债权，便会产生执行竞合。

2. 以保全裁定为依据的执行和先予执行之间的竞合

两者之间的竞合包括两种情形。其一，保全执行人，先对债务人的财产申请保全措施，同时或之后，获得先予执行裁定的债权人，也对债务人的相同财产请求执行。其二，获得先予执行裁定的债权人，先对义务人的财产申请执行后，未执行终结之前，保全人也对义务人的同一个财产请求采取保全措施，此时，如果债务人的同一财产无法同时满足不同债权人的债权，就会产生两者之间的竞合。

3. 以终局裁判等为依据的执行与先予执行之间的竞合

两者之间的竞合存在两种类型。其一，获得终局执行名义的债权人先对

---

[1] 参见江伟主编：《民事诉讼法学》（第3版），北京大学出版社2015年版，第220页。

债务人的财产申请执行后，没有执行终结前，得到先予执行裁定的债权人也对债务人的特定财产请求先予执行。其二，获得先予执行裁定的债权人先对债务人的财产请求强制执行，没有执行完毕前，其他的债权人凭据获得的终局裁判，也对债务人的相同财产申请民事执行。前述两种情形中，倘若债务人的执行财产不能同时实现两个债权，便会形成两者竞合的状态。

第二章

确定执行顺序的通常考量因素

执行竞合成立的前提是，债务人的相同财产上并存多个执行债权。解决执行竞合问题的关键是在这几个执行债权中确定执行的顺序。而确定执行顺序的关键是找到符合法理的令人信服的确定执行顺序的标准或者考量因素。

第一节 通常考量因素的类型和选择

一、通常考量因素的类型

（一）平等主义

平等主义，是指按照债权人的债权占全部债权总额的比例，清偿债权人债权的排序执行顺序的标准。普遍认可的适用平等主义的执行竞合类型包括：普通金钱债权执行之间竞合中的平等清偿原则，保全措施和以终局裁判等为依据的执行之间竞合中的折中说观点等。[1]例如，"《法国民法典》第2285条规定：债务人的财产是其全体债权人的共同担保物。这些财产对应的价金，应该依据各个债权人的债权数额平等分配，但如果在债权人之间存在优先受偿的合法原因，那么不在此限"。[2]

---

[1] 参见谭秋桂：《民事执行法学》（第3版），北京大学出版社2015年版，第279~280页。
[2] 罗结珍译：《法国民法典》，北京大学出版社2010年版，第500页。

(二) 优先主义

优先主义，或曰优先原则，是指按照各个债权人申请执行的时间先后确定执行的先后顺序。[1]该原则下，执行债权人为了获得靠前的实现债权的机会，就需要尽早启动执行程序。法院进行排序的标准就是受理执行文书的时间先后。普遍认可的适用优先主义的执行竞合类型包括：普通金钱债权执行之间竞合中的优先清偿原则，以支付金钱为内容的执行和以支付金钱以外行为为内容的执行之间竞合中先申请者优先的原则，以保全裁定为依据的执行与以终局裁判等为依据的执行竞合中的保全执行优越说的观点，以保全裁定为依据的执行之间竞合中后保全措施不得阻碍前保全措施等。例如，"《德国民事诉讼法》第804条规定：（一）扣押后，债权人在扣押物上取得质权。（二）在与其他债权人的关系上，扣押质权使债权人得到与因合同获得动产质权时相同的权利；破产时，扣押质权优先于不视作动产质权的质权和优先权。（三）在先扣押所生的质权优先于在后扣押所生的质权"。[2]

(三) 基础权利关系说

基础权利关系说，是指按照执行债权的基础权利之间的关系，决定执行的顺序。[3]比如，多个非金钱债权终局执行之间竞合时，基于债权的执行，劣后于基于物权的执行而受偿。倘若都是基于物权的执行，凭据权利诞生的时间先后确定执行的实现先后。[4]关于处理非金钱债权执行之间竞合的方法，域外法律没有明确规定，前述观点仅属于理论上的探讨。[5]

需要说明的是，在金钱债权终局执行之间竞合时，还存在团体优先主义的做法。从本质上来说，团体优先主义属于平等清偿原则和优先清偿原则的结合体，并且，其仅能适用于金钱债权执行竞合中，故不能作为确定执行顺序的一般考量因素。关于保全措施与终局执行的执行顺序，存在优先执行后者的观点。该观点的主要依据是，后者的效力高于前者。该观点由于适用范围的有限性和立论依据的特殊性，不能作为排列执行顺序的通常考量因素。

---

[1] 参见董少谋：《民事强制执行法学》（第2版），法律出版社2016年版，第168页。
[2] 丁启明译：《德国民事诉讼法》，厦门大学出版社2016年版，第178~179页。
[3] 参见张登科：《强制执行法》，三民书局2018年版，第617页。
[4] 参见江必新主编：《强制执行法理论与实务》，中国法制出版社2014年版，第733页。
[5] 参见谭秋桂：《民事执行法学》（第3版），北京大学出版社2015年版，第276页。

二、通常考量因素的选择

(一) 基础权利关系说的排除

依据该观点，决定执行的顺序，需要依据基础权利之间的关系。基础权利之间关系的判断，需要对基础权利的性质进行判断。而基础权利性质的判断，需要对执行依据进行实体判断。执行法院能否对执行依据进行实质判断，从另一个角度来说，就是强制执行请求权的性质问题。

从理论上来说，关于强制执行请求权的性质，存在两种观点，即抽象意义上的请求权与具体意义上的请求权。[1] 前者认为，只要具备执行名义，就能够成立民事执行请求权。而作为执行名义成立基础的实体法上的请求权的存否，与此无关。换言之，无论实体法上的请求权是否存在，只要债权人存在执行名义，执行法院就不能拒绝强制执行的申请。如果没有执行名义，就算具有实体法上的请求权，也不能申请强制执行；后者认为，只有同时具备执行名义和实体法上的请求权时，债权人才能申请法院强制执行。如果仅仅有执行名义，而没有实体法上的请求权，那么执行法院不能支持债权人的申请。从审判与执行功能分离与程序配合的角度出发，执行名义成立前，通常都要经过审判程序，审判程序要给予当事人充分的程序保障，即针对事实认定与法律适用等充分辩论的机会和不满裁判结果时的救济程序等。执行名义成立的前提是案件事实达到一定的证明标准，也就是说，裁判结果具有正确性和可信度。进入执行程序后，基于执行功能和执行价值的考虑，仅仅对基于该裁判结果的执行名义进行形式审查，而不审查确定实体法上的请求权的存否，一般并不存在实体法风险。为了以防万一，还专门设定了执行异议之诉程序，来给实体法风险兜底，达到效率与公正的平衡；如果除了执行名义，还要审查实体法上的请求权，虽然有利于提高执行的正确性，但将增加工作量，降低执行效率，且与审判程序重复作业，浪费司法资源。这就是抽象请求权说被广泛认可的原因。依据该观点，通常情况下，执行法院不需要也不能对执行依据进行实质审查，执行程序不能进行基础权利之间关系的判断，

---

[1] 参见张登科：《强制执行法》，三民书局2018年版，第5~6页。

基础权利关系之上的执行顺序的确定就无法进行。

(二) 平等主义和优先主义的争论

在以终局裁判等为依据的执行之间竞合的类型中,以支付金钱为内容的执行之间的竞合,也存在依据平等清偿原则进行清偿的情形。金钱债权执行和非金钱债权执行之间的竞合,以及非金钱债权执行之间的竞合,由于债权的异质性,不能直接按照平等清偿原则进行分配,不能实现的非金钱债权最终都要转化为金钱债权去实现。依据折中说的观点,先冻结终局执行的效力,待保全执行转为终局执行后,对两个终局执行按照比例进行清偿。如果两个终局执行都是金钱债权的执行,那么比较容易按比例清偿。如果存在非金钱债权,那么只有转化为金钱债权才能继续执行。由此可知,平等原则只能适用于以支付金钱为内容的保全执行和以终局裁判等为依据的执行之间的竞合,以及以终局裁判等为依据的执行之间的竞合。于是,平等主义与优先主义的较量主要发生于以支付金钱为内容的执行竞合中。

对于哪一原则更适合作为金钱债权执行之间竞合时的清偿原则,平等主义与优先主义主要围绕以下几个问题,展开了旷日持久的争论。

1. 关于执行公平的争议[1]

对于优先清偿原则能否实现执行公平,或者平等清偿原则能否实现执行公平,双方的支持者都能找到肯定自己的观点。支持平等主义的人认为,依据民法规则,债务人应该用其全部财产担保债权人的全部债权,于是,当债务人的财产不能实现全部债权时,就需要依据债权的比例进行清偿。执行法院扣押了债务人的财产,并获得变价款,此时,该变价款应该作为全部债权的总担保,给予所有债权人平等的保护,不应让优先申请人优先受偿,否则,就与实体法原则相冲突。支持优先主义的人认为,自古公平观念认为先到先得,多劳多得,先申请执行的债权人为了执行,需要为调查财产、提交材料、启动程序等付出大量时间、金钱和精力。如果让其与之后不劳而获,或者付出很少的债权人一样受偿,将造成鼓励懒惰、伤害勤劳的恶劣后果和社会影响。由此可知,让在先积极申请执行的债权人获得靠前的清偿位序,才是真正

---

[1] 参见谭秋桂:《民事执行法学》(第3版),北京大学出版社2015年版,第274页。

的公平所在。不加区分的平等主义，会造成实质不公平。[1]奉行平等主义的人对此发表了反对意见。他们认为，后申请执行人，不见得就没有付出，或者懒惰，在很多情况下，他们的债权实现需要具备一定条件，条件不具备时，无法申请执行，故依据时间标准来评判付出的多少，进而排列清偿位序，具有不合理性。对此，优先主义认为，不通过审判程序就能获得执行依据的债权，数量较少，相反，多数债权都需要通过审判程序或者仲裁程序，才能获得执行依据。基于此，后申请执行人应当属于怠慢执行的人，即使不属于前者，为执行程序的付出也比先申请执行人少，或者其付出没有获得成果。无论从主观努力，还是客观效果来讲，相较于后申请执行人，先申请执行人都应该获得优待。[2]

2. 关于执行效率的争议

支持平等主义者认为，该原则有利于节省当事人的投入，节约执行机关的资源，较大提高执行的效率。只要有债权人启动了执行程序，无论变价款的数量，债权人都可以申请加入。虽然第一个申请执行的债权人会辛苦一点，但此后的参与分配债权人，都可以很轻松地加入其中，节省了其余债权人的执行成本。并且，最先申请执行的债权人，为防止其余债权人过多参与进来平分变价款，会积极促进执行程序早日终结。如此一来，能够较大提高执行效率。支持优先主义者认为，依据申请执行的先后进行变价款的清偿，标准明了，操作简单，执行程序也不用设置得过于复杂，当事人和执行法院，都能轻松快捷地处理执行案件，由此能大大提高执行效率。[3]他们还指出了平等主义对效率的破坏。因较长的参与分配时限，无法确定的债权人将无序无时地参加，导致分配的结果会不断被修改，严重阻碍执行程序的顺利进行。对此，支持平等主义者认为，因为先申请执行能够使该债权人获得优先清偿的地位，出于人性的考量，当其获得优先地位后，就很有可能消极应对执行程序，如此

---

[1] 参见肖建国：《我国强制执行平等与优先原则论纲》，载《法律科学（西北政法学院学报）》1996年第2期。

[2] 参见谭秋桂：《民事执行法学》（第3版），北京大学出版社2015年版，第274页。

[3] 参见肖建国：《我国强制执行平等与优先原则论纲》，载《法律科学（西北政法学院学报）》1996年第2期。

来看，优先主义提高效率的功能有限。[1]

3. 关于执行程序和破产程序的关系问题

支持优先主义者认为，遵照理论界的通说，破产程序是概括执行，执行程序是个别执行。两者解决不同的问题，具有不同的功能，导致设定了不同的偿还多个金钱债权的顺序规则。破产程序下，启动程序的条件是债务人的总财产不能清偿总债务，应该采取平等原则，保障所有债权人的权益。而执行程序的程序条件并非如此。其不是要求处于执行程序中的债务人的总财产能够清偿总债务，而是要求个别特定财产的变价款不能同时清偿其上并存的多个债权。执行程序不能奉行与破产程序一样的清偿规则，否则将导致制度之间的重复。[2]然而，支持平等主义者认为，执行程序选择何种清偿原则，完全属于立法政策的范畴。[3]破产程序虽然保障得更周到，但启动和适用破产程序并不简单，需要花费大量时间和金钱。如果债权人数量有限，适用破产程序，就是浪费资源。执行程序相对简单，适用起来，高效便捷，可以作为一种简易程序，[4]发挥破产作用，故与破产程序并不重复。

虽然优先清偿原则和平等清偿原则的支持者们彼此争论不休，但学界普遍认为，优先清偿原则代表了未来的趋势。[5]按照该原则确定执行顺序，更符合执行法理，在公平和效率的实现方面更有优势。笔者认为，我国也应该奉行优先主义。其原因在于：其一，从执行理论上来说，优先主义更有利于实现执行程序的价值追求。其二，从执行实践上来说，优先主义在比较法上被广泛采用。

第二节 选择优先主义的原因

基于民事执行程序功能的特殊性，强制执行程序含有自身特殊的价值倾

---

[1] 参见陈杭平：《执行价款分配模式转型之辨》，载《中国法学》2023年第5期。
[2] 参见肖建国：《我国强制执行平等与优先原则论纲》，载《法律科学（西北政法学院学报）》1996年第2期；马登科：《民事执行程序与破产制度的统一与协调——论参与分配制度中的优先原则与平等原则》，载《特区经济》2005年第7期。
[3] 参见谭秋桂：《民事执行法学》（第3版），北京大学出版社2015年版，第276页。
[4] 参见谭秋桂：《民事执行法学》（第3版），北京大学出版社2015年版，第276页。
[5] 参见王娣主编：《强制执行法学》，厦门大学出版社2011年版，第148页。

向。该价值倾向为强制执行程序的运行和相关规则的构建，提供方向与指引。探讨民事执行程序的价值内涵，必然对确定执行顺序和解决竞合问题具有指导作用。

一、执行程序本身的价值追求

执行程序本质上属于法律制度，那么对其价值的探讨，离不开法律制度价值的评价标准。法律制度含有三个方面的价值，分别是目的价值、形式价值以及评价标准。作为建立法律规则的基础，目的价值体现的是规则的目标。目的价值包括自身独有的价值，也包括整个法律制度都具备的价值。目的价值决定形式价值。法律制度的形式价值与法律制度的目的价值是表里的关系。目的价值提供方向，形式价值去实现。法律体系中的价值类型多样，关系复杂，发生冲突在所难免，此时，还需要依据一定的标准，对它们进行评判与取舍。法律制度追求的目的价值，类型多样，最重要的和历来被广泛关注的非公平与效率莫属。自法律诞生至今，两者的关系，一直深受关注且难以明辨。如何协调两者的关系是法学家们历来孜孜以求的问题。[1]作为法律制度的民事执行程序，也绕不开这个重要问题。从某种程度上来说，执行程序中出现的问题，都能囊括在这些价值之中。基于此，执行程序的形式价值就清晰明了了。执行债权人希望实现自己的债权，债务人希望考虑到自己的生存利益等，都体现了公平的取向。债权人希望高效且低费地实现自己的债权，执行法院希望尽快结束执行程序以解决更多执行案件等，都体现了对效率的追求。[2]当公正与效率发生矛盾时，必须二选一，还是能够两者兼顾，需要依据评价标准才能明确。民事执行程序的目的价值、形式价值和评价标准，也将影响作为其构成部分的执行竞合程序。

（一）执行公正

1. 执行公正的含义

执行程序属于程序规定，对于执行公正的研究，离不开对程序公正的分

---

〔1〕 参见肖建国：《民事诉讼程序价值论》，中国人民大学出版社2000年版，第56页；陈桂明：《诉讼公正与程序保障：民事诉讼程序之优化》，中国法制出版社1996年版，第2页。

〔2〕 参见刘敏：《当代中国的民事司法改革》，中国法制出版社2001年版，第24~25页。

析。程序方面的公正是公正的必不可少的组成部分。对于公正的含义,历来无定论。不同时代和不同人,对此有不同的理解。公正是一个使人理不清断不明的事物,难以形成共识。虽然对其具体的含义无法准确界定,但还是存在一个被广泛认可的评价准绳。"正义包括实质方面的正义、形式方面的正义和程序方面的正义三部分。"[1]国家由个人组成,个人又组成了社会,故个人权利义务和社会权利义务的内容,就属于实质正义的范畴。当上述社会与个人的权利义务被确定后,就需要被无差别地遵守,对待任何人都要一视同仁,这就是形式正义的要求。而程序正义是保证实质正义与形式正义正当运行的规则,无论是实体规则的确定,还是程序规则的遵守,都需要相应程序的保证。简言之,实质正义体现了个人与社会对生存和发展方面的需求。如果没有对平等、自由、公平等实质价值的追求,就无法保证个人的生存和幸福、国家的稳定与发展。一旦建立这些价值,并由被全民选择出来的机构来无差别和一视同仁地执行,那么就能实现实质正义的目标。如果没有被严格地执行,那么就有可能影响个人的合法权益、被选择机构的公信力、国家的稳定和发展,此时,就需要一定的程序来救济和矫正,这就是程序正义的价值。由此可知,程序正义与实质正义或者形式正义,存在密切的关系,但前者与后两种都不同。[2]前者的价值主要在于保障后两者价值的实现,并且用来指导程序的构建。[3]执行公正,作为程序正义的下属概念,理应与程序正义保持一致。既要保障实体正义和形式正义的实现,又要通过评价机制,指导程序本身的建构与运行。

2. 执行公正的基本内容

正如上文所述,程序正义包括实体和程序两个方面,相应地,执行公正也应该从这两个方面去进行评价与建构。[4]

(1) 执行结果公正。虽然现代法治中,程序正义的地位提高了,但实质

---

[1] 参见[美]E. 博登海默:《法理学——法哲学及其方法》,邓正来、姬敬武译,华夏出版社1987年版,第238页。

[2] 参见李石、杨刚:《程序正义与形式正义之辨——以罗尔斯〈正义论〉为中心的考察》,载《天津社会科学》2021年第3期。

[3] 参见张卫平主编:《司法改革论评》(第1辑),中国法制出版社2001年版,第204页。

[4] 参见谭秋桂:《民事执行原理研究》,中国法制出版社2001年版,第69~70页。

正义的地位并没有降低。而实质正义从某种意义上来说，是通过结果正义体现出来的。如果结果不正义，那么实质正义就是空中楼阁。故执行结果方面的公正属于执行公正的主要内容。对于执行结果公正的内容或者评价标准，学界存在争议。有观点认为，只有既实现了执行名义所载的债权人的实体请求权，又实现了执行名义所载的内容，才能真正称为执行结果公正。有观点认为，只要实现了执行名义所载的内容，就属于执行结果公正。笔者不赞成前一种看法。其原因在于，人为地把执行结果划分为程序上的结果和实体上的结果，给执行机关强加了实体审查等方面的义务。虽然执行程序中存在针对实体问题的解决程序，但那属于执行程序的例外程序。相较于诉讼程序而言，其属于解决实体问题的补充程序。执行程序的主体属于非讼程序，其功能就是根据执行依据在非对立构造中快速实现执行债权。从某种意义上来说，实现执行依据的内容或者裁判的内容，就是执行结果公正。

（2）执行程序公正。正如上文所述，执行公正除了实体方面的公正，还包括程序方面的公正。基于罗尔斯的程序正义理论，结合执行程序可知，执行程序公正，或者是纯粹的执行程序公正，或者是完善的执行程序公正，或者是不完善的执行程序公正。纯粹的执行程序公正认为，没有独立的决定结果公正的判断标准，执行程序的公正就是执行结果的公正，只要符合执行程序要件或者严格遵守执行程序，结果就是公正的。完善的执行程序公正认为，执行程序之外的独立的决定结果公正的标准，也存在实现这一标准的程序。如果不同时存在两者，那么就是不公平的。不完善的执行程序公正认为，虽然具有判断公正执行结果的独立标准，但不能保证能够通过程序实现。[1]完善的执行程序公正太过理想。相较于不完善的执行程序公正，纯粹的执行程序公正更被认可。只要严格遵守正当程序，结果就被视为是合乎正义的。[2]因此，为了获得公正的执行结果，需要明确正当执行程序的内容。总的来说，正当执行程序的内容，主要是为建立实体公正提供程序保障，为无差别地遵

---

[1] 参见［美］约翰·罗尔斯：《正义论》，何怀宏、何包钢、廖申白译，中国社会科学出版社1988年版，第82页。

[2] 参见［日］谷口安平：《程序的正义与诉讼》，王亚新、刘荣军译，中国政法大学出版社1996年版，第5~6页。

守实体公正提供程序保障，也为建立程序规则提供指导与评价标准。具体来说，主要包含以下两方面：

第一，执行程序公开。进入法治社会的一个主要标志就是法典的公开，如此，才能使大众了解实体规则与程序规则，防止暗箱操作，保障人权。法典公开的辅助要求就是程序公开。法典不仅要让当事人知晓，还要让社会知晓。在大家都能获悉的时间和地点，使用大家都知晓的规则进行裁判，才能得出大家都信服的裁判。如此不仅能够解决当事人之间的纠纷，且能教育大众，利于大众遵守法律，预防犯罪，还能促进对司法的社会监督。于是，这一传统已经被宪法和诉讼法所确立。执行权本质上类似于行政权，具有扩张的风险，对当事人利益影响甚大。执行程序公开不仅可以维护执行当事人的知情权和参与权，还能够监督行使执行权的执行法院的行为，防止其违法执行，实现执行程序的司法意义和社会意义。如果不公开进行执行，那么人们总会产生不信任感，即使结果是公正的。

第二，执行程序完善和合理。除了执行程序公开，执行程序公正还要求执行程序的完善与合理。无论是出于保障债权人执行债权实现的考虑，还是从促进执行法院履行职责的角度考虑，或者从兼顾债务人或案外人利益的角度考虑，执行程序公正都需要完善合理的执行程序来实现。执行的启动方式和终结的原因、执行财产的调查手段、执行财产的控制与变价、违法执行的救济、错误执行的救济等，都有需要遵循的执行程序规则，以保障执行机关与当事人有法可依。同时，保障执行当事人的知情权、表达权和救济权等实体权利，对程序启动权和终结权以及执行资料的收集证明责任等作出合理的安排。另外，设立一定的规则，以限制执行人员的恣意。

（二）执行效率

不能及时获得公正，就是不公正。反之，及时的公正才是真正的公正。因此，不能抛开效率看公正。效率是相对的，获得一样的成果却能花费更少的投入，就是效率。[1]缺失效率的公正和缺失公正的效率都不是良法。执行效率，是指以较少的执行资源，实现更好的执行效果。其包含两部分，即执

---

[1] 参见张文显：《法学基本范畴研究》，中国政法大学出版社1993年版，第273页。

行结果的效率和执行过程的效率。通俗来讲，执行效率不仅要求通过执行程序实现债权人的债权，而且要求当事人和法院为此付出较少的时间、金钱和精力。[1]如果执行效率低下，那么就算债权人的债权得到了实现，很可能也失去了实现债权的意义，最终损害司法的权威性。总的来说，执行效率要求，法院通过投入较少的司法资源，当事人通过花费较少的时间、金钱或者精力，来实现债权人的执行债权。具体表现如下：

（1）执行结果的效率主要体现在执行活动的结果必须契合主体的需求与期望。执行机关的期许是行使执行权能，支持申请执行人实现债权，维护自身的公信力。执行债权人希望实现自己的债权；执行债务人希望保障自己的生存权和尊严等权益；执行案外人希望排除申请执行人的执行。从执行效率的角度出发，高效实现债权人的债权，是应有之义。照顾被执行人的权益，属于次要工作。执行效率的追求则需要建立在满足上述期望和需求的基础上。

（2）执行过程的效率主要表现为投入较少的执行成本，去实现同样或者更多的执行结果。从古至今，虽然科技通过发展不断提高满足需求的能力，但从社会的总需求与总供给来讲，资源总是有限的。从人类永续发展的角度出发，应该降低成果的成本，或者提高同样成本的成果量。执行行为应该树立效率原则，特别是在当前司法资源短缺的情况下。[2]为提高效率，首先需要把握方向。目前存在的思路包括三种，即高投入高产出、降低投入、改变资源投入方式。[3]第一种存在的前提是资源充沛，显然，我国并不适合。后两种解决思路，与我国的情况比较契合。简言之，就是压缩成本和通过科技等手段改变资源的投入方式，以投入更少的成本，更高效地进行执行财产的查找、财产的控制、变价行为或者分配等执行活动。

执行过程的效率，需要从两方面把握。其一，速度快。速度快主要是指花费时间少，用最短的时间实现债权人的债权，不需要当事人和法院为此花费过多的心思，这是执行程序的重要价值。否则，不仅损害债权人的权益，而且还将损害法院的公信力，甚至有引发治安事件与违法事件的可能。其二，

---

[1] 参见李浩主编：《强制执行法》，厦门大学出版社2004年版，第5页。
[2] 参见杨立新：《基层司法资源不足的困境及完善路径》，载《人民论坛》2020年第5期。
[3] 参见王娣主编：《强制执行法学》，厦门大学出版社2011年版，第33页。

成本低。除了时间和精力的花费，金钱的投入量也是衡量执行效率的标准。如果花费较少的金钱，能实现同样的执行结果，便能较好获得后申请执行人和社会的认可。如果花费较多的金钱，那么就说明执行程序是不合理的。总而言之，执行过程的效率要求在实现执行当事人和执行机关的期望的前提下，尽可能地减少司法资源和当事人时间、精力和金钱的投入。

（三）民事执行程序中公正与效率的关系

正如上文所述，执行公正与执行效率虽然存在不一致的地方，但两者都是至关重要和不可或缺的。此时，要面对的是优先选择哪一方的问题。这个问题不仅能左右民事执行程序的运行，还会左右民事执行顺序的判定。

1. 司法公正与司法效率的关系

执行公正与执行效率的关系，不可背离司法公正与司法效率的关系。后者的规则是前者的导向和基础。只有先搞清楚后者的关系，才有利于前者关系的处理。司法公正和司法效率，既统一又对立。

（1）两者的统一性。每一个从事司法实践的人都追求公正和效率。人们参加司法实践，不仅是为了通过行使知情权、表达权等程序权利，来获得支持自己的判决，也是为了获得程序保障和优质的司法服务，能以较少的司法投入来获得有利于自己的判决。任何一方面没有得到满足的话，都不能称得上是合格的司法活动。高效率地获得公正判决能够增强司法程序的权威性，促进其他司法活动的顺利进行。大量公正判决营造的司法公信力，也会增加人们对判决的认可，减少上诉或者再审程序的启动，最终实现整个社会的司法效率。

（2）两者的对立性。民事证据对民事诉讼程序具有重要性，民事诉讼的目的也是基于事实作出裁判。但为了促进诉讼程序的高效进行，法律创设了证明责任制度，并设立了举证期间。从某种程度上来说，对证据的调查以及对事实的认定，决定了能否作出公正的判决。但又不能让整个司法机构针对一个案件无休止地工作，毕竟，需要司法机关解决的纠纷大量存在。对一个案件的过分公正，就是对其他案件的不公正。权衡之下，法律设定了举证期限制度，如果逾期举证，不仅将面临处罚，还有可能丧失证据资格，最终影响事实认定和公正裁判的作出。

基于相同的逻辑，司法公正与司法效率的紧张关系体现在以下两方面：其一，为了行使程序权利，搜集证据进行事实认定肯定会花费大量司法资源，损耗大量时间，降低司法效率。其二，为了处理更多的案件，或者提高每个案件的效率，会简化诉讼程序，减少调查和辩论的时间，降低证明标准，最终影响裁判结果的公正程度。[1]面临司法资源与司法需求的紧张关系，对每个案件设定一个司法资源投入的限度，才有利于实现整体的公正。

2. 民事执行程序中公正与效率的关系

基于前文司法公正与司法效率的关系，考虑到执行程序的功能，执行中的两者不能等量齐观，需要有所侧重。[2]笔者认为，应在执行公正的基础上，坚持执行效率的优先地位。理由如下：

第一，之所以在执行程序中更重视执行效率，主要原因在于民事执行程序与民事诉讼程序的分工与协调关系。按照诉讼法理来说，民事程序法的功能在于解决民商事纠纷。民商事纠纷的彻底解决需要两个步骤。前一个阶段是纠纷中权利义务关系与内容的确认，后一个阶段是实现前一个阶段的成果。前者是基础，后者是提升。前后阶段的分工很明确，如果重复操作，就会造成资源浪费，效率低下。前一个阶段的手段类型多样，诉讼程序只是其中之一。后一个阶段也存在很多情况，债务人主动承担义务、债权人申请执行和破产程序等。前一个阶段的功能对证据调查、事实认定和法律适用等都提出了很高的要求，只有给当事人提供充足的程序保障，才能获得具有实体正确性的有信服力的裁判。而这个过程必定花费大量的司法资源和当事人的司法投入。既然前一个阶段已经能够基本保障裁判的实体真实性，那么后一个阶段就没必要再进行相同的活动，而是应该高效实现这个正确的裁判，这就是审执分离的根源。因此，效率是执行中最重要的价值，在某种程度上，效率就是公正。

第二，执行程序追求效率，不意味着就抛弃了对公正的追求。因证据出现与法院的质证和认证之间存在的时间差，故司法实践中不能完全保证重现证据。再加上一些主观的刻意隐瞒或破坏，任何司法程序都不能保证事实认

---

[1] 参见肖建国：《民事诉讼程序价值论》，中国人民大学出版社2000年版，第456~457页。
[2] 参见王娣：《强制执行竞合研究》，中国人民公安大学出版社2009年版，第103~104页。

定的完全准确性以及司法裁判的完全正确性。另外，执行法官违法渎职的行为也时有发生。因此，法律程序都设置有对应的纠错程序。民事纠纷解决程序也概莫能外，存在错误裁判的可能。为此，既需要在审判中设置救济途径，也需要在执行中进行类似操作，特别是给予案外人救济的可能。但需要明确的是，纠错或者救济功能不是执行程序的主要功能。根据执行名义，迅速实现法院裁判，以实现债权人的执行债权，才是执行程序的主要功能。基于此，应该坚持执行公正原则，但却不能将其放在优先的位置。[1]

综上所述，执行程序的价值追求是执行公正基础上的执行效率。一方面，在保障债权人程序权利的基础上，帮助债权人实现其请求权，同时，给予执行当事人实体与程序救济的途径。另一方面，高效地帮助当事人维护其权利，减少司法资源的投入，减少当事人时间、金钱和精力的花费。任何执行制度，都应该基于此进行建构和运行，只有这样，才能保证执行制度大厦根基的稳固，才能构建和谐共存协调一致的执行体系。

二、优先主义更利于实现执行程序的价值追求

（一）金钱债权终局执行竞合中的情形

1. 优先清偿原则更有利于实现执行公正

第一，由于债务人的自觉清偿行为和被强制清偿的行为在本质上并没有区别，故不应该作出不同的安排。在债务人自觉清偿的情况下，根据自然法，债务人能够对债权之间的实现顺序作出安排，被安排在后清偿的债权人并没有推翻此决定的权利，这也符合朴素的时间先后观念。在民事执行中，依据申请先后排列清偿的顺序，最后的结果也是债务人先后清偿债权人的债权。并不应因为借助执行程序，寻求国家助力和增加相应的程序，就区别对待两种方式，进而造成不同的执行结果。

第二，为将平等主义付诸实施，民事程序法构建了实现债权平等分配的参与分配程序。只要程序没有终结，符合条件的债权人就可以随时参加。依据分配款项计划作出的时间可知，法院变价债务人的财产而取得价金后，将

---

[1] 参见王娣主编：《强制执行法学》，厦门大学出版社2011年版，第36页。

之交付债务人之前，债权人都有参与的机会。这就导致，参与分配的时间和债权人都处于不确定的状态，迟延了执行程序的进程。为了保障参与分配中的实体权益，还规定了针对分配资格和分配金额异议的诉讼程序，如果诉讼进行，还会导致执行程序的中止，这些都促使参与分配程序复杂化，不利于提高执行效率。在优先主义下，排列顺序的标准是时间的先后。依据时间先后，排列出先后执行顺序，时间在前的人，具有优先受偿的法律地位；时间靠后的人，只能在顺序在先的人清偿之后，仍有余款的情况下，进行清偿。时间先后的判断标准是易懂易查的扣押行为，便捷高效。而在实现平等主义的程序中，不仅否认先申请执行人的优先地位，并且容易造成执行程序复杂化，最终降低执行程序的效率。由于这些缺点，平等主义广为诟病。团体优先主义确实吸取了两者的优点，但也没有完全克服平等主义的缺点。特别需要说明的是，质疑优先主义能够实现公正地保护债权人的人，实际上忽略了执行程序与破产程序的功能分化与协调。划分执行程序与破产程序的界限是义务人的所有财产是否可以完全实现所有债权人的债权。如若可以，自然不符合启动破产程序的条件。没有申请破产意味着债务人的财产是充足的，在此前提下，就算按照优先主义的方法清偿债务，最后一个申请执行的债权人，也可能实现其债权。

第三，依据执行法的要求，想要启动执行程序，不仅需要提供裁判文书以证明债权的存在，还需要提供债务人的财产线索。对于债务人财产线索的查找，因财产的类型多样，进行起来非常复杂，耗时耗力且经常没有收获。再加上，当下采取各种方式逃避履行债务行为的盛行等，债权人就算费尽心思，也不敢保证能够有所收获。经过艰苦努力，最后侥幸启动执行程序。变价财产后，其他债权人却可以轻松参加进来，并要求按照比例原则分配执行款，实质上是变相支持不劳而获。对于为此劳心劳力的申请执行债权人，着实不公平。基于权利义务一致原则，应该赋予此种债权人优先受偿的地位。民事实体法中债权的平等原则，早已被优先权等制度打破，并不是没有例外的情况。[1]需要强调的是，我们应该清楚一个事实，多数情况下，先申请执

---

[1] 参见孙新强：《破除债权平等原则的两种立法例之辨析——兼论优先权的性质》，载《现代法学》2009年第6期。

行的债权人，确实比之后加入的债权人，为执行程序的启动和运行付出了更多的东西。从实质公平的角度出发，应该给予其更多的回报，不能让勤勉的债权人吃亏。

第四，平等主义还会引发不少消极影响。平等主义下，债权人为了在按比例清偿债权时能够多分，会对债务人的财产进行超额的查封。这将减少债务人能够处分的财产的范围，破坏其生活或者经营的基础，导致债务人恢复或者变优的能力减弱。优先主义下，虽然允许重复查封，但禁止超额查封，实质上来说，对债务人其他财产的影响有限。可见，优先主义能够兼顾到债务人的利益。

2. 优先清偿原则更有利于实现执行效率

正如前文所述，实现平等清偿的参与分配程序会降低执行效率。其原因在于：其一，冗长的参与时间，导致参与人和分配计划总是处于变动之中。其二，为了解决实体争议而设置的针对参与资格与分配数额的诉讼程序，将推迟执行终结的时间。其三，平等保护债权人的债权，不利于激发债权人的积极性。然而，在优先主义的指导下，在先采取保全措施的申请执行人能够排位靠前获得清偿。这将激发债权人申请执行的热情，促进执行程序的高效运转。而且，依据申请的时间先后判定履行的顺序，这一做法操作简单，执行法院和当事人都能高效完成。针对支持平等主义者质疑的优先申请人获得优先地位后消极应对执行的问题，笔者认为，为了顺利启动程序，优先申请人已经投入很多，相对于之后的申请人而言，仍然具有被优先保护的必要性。就算消极应对，其后的申请人，也会努力推动，对执行程序的进行影响不大。如果后申请人觉得吃亏，那么就努力寻找其他未被发现的财产，对该财产也可获得优先的地位。所以，优先主义更能够提高执行效率。

3. 优先清偿原则更有利于促进执行与破产的功能分化与协调

跳出执行程序，站在执行程序与破产程序关系的视角去看，选择优先主义能够促进执行程序与破产程序的功能分化与协调。[1]依据理论界的通说，民事执行属于个别执行，其功能在于实现个别债权人的债权。破产程序属于

---

[1] 参见肖建国：《民事诉讼程序价值论》，中国人民大学出版社2000年版，第694~695页。

一般执行，其功能在于平等保护债权，并且给予债务人重生的机会。倘若出现义务人的财产不可实现全部债权的情况时，为保护全体债权人的利益，就需要适用破产程序，而不是执行程序。这是目前国际上的主流做法。当然，这需要具备一个前提，那就是认可一般破产主义。在没有认可该主义的国家，如果遇见非法人组织存在破产原因，那么只能在执行程序中找寻出路。为此，这些国家建立了奉行平等主义的参与分配制度，来实现类似破产的功能。因此，通说认为，执行程序与破产程序之间的关系存在两种模式。其一，当执行程序奉行优先主义时，破产程序奉行一般破产主义。其二，当执行程序奉行平等主义时，破产程序奉行有限破产主义。[1]对于后一种模式而言，其破产程序只认可商人破产，不认可自然人和非法人组织破产。当这些主体存在破产原因时，不能进入破产程序，于是针对它们，存在平等保护债权人的需要。此时，只能利用执行程序中设立的参与分配程序来实现，可见，该程序承担了部分破产的功能，弥补了缺乏个人破产程序的劣势。

不过，参与分配程序承担破产功能时，具有弊端。其一，由于参与分配程序的建立，或多或少受到执行程序目的、价值、原则等影响，也需要考虑与其他执行程序的协调，因此不可避免地具有执行程序的特征。同时为了发挥破产功能，其也需要具有破产程序的构造，故处于不伦不类的状态。相对于破产程序来说，其规则是不完善的，难以给债权人提供周到的保障。其二，两者的安排会造成程序的重复。关于适用参与分配程序和破产程序的主体资格问题，两者并非泾渭分明。特别是我国国情导致很多符合破产条件却不可进入一般执行程序的案件的存在。对于同一种案件，两者程序都能适用，显然重复。对此持否定观点的人认为，执行程序中的破产程序属于破产程序的低配版，能够实现高效的破产。然而，其只能适用于债权人不多的小规模企业。但反过来说，对破产程序就是大材小用，浪费破产资源，最终损害债权人之间的平等保护。因此，平等主义不利于促进执行程序与破产程序的和谐相处。

4. 优先清偿原则更有利于平等保护债权人

支持平等主义者认为的优先清偿会侵害债权平等的观点，是完全站不住

---

[1] 参见王娣、王德新、周孟炎：《民事执行参与分配制度研究》，中国人民公安大学出版社、群众出版社2019年版，第150~151页。

脚的，原因有二。其一，持此观点的人遗漏了优先原则适用的前提，也忽略了从执行与破产关系的视角的考量。在执行中采用优先原则的国家，其破产程序通常能够适用于所有的民事主体。这些主体都可以在破产程序中获得平等保护的机会。与此相对，执行程序则主要侧重帮助申请执行人尽快实现其债权。不用发挥破产功能，也就暗示着破产原因不是适用的前提。债务人的所有财产能够实现所有债权，属于执行程序的适用前提。既然债权人都能实现债权，那么对债权人的清偿顺序进行安排，就不会对后申请执行人造成任何影响。这与平等主义的批评不符。即在义务人的财产不可实现债权人的负担时，先申请执行的债权人获得清偿后，必定有债权人的债权无法实现。由此可知，很有必要强调这个前提。其二，有必要区分形式的平等和实质的平等。先申请执行的债权人通常比后申请执行的债权人花费更多的时间、金钱和精力。给予先申请执行的债权人一定优待，而不是给予其名义上的平等回报，更符合实质公平的要求。[1]

(二) 金钱债权与非金钱债权终局执行竞合中的情形

当某个权利人凭据以支付金钱为内容的执行债权请求执行债务人的特定财产之后，其他对债务人的同一财产存在支付金钱以外内容的执行债权人，也提出强制执行的申请，此时的执行顺序应如何确定，主要域外国家的立法没有给出明确标准。然而，学者们给出了三种思路。其一，因审执分离，通常情况下执行程序不处理实体问题，使其判断实体权利之间的关系属于不合理的要求。依据申请执行的时间先后这一形式化的标准，来确定竞合时的处理顺序，与程序的功能与配置相符。其二，应该根据执行名义中的基础权利之间的关系，决定实现的先后次序。[2]其三，在通常情况下，根据债权人申请执行的先后来决定位序，如果后者的基础权利是物权，那么可以排除前者的执行。

从目前查阅到的资料可知，第一种观点和第三种观点获得了更多的认可，第三种观点成为通说也只是时间问题。从本质上来说，第一种观点和第三种观点反映的都是优先主义的逻辑，即按照申请执行的先后排列执行顺序。学

---

[1] 参见肖建国：《民事诉讼程序价值论》，中国人民大学出版社2000年版，第661~663页。
[2] 参见张登科：《强制执行法》，三民书局2018年版，第617页。

者们提出这些观点的原因在于促进审执分离和提高执行效率。因审判与执行的分工不同，价值追求也不同。前者肩负裁判权利义务的责任，应该更重视公正。程序复杂严格，充分保障当事人攻击防御的机会，且提供对结果不满时救济的机会。一旦进入以实现裁判结果为主要目标的执行程序，那么就应该更注重效率。前提需要信任裁判结果，并严格高效依据该结果进行执行，没有必要再争执权利义务问题。权利人申请执行时，不需要再证明实体法上的请求权的存在，提高执行效率。后申请执行人的债权，是合法有效的，作为执行竞合前提的执行依据也是合法有效的，只是因为申请在后，就被靠后执行。解决执行竞合问题的关键是确定执行顺序。顺序的确定是权益比较的结果，不能因靠后执行就否定其权益的存在和正当性。在第二个请求执行人或者更靠后的请求执行人请求法院强制执行前，法院不知道有后申请人的存在，而且知道后还可能错误地进行权益衡量。此时，应该给予他们维护自己权益的途径。如此一来，能够维护执行公正。前述两者结合起来，不仅能维护公平，更能提高效率。综上所述，第一种观点和第三种观点代表的优先主义，更能够促进实现执行程序的价值追求。

第三节　比较法上优先主义的立法例

以优先主义为原则处理执行竞合的问题不仅具有理论上的正当性，同时也是域外多数国家的选择。

一、普通金钱债权执行之间竞合中主要采取优先清偿原则

当普通金钱债权执行之间发生竞合时，对于这些债权之间清偿的顺序问题，比较法上存在不同做法。到底是按照占债权人总债权的比例进行清偿，还是按照申请执行的先后排序进行清偿？虽然大多数国家在具体制度上存在差别，但它们都选择了符合优先主义立场的优先清偿原则，并且有越来越多的国家正朝这个方向迈进，致使该原则逐渐成为主流。接下来，笔者将详细论述比较法上相关国家清偿原则的内容和它们的选择原因，以期更直观地展现优先主义的优势。

(一) 主流的做法

优先清偿原则,是指当多个普通金钱债权并存于债务人的同一财产,而债务人的特定财产却无法同时清偿所有普通债权人的金钱债权时,按照申请执行的先后进行排序,进行依次清偿的清偿方法。目前大多数国家采用这一清偿原则,但又有各自的不同,需要专门具体论述。

1. 德国

德国是采用优先主义的典型国家。[1] 其优先清偿原则,主要是通过查封质权和扣押抵押权实现的。查封质权是指,数个债权人就同一个标的物申请查封时,依据查封的先后,决定质权的优先次序。根据《德国民事诉讼法》第804条和第805条的规定可知,有形的动产和不动产以及无形的债权,都可以成为金钱执行的对象。无论是动产还是债权,只要经过查封,债权人就能获得赋予其优先受偿地位的质权。反之,没有查封的,就只能靠后获得清偿。依据《德国民事诉讼法》第804条的规定可知,债权人的查封质权与意定的质权具有相同的效力;因动产的灵活性,故同时存在多种权利的情形并不鲜见,对于动产上意定或者法定或者依据查封而获得的担保物权或者优先权,都应该按照这些权利设定时间的先后来确定清偿的顺序;对于债权和其他权利的执行,查封质权的规则与动产的执行规则一样;执行不动产时,能够实施强制抵押权登记,根据实施时间上的先后决定还债的次序。这种抵押权与意定产生的在效力上没有区别。

前文介绍的是进入执行阶段的查封质权,接下来介绍诉前或者诉中采取的保全措施的效力问题。依据《德国民事诉讼法》第930条和第932条的规定可知,"对动产而言,假扣押能够采取扣押的实行方法,两者具有一样的质权效力"。[2] 对土地或者按土地处理的权利实施的假扣押登记,具有与扣押登记相同的效力。由此可知,保全执行中的假扣押执行也可获得上文终局执行中查封质权或者扣押抵押权的效力。并且,这些假扣押质权和抵押权,进入

---

[1] 参见 [德] 弗里茨·鲍尔、霍尔夫·施蒂尔纳、亚历山大·布伦斯:《德国强制执行法》(上册),王洪亮、郝丽燕、李云琦译,法律出版社2019年版,第113~116页。

[2] 参见 [德] 弗里茨·鲍尔、霍尔夫·施蒂尔纳、亚历山大·布伦斯:《德国强制执行法》(下册),王洪亮、郝丽燕、李云琦译,法律出版社2020年版,第383~385页。

执行程序后，就可自动转变为执行中的查封质权与扣押抵押权。需要说明的是，依据《德国破产法》第 48 条和第 49 条的规定可知，此种质权或者抵押权效力，在破产程序中仍然不会消失。[1]

2. 英国

众所周知，英国法包括普通法和衡平法两部分，两者中都有关于执行的规则，然而，两者的适用范围和执行措施存在差异。前者中，为实现以支付金钱为内容的债权，债权人经常凭借菲发令状，[2]请求义务人所在地的执行官扣押义务人的有形的动产与其他类型的财产，进行变价之后，用变价款还债。当存在多个债权人都申请该令状时，按照令状产生效力的时间先后进行排序，然后按照该顺序依次进行清偿。如果执行官没有按照该顺序，把变价款分配给债权人，受损的债权人可以向该执行官请求损害赔偿。需要强调的是，各个菲发令状发生效力的时间是交付执行官时，而不是法院签发时或者进行登记时。而对不动产和无形财产来说，菲发令状没有适用的空间，此时，衡平法发挥了补充作用，其创设了针对不动产和无形财产，以担保物权的方式，使在先执行债权人获得优先受偿地位的制度。具言之，当债权人获得命令债务人清偿债款的判决后，法院可以同时发出扣押债务人财产的指令，该指令本身不能发挥变价财产以清偿债务的效果，但可以在该财产上设定抵押，此后，该财产被变价执行时，债权人可以优先获得赔偿款。

3. 美国

美国的个别执行法，属于州法，主要在 50 个州的民事诉讼法中加以规定。不仅州法院的裁判根据州法执行，而且联邦法院的裁判也根据州法执行。虽然州法差别很大，但都认可按照优先原则进行执行财产的分配。[3]美国的司法担保权益存在两种类型，分别是因判决而产生的担保权益和因执行而产生的担保权益。[4]

---

[1] 参见〔德〕弗里茨·鲍尔、霍尔夫·施蒂尔纳、亚历山大·布伦斯：《德国强制执行法》（上册），王洪亮、郝丽燕、李云琦译，法律出版社 2019 年版，第 626 页。

[2] 参见沈达明编著：《比较强制执行法初论》，对外经济贸易大学出版社 2015 年版，第 25 页。

[3] 参见中华人民共和国最高人民法院执行工作办公室编：《强制执行指导与参考③》（总第 7 集），法律出版社 2003 年版，第 399~405 页。

[4] 参见沈达明编著：《比较强制执行法初论》，对外经济贸易大学出版社 2015 年版，第 67 页。

前者是指因法院判决而获得的，比普通金钱债权人靠前的受偿位序。该制度获得了大多数州的认可，但其适用的对象存在差别，大多数州只认可在不动产上适用该制度。在不认可该制度的州，债权人的优先受偿地位只能始于强制执行开始之时。因不动产的巨大价值，故不动产上的判决担保权益诞生于判决登记之时。具言之，法院书记官在判决的摘要册子上记录义务人的姓名、判决金额与登记日期。书记官的摘要记录具有法律上的效力，即在被判决认定的债务人在该郡拥有的可扣押的不动产上产生担保权益。因美国各州的法院体系相互独立，一州的判决并不当然约束他州，故如果债务人在不同的州具有多个不动产，就需要在不同的州进行登记。需要强调的是，存在特殊情况。其一，如果该州认可不登记也具有担保权益，那么就不需要进行登记。其二，联邦法院所作的判决，具有在全国范围内有效的制度安排，故联邦判决只要在一州登记，就具有全国的效力。除上述两种情况之外，判决摘要被登记公示后，债权人就在债务人的不动产上享有担保权益。案外人操作不动产的买卖时，最好通过不动产所在地的法院和登记机构，了解不动产的权属状态和负担情况。如果案外人因为没有这样做，而没有发现担保权益的存在，那么其将承受不利后果。需要强调的是，基于判决产生的担保权益，并不具体，而是在债务人的财产之上概括取得的。判决肯认债权人申请的扣押令状，进而保全义务人的不动产时，申请执行人的权利会提前到产生担保权益的时间。如此一来，自那时起成立的第三人的请求权都需要让位于前述判决的债权人。[1]

后者是指源于执行而生的，对债务人财产具有的优先于普通债权人受偿的法律地位。该权利源于执行法官的扣押行为，存在于债务人被扣押的财产上，故也被称为扣押的担保权益。扣押的时间，也就是担保权益发挥效力的起始时间，是一个需要详细论述的问题。如果立法仅仅是规定担保权益形成于执行官收到令状的时刻，此时，扣押担保权益的效力是，使申请执行人可以抗拒担保权益成立之后至扣押财产被出售之前成立的第三人的债权。倘若有人保全判决担保的对象，判决担保权人对不动产的权利回溯到判决担保权

---

[1] 参见沈达明编著：《比较强制执行法初论》，对外经济贸易大学出版社2015年版，第75~76页。

益形成之时。于是，应该按照执行官收到令状的时间先后，对多个扣押债权人的先后关系进行排序；如果立法规定，执行需要不同的执行法官参与，那么，多个扣押债权人的清偿顺序就应该按照执行法官进行扣押的时间先后确定；如果法律明确规定，实施扣押之时就是担保权益成立之时，那么实施扣押的行为就比交付令状的行为更具有效力，应该给予先实施扣押的人优先受偿的地位。总之，无论是扣押权益成立于扣押之时，还是成立于交付令状之时，基于此产生的担保权益都优先于日后的执行债权。

通过对上述三国相关制度的考察与比较可知，关于优先清偿原则的实现方式和效力范围，存在明显差别。对于实现方式而言，有的采用查封，有的采用令状，有的采用登记，有的采用判决。它们都是按照本国方式的时间先后来确定清偿的次序。因不同的国情和司法习惯，采用不同的形式无可厚非。对于优先效力的范围或者强度而言，德国不仅赋予查封质权执行程序中的优先效力，在破产程序中，也把它们与别除权等同，可谓有最强的效力。进入执行程序的债务人，多半是因客观原因而无法同时满足申请执行人的债权，换言之，被执行人的财产已经所剩无几，此时，赋予靠前申请执行的债权人优先受偿的法律地位，对于排位在后的债权人而言非常不利。而破产程序对此也没有予以平衡和调整，对于申请靠后，或者没有申请的债权人不公平。而英美的做法更合理一点，不仅保护了先申请执行人的付出，激励其他的债权人也积极推动执行程序的进行，而且为后申请执行人提供了启动破产程序以获得平等保护的机会，不再赋予先申请执行人别除权，平衡了债权人之间的权益，促进了执行程序和破产程序的分工与协调。

（二）少数的做法

1. 平等清偿原则

平等清偿原则，是指当被执行人的特定财产存在多个普通金钱债权人时，不凭借申请执行的时间先后来确定实现顺序，而依据债权人的债权额与所有债权额的比例进行偿还。法国与日本是奉行此原则的国家，但法国的情况已经发生很大变化。

（1）法国。法国的个别执行法，存在多种渊源，不仅包括法典，还包括行政法规和判例。[1]1804年《法国民法典》和1806年《法国民事诉讼法典》为欧洲大陆创设了新的极具特点的执行法体系。1806年《法国民事诉讼法典》所创设的法律规则大概持续到1992年，期间的修正案（主要是1955年和1972年）都是小修小补。1976年的诉讼法改革对于执行法的核心领域并没有触及。除了新《法国民事诉讼法典》个别新条文（第500条以下）以外，还继续适用《法国民法典》第1142条以下、第2092条、第2093条以及旧《法国民事诉讼法典》第553条以下的规定；在有些地区，部分地继续适用作为地方法的《德国民事诉讼法典》和《德国强制拍卖与强制管理法》。自1993年以来，法国个别执行法逐步进行了基础性的改革。首先，通过多个新颁布的单行法以及法令进行改革。通过这种方式，重新规定了动产执行、作为的执行以及不作为的执行；接着是2007年重新规定了不动产执行；最后的高潮是2012年1月1日新创设的《法国民事执行法》。其进行了全面的改革，将不同的个别规则法典化为一部法律，结束了在改革过程中个别执行法出现的无法概览、无数单行法的分裂局面。[2]根据《法国民法典》和《法国民事诉讼法典》的相关规定可知，因义务人的财产是维护执行债权的总担保，故财产变价款应当按照各申请执行人债权额所占所有债权额的比例进行分配，除非其拥有靠前受偿的地位。由此可知，优先申请执行的债权人，并不能凭借积极的执行行为，获得靠前的受偿地位。

法国金钱债权执行中的对象，也是大致区分为不动产、动产与债权三种类型。当执行对象是动产时，执行官在扣押该动产之前，先要催告债务人积极履行债务，只有在不起作用时，才会继续进行扣押。为了债权人的利益考虑，执行官不会仅扣押已经知晓的动产，还会寻找其他的动产，扣押后还要制作笔录。如果债权人发现了其他动产，也可以在获得执行依据后，请求保全该笔录外的动产。倘若债权人没有获得执行名义，或者债权人的债权没有到清偿期，此时只能加入别人启动的执行程序，就动产的变价款进行分配。

---

[1] 参见[法]让·文森、雅克·普雷沃：《法国民事执行程序法要义——强制执行途径与分配程序》（根据法国Dalloz出版社1999年第19版翻译），罗结珍译，中国法制出版社2002年版，第4页。

[2] 参见[德]弗里茨·鲍尔、霍尔夫·施蒂尔纳、亚历山大·布伦斯：《德国强制执行法》（下册），王洪亮、郝丽燕、李云琦译，法律出版社2020年版，第587~588页。

第二章　确定执行顺序的通常考量因素

当然，申请参加别人启动的执行程序的债权人，并不会在分配时处于劣势，他与首先申请执行人和获得执行依据的债权人一样，按照债权额所占比例获得清偿。综上所述，当执行对象是动产时，法国执行法采用的是平等清偿原则，而且贯彻得很彻底，并没有采用德国、英国和美国的优先制度。在先积极申请执行的债权人，没有获得靠前的受偿地位。

然而，当执行对象是有形的不动产和无形的债权时，法国并没有沿用平等清偿原则。"当执行对象是不动产时，法国设立了通过判决获得抵押权的执行规则。"[1]详言之，依据《法国民法典》第2412条的规定可知，当债权人支付金钱的债权获得胜诉判决后，同时宣告债权人在该判决上获得抵押权，即使该判决是临时判决也不影响。即便是仲裁机构的仲裁或者外国法院的裁判，只要经过该国法院的认可，也可使债权人得到这种抵押权。需要强调的是，这种抵押权想要完全发挥效力对抗第三人的话，还需要进行登记。只有胜诉判决和登记都具备之时，才能完全成立这种抵押权。不对胜诉判决进行登记，就会影响日后的效力。只有两者都完成，才能在以后的执行中具有优先受偿的法律地位。由此可知，虽然法国没有在《法国民事诉讼法典》中设立类似于德国的强制抵押权制度，但却于《法国民法典》中设置了判决抵押权。[2]这一规定将优先受偿的效力提前到判决作出之时，而不是执行时才有，实质上是对债权人给予更全面的保护。虽然法国的执行程序明定遵从平等原则，然而，申请执行人却不采用该程序，转而去找寻民法典的出路，很多申请执行人都在获得胜诉判决后，申请对债务人的不动产进行登记，设立此种抵押权。故针对不动产的执行规定基本不发挥作用，处于闲置的状态。因这两种制度反映的规则正好相反，并且，两者的适用具有选择性，故容易引发执行不动产的混乱和冲突。比较法国的判决抵押权制度与德国的相关制度可知，两者虽然都奉行优先主义，但存在较大差别。其一，德国的强制抵押权制度不是民法上的制度，而是诉讼法上的制度，需要根据执行依据进行扣押才能享有。而法国的上述制度，规定在民法典中，债权人没有取得执行依据时依然可以使用。其二，两者在适用的范围方面存在差异。后者只能适用于

---

[1] 参见沈达明编著：《比较强制执行法初论》，对外经济贸易大学出版社2015年版，第185页。
[2] 罗结珍译：《法国民法典》，北京大学出版社2010年版，第531页。

金钱债权，而前者无此限制，金钱债权和非金钱债权都可以适用。其三，适用的前提也有区别。后者适用时具有债权数额的限制，超过的部分就不能适用该制度。前者则没有这一限制，债权额的多寡不影响制度的适用。

当执行对象是债务人对第三人的债权时，因之前执行方式的复杂化和形式化，法国进行了执行方式的变革。从先前的兼具保全性质和执行性质的支付扣押程序，转变为归属扣押程序。对于工资的执行方式，没有变化。除工资以外，凭借扣押，把第三人对债务人负担的金钱债权，直接转移给债务人的债权人的扣押，就是归属扣押。债务人的债务人的金钱，一定程度上属于债务人的债权人所有。当权利人对义务人享有的金钱债权被判定之后，该债权人就可向法院请求保全义务人的财产。假如债权人发现义务人享有对第三人的债权，就可以申请扣押作为债务人的债务人的第三人的财产，但需要在一定期间内告知债务人。该第三人需要通过执行官告知债权人自己与债务人债权债务的现状，即是否还存在债权、债权额多少、剩余多少、自己的财产状况等情况，还需要提交这些情况的纸质材料；如果该第三人没有回复也没有履行，那么债权人就可以申请对该第三人直接执行；如果回复了但是却进行了隐瞒或者欺骗，那么债权人还可以请求赔偿因此行为导致的损害。如果程序运行顺利，那么第三人汇报情况后，就需要开始执行程序。此种执行也比较特殊，待第三人收到扣押书之时，相应债权额的归属从债务人变成债权人。第三人成为债权人的直接义务人，债权人有权要求第三人在义务额范围直接支付。另外，当第三人还有其他债权人且他们的申请靠后时，并不能影响被扣押债权属于债权人的现状；如果多个债权人的扣押时间相同（同一天），那么将按照这些债权人的债权额所占比例实现对第三人的扣押债权。

综上所述，法国已经不能算是纯粹意义上的奉行平等主义的国家，其应该属于优先主义与平等主义的混合体。基于对自身利益的考量，为获得优先受偿的法律地位，越来越多的债权人摒弃《法国民事诉讼法典》中针对不动产的平等主义，而转向采用《法国民法典》中判决抵押权制度所代表的优先主义。当执行对象是无形的不动产时，已经没有平等主义适用的空间。法国的相关执行规定，把针对工资以外的债权的执行方式，变更为能够产生优先受偿效力的归属扣押制度，更减少了平等主义的适用范围。另外，也扩张了优先主义的适用范围。虽然现在法国的执行法律还有平等主义的适用空间，但通过其理论和立法的动向可知，其完全转向优先主义也只是时间问题。

（2）日本。日本属于实行平等主义的典型国家，至今没有多大变化。[1]虽然日本法以法国法和德国法为师，但其既没有设立类似前者的判决抵押权制度，也没有采用类似后者的查封质权和扣押抵押权制度。对于三种主要类型的执行标的，日本的执行方式虽有区别，但都采用平等清偿原则。[2]具体分析如下：

第一，当执行标的是动产时，依据《日本民事执行法》的相关规定可知，执行的方式是扣押，不能重复扣押；扣押的数额以债权和执行费用为限，也就是不能超额扣押。当存在多个债权人时，其他债权人因不能再次扣押，只可加入其他债权人已经启动的执行程序，进行分配。扣押保全之后，债务人不能行使处分权，就算行使，也对债权人没有效力。但扣押行为也不会使债权人获得优先法律地位。

第二，当执行对象是不动产时，有拍卖和强制管理两种执行方式，这一点借鉴了德国法。至于拍卖的方式，与其他国家几无差别，即价高者得。至于变价款的分配，首要的问题是分配资格。日本法没有区别有无执行依据的情况，只要属于债权人都有资格申请参与分配。至于参与的时间，应该在收到拍卖金之前。[3]至于强制管理，由于程序复杂、变现困难和管理风险等问题，这一方式很少被使用。在能够使用的情况下，对于管理所得，所有权利人均可以申请进行分配。

第三，当执行对象属于债权或其他财产权时，需要先进行扣押，然后通过某种方式执行。为此，日本法规定了收取命令和转付命令两种方式。前者是指，当债权人发现债务人对第三人的债权后，债权人凭借执行法院的授权，命令债务人的债务人将其欠付债务人的金钱，全部直接交付给债权人的支付方式。后者是指，执行法院依据债权人的申请，直接将扣押的债权归属于债权人，并且专属于债权人的支付方式。比如，日本相关法律规定，执行法院

---

[1] 参见张登科：《强制执行法》，三民书局2018年版，第496页。
[2] 参见［日］中野贞一郎、下村正明：《民事执行法》，青林书院2016年版，第36页。
[3] 参见［日］中野贞一郎、下村正明：《民事执行法》，青林书院2016年版，第658页。

能够依据债权人的申请,将扣押的有价证券直接转属于债权人,此时,债务人所欠债权人的债权,以及执行机关的执行费用,将随着命令到达债务人的债务人之时而消失。[1]

综上所述,不管执行对象属于何种类型,不管被执行人的财产多寡,所有债权人只能通过参与分配程序来平等清偿债务。该规则是被实体法确立的,先申请执行人不会因申请执行时间在先获得优先实现债权。日本法之所以与其他西方国家的规则不同,主要在于日本的特殊国情。根据调查,日本的制造业很发达,出口旺盛,导致出现大量的小规模作坊和工薪族,一旦出口不畅,加之本国各种资源的匮乏,就会导致普遍失业、资产缩水、债务繁多。如果坚持优先原则,从债权人的角度来看,不能够保障所有债权人都能有所收获,维持生计。而平等原则下,能够保障债权人都能维持生计,有利于社会稳定。

2. 团体优先主义

作为优先主义和平等主义的折中,团体优先主义兼具两者的特征。首先依据各个债权人申请执行的时间先后,把一定时间范围内的债权人,划分为一个团体,同时这些团体之间也具有一定次序,对债务人的财产按照这个次序进行分配,在先的团体优先受偿,如果轮到某个团体时所剩财产不足以清偿所有债权人的债权,就在团体内部按照债权额的比例进行清偿。瑞士是采用团体优先主义的典型。

瑞士执行法中,对不同的执行对象,均适用扣押的执行方法。依据相关法律的规定可知,瑞士是通过追索员对债务人被登记的财产进行告知的方式,对执行对象进行扣押的。扣押的效力是处分的禁止,如果仍然处分,那么将受到处罚。通常情况下,在进行扣押时,首先扣押动产和债权,如果仍不能满足,再扣押不动产。[2]在30日内,其他债权人可以通过附带扣押进行扣押,并与此30日内提出扣押的债权人形成一个团体。[3]被评估的扣押物的价

---

[1] 参见[日]中野贞一郎、下村正明:《民事执行法》,青林书院2016年版,第730页。
[2] 参见[德]弗里茨·鲍尔、霍尔夫·施蒂尔纳、亚历山大·布伦斯:《德国强制执行法》(下册),王洪亮、郝丽燕、李云琦译,法律出版社2020年版,第636页。
[3] 参见张登科:《强制执行法》,三民书局2018年版,第498页。

值，不能超过该团体债权的总额。反之，如果被评估的扣押物不足以偿还所有进行扣押的债权人的债权，那么必须进行补充扣押。30日后提出申请执行的债权人，将与此后30日内提出申请的债权人一起，再组成一个团体，依此类推。不过，因大部分债权人实力不强，故实践中很少同时具有两个以上团体规模的债务人。参加前一个团体的债权人，也可以放弃该优先地位，而参加之后的团体，其前一个团体中的优先数额也将被取消。如果清偿完第一团体后，所剩余额不足以偿还第二团体的全部债权，第二团体的债权人之间只能依据债权额的比例得到清偿。以此类推，如果第二团体的债权都能获得清偿，而第三团体的债权人不能全部获得清偿，也需要在彼此之间适用平等清偿原则。另外，对于假扣押的效力，瑞士法也作出了相同的安排，即赋予假扣押债权人优先法律地位。虽然与纯粹采取优先主义的国家的相关规定有所不同，但瑞士法中的假扣押债权人却能和第一团体债权人处于同一顺位，平等受偿。

综上所述，各个国家和地区因历史传统和国情现状的差异，选择了不同的清偿原则。虽然目前都能够实现既定的政策目标，但不能因实然状态的暂时良好，就停止对应然状态的追求，后者才是事物发展的方向与动力。并且由于现实基础一直在改变，因此建立于其之上的法律不应该停步不前。大多数的选择，通常代表了更优更好的方向。优先清偿原则就是这样的状态，被大多数国家接受，而且，还有更多的国家加入。可以说，优先清偿原则一定程度上代表了正确的方向，其所代表的优先主义，符合未来的趋势。

二、保全执行之间竞合中广泛采取优先原则

假扣押保障的是金钱债权的执行，金钱债权执行程序的内容是控制财产、进行变价和分配等。假扣押执行是诉讼中控制财产的措施，属于纯粹的保全措施。因其目的是限制债务人对执行财产的处分，多个假扣押执行的目的不会发生冲突，故可以并存。多个假扣押执行所在的诉讼，只有都获得执行名义进入执行阶段，才会在分配时发生冲突，此时的处理规则，依据金钱债权终局执行之间竞合的关系而定。总之，作为纯粹保全措施的假扣押执行之间不存在冲突问题，也就不涉及优先主义的问题。

（一）假扣押与假处分之间竞合的执行顺序规则

此种竞合中，因先开始执行的对象不同分为两种情况。

1. 先假扣押执行后，再申请假处分执行

如果两者的执行措施一开始就存在抵触的情况，那么就应该依据执行时间的先后确定其优劣，已经先为假扣押执行后，不能够再为假处分执行。[1]前述做法，体现了优先主义的立场。

2. 先假处分执行后，再申请假扣押执行

若两者采取的保全措施自始存在抵触的内容，前者保全的效力会被后者破坏，那么假处分被执行后，不能够再进行假扣押执行。[2]前述做法，体现了优先主义的立场。

(二) 假处分之间竞合的执行顺序规则

因假处分具有多样的内容，假处分执行后，能否再申请假处分，应该视假处分的内容是否彼此抵触而定。如果假处分的内容彼此并不抵触，应该允许再为假处分。如果彼此抵触，此时如何处理？换言之，先后两个假处分，后假处分妨害前假处分的效力或与之发生矛盾时，如何处理？

1. 裁定部分

先后假处分裁定相互抵触时，后假处分的效力如何？对此有命令违法说与命令适法说（执行违法说）之分。[3]前者认为，后假处分裁定虽非无效，但是违法，能够依据抗告程序撤销。后者认为，后假处分裁定适法仅执行违法，即裁定无需执行者，假处分裁定不发生效力，如果需要执行则不能执行。因后假处分的债权人本能够对前假处分提起抗告以求救济，却舍弃此合法的救济程序，而以后假处分妨害前假处分，自然不应该容许。否则，前假处分的债权人复能够以另一假处分妨害后假处分，循环不已，将扰乱法定救济体系。故比较法上认为，命令违法说更有道理。[4]前述观点，体现了优先主义的立场。

2. 执行部分

前后抵触的假处分均申请强制执行时，如果先裁定者先申请执行，能对

---

[1] 参见张登科：《强制执行法》，三民书局 2018 年版，第 624 页；董少谋：《民事强制执行法学》（第 2 版），法律出版社 2016 年版，第 168 页。

[2] 参见张登科：《强制执行法》，三民书局 2018 年版，第 625 页。

[3] 参见张登科：《强制执行法》，三民书局 2018 年版，第 623 页。

[4] 参见 [日] 瀬木比呂志：《民事保全法》，タイムズ社 2001 年版，第 540 页。

后申请者的执行提出异议,那么就撤销后申请者的执行。反之,后裁定者先申请执行,因执行法院不能审查裁定内容是否违法,因此仍应执行,此时,先裁定者对后裁定的执行不能提出异议,只能先忍受,需要等先裁定者对后裁定提起抗告撤销后裁定之后再予执行。[1]前述观点,体现了优先主义的立场。

第四节 优先主义的适用范围与判断标准

一、优先主义的适用范围

既然把优先主义作为执行竞合时确定执行顺序的通常考量因素,那么就需要探讨是否所有类型的执行竞合都可以按照该标准进行排序的问题。通过对比较法的考察可知,普通金钱债权执行竞合时,主流的做法是依据申请执行的先后进行清偿。例如,德国的查封质权和扣押抵押权制度;美国的判决担保权益和执行担保权益制度;法国的针对不动产的判决抵押权制度等。正如上文所述,以保全裁定为依据的执行之间竞合时,倘若执行措施不能相容,那么后保全执行不能被实施,这也符合优先主义的思路。除此之外的执行竞合的类型,能不能适用优先主义,并不确定,特别是基础权利不同的情形。

笔者认为,除此之外的执行竞合的类型也能够在该标准下被确定执行顺序。[2]其原因包括:其一,虽然执行债权的内容存在区别,基础权利也不同,但都是执行债权,其均是让义务人进行一定行为或者不进行一定行为的请求(支付金钱和物之交付在本质上也是一种行为义务),本质上具有同质性。故适用同一个标准,并不欠缺正当性。其二,按照申请执行的先后进行排序,本质上是按照时间的先后进行排序,换言之,就是把时间作为判断的依据。因时间本身的客观性和对人适用的无差别性,历来就是判断很多事物顺序的标准,故在执行中采用该标准容易使人信服。其三,符合执行程序的价值追求。关于这一点,前文已详述,此处不再赘述。其四,按照时间确定执行顺

---

[1] 参见[日]竹下守夫、藤田耕三编:《注解民事保全法》(下卷),青林书院1996年版,第191页。

[2] 参见肖建国:《中国民事强制执行法专题研究》,中国法制出版社2020年版,第45页。

序是没有更好方法下的退而求其次的选择。把本章的标准与第三章中特殊考量因素进行结合，是目前最合适的判断执行顺序的标准，既能保障公平，更能提高效率。具体而言，非金钱债权之间的竞合，虽然基础权利不同，但都属于执行债权，性质相同。两者竞合时，原则上，按照时间确定执行顺序，不会产生对正当性的质问。金钱债权和非金钱债权之间，保全措施和终局执行之间，因执行债权的差异性，除了采用时间标准，目前没有更好的确定执行顺序的方案。该标准具有客观性，容易被当事人接受，并且，能够提高执行效率。当然，该标准不是绝对的，如果后申请执行人存在更值得保护的权益，那么可以采用适当的方式，调整执行顺序。

二、优先主义的判断标准

优先主义，是指按照申请执行的先后确定执行的顺序。请求执行的先后顺序，是判定执行先后位序的标准。遵从《德国民事诉讼法》第930条第1款和第932条第1款可知，由于诉讼中的保全措施在终局执行时会转化为终局执行中的措施，[1]所以申请执行的范畴，不仅应该包含终局执行及其措施，也应该包含纯粹的保全措施。故对申请执行先后的判断，除了需要厘清终局执行的样态，还需要关注纯粹保全执行的相关问题，否则，将导致对执行先后判断标准的无所适从和混乱。

首先，需要统一保全措施的名称。保全执行类型多样，不同的保全执行目的不同。在我国，查封的适用对象与扣押的适用对象存在区别。前者的适用对象一般是体格较大、不能移动的财产，于是，只能用封条封住，原地控制。而后者正好相反，其适用对象是体积不大、方便移动的财物，为了防止债务人逃避债务私自处分，应该带走保管。冻结，一般是针对银行账户和金融资产等进行的特殊方式。可见，我国发挥财产保全功能的措施种类繁多，且适用对象不同，容易引发人们的困扰和不解，需要理清概念和理顺关系。

---

[1]《德国民事诉讼法》第930条规定：（1）对动产的假扣押，以扣押的方法实施。此种扣押，依与其他各种扣押相同的原则实施，并且发生具有第804条所规定的效力的质权。扣押债权时，假扣押法院系有管辖权的执行法院……；第932条规定：（1）对于土地或对于适用关于土地的规定的权利执行假扣押，以登记债权上的担保抵押权的方式实施；依第923条确定的金额应记为土地或权利所负担的最高额……。丁启明译：《德国民事诉讼法》，厦门大学出版社2016年版，第221~222页。

为此，应将保全的样态统称为扣押。具体原因如下：其一，扣押的称谓符合比较法的经验做法。德国、法国、日本的执行法中，将具有该功能的保全措施统称为扣押。其二，在我国的司法实践中，扣押和查封也经常混用。对一些特殊的动产，为了不影响使用，同时为了防止被债务人处分，采用了活扣的方式，这就是两者的结合体；对于船舶这种比较特殊的动产，体积巨大，移动不便，扣押的方式明显不合适，此时只能采用查封。[1]当普通当事人适用该措施时，就更不容易区分这些措施之间的差别。我国这种依据种类划分保全措施的做法，有点画蛇添足。综上所述，我国立法和理论中对于财产保全的称谓多样，有时会给实践造成困惑。比较法上普遍采用扣押指称该功能，而且，在我国的司法实践中，对扣押和其他财产保全措施的使用也没有那么泾渭分明，因此，应将发挥财产保全功能的措施，统称为扣押。

其次，应该允许重复保全。在优先主义下，无论是诉讼中，还是执行中，都应该允许重复保全。在平等主义原则下，申请执行人实现债权与扣押顺序无关，而是与扣押金额有关。而扣押金额的确定通常依赖于启动执行程序的人，后申请执行人的扣押行为没有多大意义，只要请求参与分配就可获得分配资格，其他的权利人再申请扣押的意愿也不高。并且，债权人的超额扣押对债务人也不利，故平等主义下不能重复扣押。而优先主义的实现方式是首先依据申请执行的时间排列顺序，然后待获得变价款后优先清偿排位靠前的债权人，只有清偿完在先保全者还有剩余时，才会清偿排位靠后者。于是，作为债权人的申请执行人都能进行扣押，不允许的话，优先主义就会因没有判断基准而无法顺利运行。

最后，厘清纯粹保全执行与申请执行之间的先后关系。前者是诉前、诉中或判决后强制执行前的保全措施，后者是终局执行中实施的保全措施。终局执行中，有的在申请执行时同时提出保全措施，有的则没有申请。[2]如果既申请启动终局执行程序，又同时或者之后申请保全措施，那么应该以申请

---

[1] 参见黄金龙：《关于人民法院执行工作若干问题的规定实用解析》，中国法制出版社2000年版，第104~105页。

[2] 参见刘东：《涉财产刑执行中民事债权优先受偿的困境与出路》，载《华东政法大学学报》2021年第5期。

执行的时间作为判断的基准。其原因在于，申请执行先后判断的是债权人投身执行的时间，而投身执行时间的判断标准不仅是采取执行措施的时间，还应包括申请执行的时间。若前者晚于或者与后者同时，应以后者为准。诉中采取的保全措施会在执行中转化为执行中的保全措施，其转化的时间就是该债权人申请执行的时间。这个时间，按照法理解释，应该与开启执行程序的时间相同。[1]当多个债权人在诉讼中都采取了保全措施，那么在转化为执行中的保全措施时，就应该按照诉讼中采取保全的先后确定顺序，而不是都视为开启执行之时。可见，如果既有诉讼中的保全，又有执行中的保全，那么诉讼中的保全一定优先于执行中的保全。当然，有的纯粹保全执行所在的诉讼，没有获得终局裁判，也就没有探讨的必要。

---

[1] 参见江必新主编：《民事强制执行操作规程》，人民法院出版社2010年版，第376页。

第三章

确定执行顺序的特殊考量因素

确定执行顺序的通常因素是债权人申请执行的时间先后,而执行法院启动执行的前提仅仅是形式审查执行名义的存否,如此一来,既能够维护审执分离的原则,又能促进执行竞合的快速解决,提高执行效率。法院在第二个申请执行人或者更靠后申请执行人提出申请前,应该支持首先申请执行人的执行。就算后申请执行人提出了申请,原则上也应该优先支持先申请执行人。

但是,在各国的立法上,申请执行的先后顺序不是解决执行竞合问题唯一需要考量的因素。除此之外,如果后申请执行人具有更值得保护的权益,那么,应该为其提供优先的保障。确立该特殊考量因素的原因在于,申请执行先后的时间标准无法顾及权利主体之间的差异、民事权益之间的区别以及实体规则和程序规则之间的差异,而容易损害实质公平。

需要提前说明的是,后申请执行人是否具有更值得保护权益的判断,需要与先申请执行人的权益进行情境排序,这通常属于实体问题。执行机关能否审查实体问题,关涉执行程序的性质。关于民事执行程序的性质,存在三种观点,即争讼程序说、非讼程序说和诉讼程序兼非讼程序说。[1]争讼程序说认为,执行程序在构造上有对立的当事人参与,其目的是依靠国家公权力解决私法纷争,以保护私法上的权利,维护法律秩序,与民事诉讼程序的构造及目的相通。并且,民事执行法规定,能够准用民事诉讼法,因此,民事

---

[1] 参见董少谋:《民事强制执行法学》(第2版),法律出版社2016年版,第15页。

执行程序性质上属于诉讼程序。非讼程序说认为，民事执行是以权利的事实实现为目的，与诉讼程序基于判断、观念确定权利关系不同，并且，一旦执行程序因当事人的申请启动后，程序的运行责任就由执行机关负责，不再需要提前征询债务人的意思。只能形式审查及初步实质审查执行事项，[1]对立的当事人也无继续参与的必要，与诉讼程序不同，故其性质为非讼程序。诉讼程序兼非讼程序说认为，执行程序主要分为执行裁决程序和执行实施程序。[2]在执行实施程序中，为了高效实现执行债权，在债权人与债务人之间不存在对立的构造，执行法院与被执行人之间的干预关系属于执行程序的主要内容。一旦当事人启动后，法院负责推动程序的进行。这些具有非讼程序的特征。执行裁决程序中存在需要处理的争议事项，[3]特别是针对实体争议的执行救济程序中，奉行当事人主义，是否启动或者终结程序的权利掌握在当事人手中，程序运行需要靠当事人推动，存在对立当事人，对于事实认定和法律适用等问题，需要进行言词辩论。这些具有诉讼程序的特征。民事执行程序既有非讼程序的要素，也有诉讼程序的要素。笔者赞成第三种观点。依据该观点，执行救济程序适用诉讼法理，本质上属于通常诉讼程序，能够审查实体问题。如果后申请执行人具有更值得保护的权益，那么就可以通过执行救济程序重新排列执行顺序，维护自己的权益。因此，执行程序可以审查实体问题，依据特殊考量因素进行执行顺序的判定，不违背执行法理。[4]本书的特殊考量因素发挥作用的空间是执行救济程序（通常涉及民商事审判部门），而不是执行实施程序，不违背审执分离的原则。需要说明的是，上述情况的前提是不同申请执行人对执行顺序存在争议。倘若先申请执行人对后申请执行人提出的执行顺序要求没有争议，此时，虽然涉及实体问题，但不需要通过争讼程序进行处理。[5]

---

[1] 参见黄忠顺：《案外人排除强制执行请求的司法审查模式选择》，载《法学》2020年第10期。
[2] 参见马登科：《审执分离运行机制论》，载《现代法学》2019年第4期。
[3] 参见肖建国：《民事审判权与执行权的分离研究》，载《法制与社会发展》2016年第2期。
[4] 参见张卫平：《"审执分离"本质与路径的再认识》，载《中国法学》2023年第6期。
[5] 参见黄忠顺：《案外人排除强制执行请求的司法审查模式选择》，载《法学》2020年第10期。

第一节　特殊考量因素的确立原因、现状和发展

一、确立特殊考量因素的原因

执行竞合的核心问题是多个执行债权竞合时执行顺序的确定。正如上文所述，通常情况下，应该按照申请执行的先后确定执行顺序。但是，特殊情况下，后申请执行人可以依据更值得保护的权益获得优先执行的地位。常见的产生更值得保护权益的依据包括：

（一）实质正义的要求

形式上来说，时间对每个人都是公平的，不会因为个人的差别而给予增加的优待或者减少的惩罚，具有不能被人为篡改的客观性，故依据时间进行排序能够得到人们的认可。然而，时间对每个人又是不公平的，其原因在于每个人的情况是不完全相同的，人和人之间具有智力、健康、贫富等方面的差异，这些差异导致人们在面对时间时有不同的反应和不同的需求。同样的逻辑，每个申请执行人或者执行案件的情况具有差别性，面对时间的反应与需求是不同的。能够依据不同的情况，给予不同的对待，才是实质正义的要求，[1]仅仅通过时间进行判断，安排顺序、满足请求，掩盖了这些差别，容易构成实质的不公。

（二）实体权益的差异性和层级性

民事主体享有丰富的权益类型。不同性质的权益，不仅成立要件不同，而且权利的内容、效力以及对于权利主体的意义也不同。对同种性质的权益，采纳同一种标准进行比较，无可厚非，但对不同性质的权益进行比较，仍采纳相同的标准，不免容易遭致质疑。即便是同种性质的权益，也是具有层级的，不同层级之间的重要性存在差异，[2]如果按照同一个标准却不顾及这些

---

[1] 参见赵迪：《形式正义到实质正义：法律适用理念的理论论争与应然选择》，载《东岳论丛》2020年第5期。

[2] 参见王利明：《论民事权益位阶：以〈民法典〉为中心》，载《中国法学》2022年第1期；张平华：《权利位阶论——关于权利冲突化解机制的初步探讨》，载《法律科学（西北政法学院学报）》2007年第6期；梁上上：《有限公司股权对外转让的自由与限制——以利益位阶理论为视角展开》，载《清华法学》2022年第2期。

差异而进行比较的话，正当性可能会受到质疑。

（三）程序规则与实体规则的差异性

按照申请执行的先后或者扣押的先后进行排序，从本质上来说，属于程序规则，而实体法对权利却有不同的排序思路。例如，民法理论认为，通常情况下，债权之间是平等的，没有先后区别。这就与程序规则产生了冲突。同时实体法领域还存在物权、人身权等权益，它们之间的排序规则更为复杂。完全按照程序规则进行处理，易与实体规则产生冲突，也会遭受质疑。因此，执行顺序的确定，不能仅仅依据申请执行先后的程序规则进行，还需要兼顾实体的规则和权益。[1]

执行顺序的安排需要兼顾实体的规则和权益，从另一个角度来说，就是执行竞合中需要引用实体规则。需要引用实体规则，是否意味着需要完全按照实体规则来进行判断，而不需要考虑执行程序的特点？民事执行法的功能主要在于实现权利，[2]而权利的判定是审判法官依据实体规则进行裁判的结果。基于此，民事执行不可能不遵守实体规则。例如，执行有限责任公司股东的股权时，既需要遵循股权对外转让的规则，也需要考虑对其他股东优先购买权的保护。

民事实体法规范的是平等的民事主体，民事审判程序依据民事实体法，作出给付判决、形成判决、确认判决，确定债权人与债务人的权利义务内容。当义务人不履行义务时，这些内容转化为执行债权，并奠定强制执行请求权的基础。为实现执行债权，主要通过执行机关对债务人的干预（强制性）而进行，基于此，执行法律关系具有不平等性，不能完全适用规范平等主体的实体法。比如，执行拍卖和执行和解，因执行机关的参与，具有了公法属性，不同于民法的买卖与合同。功能的不同决定不同的程序内容和价值追求。执行程序的主要内容是执行实施，必须注重效率。执行裁决针对的主要是执行实施相关的内容。为此，执行程序本身一般不处理实体问题，即使处理的话，也仅仅是进行形式审查，除非仍然无法解决而需要启动争讼程序。执行程序

---

[1]《最高法执行局局长解读民法典对强制执行的 13 大影响》，载 https://m.thepaper.cn/baijiahao_ 10397088，最后访问日期：2022 年 4 月 12 日。

[2] 参见谭秋桂：《民事执行法学》（第 3 版），北京大学出版社 2015 年版，第 11 页。

中的争讼程序，区别于属于该程序主要内容的非讼程序，其处理的是实体问题，本质上属于通常诉讼程序。如果处理的法律关系仅仅关涉债权人，此时，当事人之间的关系是平等的，那么当然需要适用民事实体法。例如，关于债务人异议之诉中债务人的债务是否还存在的判断，就需要依据民事实体法进行判断。再比如，在执行实施中，在执行机关主导下，为了促进执行，没有完全贯彻民事实体法对财产权属的判断标准，仅仅依据登记的形式标准进行，而执行异议之诉中，需要依据出资或者协议等实质标准进行判断。为了执行效率，执行实施程序（非讼程序）对实体法中权属的判断规则进行了选择。而执行异议之诉程序由民商事审判庭负责，需要严格贯彻实体规则。可见，执行竞合程序包括不同内容和阶段，需要依据内容和阶段的差异，决定是否采纳实体规则和采纳的程度。

民事执行程序具有自身的价值，也具有自身的特点，自然应该具有自身的规则。例如，依据民法法理可知，普通债权是平等的，基于此，多个债权人应该按比例清偿。但是，这种思路无益于执行效率，于是就产生了按照申请执行先后排序的程序规则，并逐渐战胜作为实体规则的平等主义。再比如，实践中经常发生被执行人与案外人勾结虚构债权，侵犯其他债权人权益的情况，为此，在依据实体规则对被执行人与债务人的债权债务进行认定的时候，需要限定债权成立的时间早于申请执行人进行保全的时间。这实质上改变了实体法权利义务的构成要件。执行和解问题和对债权的执行问题等中，都存在区别于实体规则的内容。可见，执行程序在援引实体规则时，需要考虑自身的功能与特点。甚至，当作为一般法的实体规则与执行规则发生矛盾的时候，应该选择作为特殊规则的执行规则。[1]

由于实践的复杂性以及立法的局限性，经常遇到没有实体规则可依的局面。而法官不能拒绝裁判，当事人不会停止维权，因此，需要完善相关规则。当异议之诉的法官遇到此种情况时，需要分析法理，探明裁判规则，最后通过解释论或者立法论将其上升为法律规则。例如，在执行异议之诉中，关于借名买房人能否排除出名人的债权人申请的强制执行，实体规则存在缺位，

---

〔1〕 参见［日］中野贞一郎、下村正明：《民事执行法》，青林书院2016年版，第22~23页。

需要在衡量借名人与申请执行人对出名人享有的权益之后，进行具体判断。再比如，执行异议之诉中，预告登记权利人，能否排除申请执行人的执行，关于这一问题的实体规则也是缺位的，而执行规则进行了填补。可见，执行争讼程序有时能够促进实体规则的完善。[1]

综上所述，基于主体的不平等，为实现执行程序的功能与目标，对于执行竞合中的执行实施和与此相关的执行裁决问题，应该主要遵循执行程序规则。针对执行竞合中的实体争议，如果仅仅涉及平等的民事主体，原则上应该遵从实体规则，同时兼顾执行程序的特点与需要。

二、目前的特殊考量因素及其不足之处

（一）物权优先原则

物权优先原则，是指基于物权的优先效力。"物权的优先效力，包含对外的优先效力和对内的优先效力。"[2]前者指，同一对象上并存物权与债权时，债权劣后于物权。后者指，同一物上并存多项物权时，应该依据各个物权效力的强弱或者物权设立的时间先后确定受偿的顺序。物权优先原则是指，通常情况下，应该按照优先主义排列执行顺序，但倘若后申请执行债权的基础权利是物权时，应该优先于先申请执行人而受偿。[3]无论是金钱债权执行与非金钱债权执行的竞合，还是非金钱债权执行之间的竞合，物权优先原则都属于学理上的探讨，域外法律一般都没有对此作出明确的规定。[4]

（二）物权优先原则在解决民事执行竞合时的不足

物权优先原则在处理民事执行竞合的问题上，存在明显的不足，其原因在于该原则没有限定先申请执行债权的类型和基础权利的情况。先申请执行债权的基础权利，既能是物权，又能是普通债权，还能是优先权或者惩罚性

---

[1] 参见张卫平：《民法典的实施与民事诉讼法的协调和对接》，载《中外法学》2020年第4期；谷佳杰：《民法典的实施与民事强制执行法的协调和衔接》，载《河北法学》2021年第10期。

[2] 参见王明利主编：《民法》（第8版·上册），中国人民大学出版社2020年版，第210页。

[3] 参见董少谋：《民事强制执行法学》（第2版），法律出版社2016年版，第167页；肖建国：《中国民事强制执行法专题研究》，中国法制出版社2020年版，第45页；王娣：《论强制执行竞合及其解决》，载《北京科技大学学报（社会科学版）》2005年第1期；杨与龄：《论强制执行程序之竞合》，载《法令月刊》1986年第3期。

[4] 参见谭秋桂：《民事执行法学》（第3版），北京大学出版社2015年版，第276页。

质的债权，而物权优先原则只能适用于金钱债权的基础权利是普通债权和惩罚性质债权的情形，不能适用于所有的竞合类型。另外，还存在债权优先于物权的情形和特殊的物权相互之间的效力规则。[1]例如，先申请执行债权是非金钱债权，基础权利也是物权，且该物权的成立时间早于作为后申请执行债权基础权利的物权的成立时间，此时，后申请执行债权不应比先申请执行债权更早被实现。

三、优先受偿权的含义与种类

（一）优先受偿权的含义

关于优先受偿权的含义，理论界存在不同观点。有观点认为，优先受偿权就是优先权。例如，该观点将优先受偿权区分为物权上的优先权和债权上的优先权。[2]假如优先受偿权与优先权不等同的话，就不能作出这样的划分。有观点认为，"优先受偿权是指，某个权利人早于其他权利人受偿的权利"。[3]该观点反映出，优先受偿权既是权利，又是效力。笔者支持后者的观点，具体原因如下：第一，该观点可以弥合我国立法上的分歧。我国立法明确采用优先受偿权称谓的是建设工程价款优先受偿权，其他涉及优先受偿权的法律规范众多。例如，《最高人民法院关于人民法院办理执行异议和复议案件若干问题的规定》第27条、《中华人民共和国城镇国有土地使用权出让和转让暂行条例》第37条、《最高人民法院关于人民法院民事执行中拍卖、变卖财产的规定》第28条、《最高人民法院关于适用〈中华人民共和国民事诉讼法〉的解释》（以下简称《民诉法解释》）第506条等。凭借对这些规范的斟酌可知，优先受偿权有时是独立的权利，有时是一种效力，有时涵盖担保物权和优先权，有时不涵盖。只有采用第二种观点，才能弥合前述立法的分歧。第二，该观点与本书想要表达的观点契合。具言之，后申请执行人是否具有早于先申请执行人实现债权的权利，就是某权利人是否具有早于其他权利人

---

[1] 参见王利明等：《民法学》（第5版），法律出版社2017年版，第324～325页；王娣：《强制执行竞合研究》，中国人民公安大学出版社2009年版，第209～210页。

[2] 参见谭秋桂：《民事执行法学》（第3版），北京大学出版社2015年版，第280页。

[3] 参见郭明瑞、仲相、司艳丽：《优先权制度研究》，北京大学出版社2004年版，第15页。

被实现的权利,换言之,就是某权利人是否具有优先受偿权的问题。

(二) 优先受偿权的种类

因是否具有优先受偿权是相对的,需要对双方的权益进行具体分析方能得出结果,故该权利是一个集合,各种具有优先受偿地位的情况,都是其中的类型。优先权和担保物权也不例外,不仅实体权利内部存在竞合的情况,而且实体权利与程序权利之间也存在竞合的情况。因此,优先受偿权包含程序法上的优先受偿权与实体法上的优先受偿权。

1. 程序法上的优先受偿权

程序法上的优先受偿权包含两部分。一是,进行首先查封的普通债权人相较于实体法上的优先债权人而享有的优先受偿地位。二是,在先申请执行的普通债权人相较于在后申请执行的普通债权人而享有的优先受偿地位。

2. 实体法上的优先受偿权

实体法上的优先受偿权可以分为债权上的优先受偿权和物权上的优先受偿权。前者的典型是建设工程价款优先受偿权,后者的典型是担保物权。关于债权上的优先受偿权的具体类型,现行法没有给出明确规定。争议主要集中于是否应该引入优先权和如何进入的问题。我国实体法没有优先权这个法律概念,而我国程序法中存在这个概念,且与担保物权并列。[1] 个别单行法中,出现了实质意义上的优先权效力内容。例如,船舶优先权。虽然优先权的规则内容在立法中零星出现,在实务中也经常遇到,[2] 但学界对其各种基本问题,没有形成一致的看法。

(三) 优先权的含义、性质及引入

1. 优先权的含义、功能和类型

"优先权是指,特殊的债权人遵循法律的规定,而具有的对债务人的总财产或者特殊财物早于其他债权人被实现的权利。"[3] 它凭借突破债权形式平等

---

[1] 《最高人民法院关于适用〈中华人民共和国民事诉讼法〉的解释》(法释 [2022] 11号) 第506条规定:被执行人为公民或者其他组织,在执行程序开始后,被执行人的其他已经取得执行依据的债权人发现被执行人的财产不能清偿所有债权的,可以向人民法院申请参与分配。对人民法院查封、扣押、冻结的财产有优先权、担保物权的债权人,可以直接申请参与分配,主张优先受偿。

[2] 参见浙江省台州市中级人民法院 [2019] 浙10民终2035号民事判决书。

[3] 参见王利明主编:《中国民法典草案建议稿及说明》,中国法制出版社2004年版,第152页。

的方式,保障债权人实质性的公平、保障人权、维护国家公共利益、维护经济秩序和实现社会某种观念等。[1]优先权具有优于普通债权,甚至担保物权的效力,只能依法产生,并且,基本不需要公示,就能在债务人的财产上具有优先受偿的法律地位。从市场经济秩序和私法秩序的角度看,作为民事权利的优先权代表了特定的经济理念,以此来维护特定秩序,间接实现立法目标。例如,为了防止债务人吃霸王餐,当债权人的餐厅里,放置了债务人的手机时,推定债务人想把手机质押给债权人,基于此而保护债权人的占有,以清偿餐费。再比如,当劳动者加工好零部件后,会使原材料实现增值,雇主的整体财富实现了增长,如果不给予劳动者一定保护,那么这种增值行为将不再发生,或者发生劳动者积极性下降后生产低质的产品的情况,影响财富增长的速度与质量,故应该在雇主的财产上给予劳动者保障。优先权制度也有消极影响,不需要公示的要件增加了后来者的交易风险,并且,对物权优先原则产生负面影响。

优先权具有两种类型,即一般优先权和特别优先权。特别优先权基于对象的不同,又能够划分为两种类型,即针对动产的优先权和针对不动产的优先权。[2]动产优先权的类型包含:当顾客租住旅店后,将物品放置在店中,顾客欠付租金后,主人可对该物品享有优先权;出租不动产,且承租人在不动产中放置了动产时,若欠付租金,出租人可对该动产享有优先权;当委托人租用汽车运送物品,而委托人不付租金时,运送人可对物品享有优先权;当委托人让保存人保存动产,而委托人欠付租金时,保存人可对保存之物行使优先权等。不动产优先权的类型有:当不动产被别人保存,而委托人欠付保存的费用时,保存人对不动产享有的优先权;修建不动产而委托人不支付修建费用时,修建人对不动产享有的优先权等。[3]

关于一般优先权的类型,有观点认为:"在建立统一优先权制度的国家,普遍存在共益费用、工人的工资、债务人的丧葬费用、债务人及其家属购买

---

[1] 参见王娣、王德新、周孟炎:《民事执行参与分配制度研究》,中国人民公安大学出版社、群众出版社2019年版,第287页。
[2] 参见孙东雅:《民事优先权研究》,中国法制出版社2018年版,第13页。
[3] 参见刘道云:《优先权制度在我国构建的争论与设想》,载《行政与法》2011年第8期。

日用品的费用、债务人及其家属最近的医疗费用、税收等一般优先权。"[1]还有观点认为："纵览各国的优先权立法，一般优先权的项目主要包括进行诉讼的费用、进行医疗的费用、进行丧葬的费用、受雇人员的工资和各种补贴以及补偿金、税收、各种保险费等。"[2]由此观之，比较法上普遍认可劳动债权[3]和人身损害赔偿之债的优先权地位。例如，《法国民法典》第2331条第6项规定："事故中的受害人或者其权利继受人的医疗费、药费和丧葬费的债权，以及他们因短期丧失生存能力而应该得到的补偿金的债权，可以适用动产的一般优先权。"[4]并且，《美国联邦破产法典》第504条规定："因酗酒或者吸毒驾驶车辆或船舶引发的人身受损或者死亡的侵权债权，被判定应当早于普通的债权获得实现。"[5]另外，"在俄罗斯破产法中，债务人对其承担生活或者健康受损赔偿责任的公民的债权，仅须晚于破产费用与共益债务以及附抵押权的债权，并且，劳动债权的实现位序，也晚于人身性质的侵权之债"。[6]我国学者对此也表达了支持的态度。[7]

2. 优先权的性质和引入

（1）优先权的性质。为引入该制度且避免与现有体系冲突，需要理清该制度的性质。由于这是比较法上的制度，故有必要先对比较法上的情况进行概括和总结。

对同属大陆法系的国家进行研究可知，关于该制度的性质存在两种观点。第一种认为，一般优先权与特别优先权属于同一性质，都是物权中的担保物权。采用此模式的典型国家是法国与日本。《法国民法典》把优先权和担保物

---

[1] 参见宋宗宇：《优先权制度在我国的现实与理想》，载《现代法学》2007年第1期。
[2] 参见梅夏英、方春晖：《优先权制度的理论和立法问题》，载《法商研究》2004年第3期。
[3] 《法国民法典》第2331条第4、7项、第2375条第2项，《日本民法典》第308条、第324条，《意大利民法典》第2751条第5、6项，转引自郭明瑞、仲相：《我国未来民法典中应当设立优先权制度》，载《中国法学》2004年第4期。
[4] 罗结珍译：《法国民法典》，北京大学出版社2010年版，第509页。
[5] 参见[美]查尔斯·J.泰步：《美国破产法新论》（第3版），韩长印、何欢、王之洲译，中国政法大学出版社2017年版，第735页。
[6] 参见陈科杰：《个人破产法的中国构建：基于比较法研究的探索》，中国法制出版社2020年版，第206页。
[7] 参见刘保玉：《物权体系论——中国物权法上的物权类型设计》，人民法院出版社2004年版，第336~337页；杨立新：《论侵权请求权的优先权保障》，载《法学家》2010年第2期。

权放置在一起，并且，还专门明定了两者的共同一般规定，间接表明两者属于同一本质。日本直接在物权立法中设立先取特权，明确表明后者的性质。第二种观点认为，优先权具有两部分，即债权性质的和物权性质的，两部分的本质不同。前者本质上属于债权，不属于担保物权，只是由于社会政策或者公共利益等原因，而被赋予了特别的效力。由此，学界多把这类优先权规定在程序法中，表明它们只是在分配债务人财产的执行或者破产程序中才有此优先地位，而不具有物权的支配性和对世性。除此之外，就是物权性或者实体性的优先权。这些优先权独立于债权，本质上属于物权，具有物权的典型性质。德国把这些优先权，散乱地放置在民商法和单行法中。[1]由此可知，同为大陆法系国家的上述几个国家对优先权没有统一的认识。

我国对优先权的立法，"存在认识不足、体系松散、项目不全、操作性差"[2]等问题。我国对优先权的研究，也由来已久，争论至今未休。[3]持同一本质说的学者认为，优先权是某些债权人在债务人的全部财产或者一些财产上具有的优先实现权利的法律地位。优先权是物权，不仅是一项单独的权利，而且是一项区别于抵押权等的担保物权，具有物权的支配、追及等特性，而不是法律赋予债权的特殊效力，更不是程序法中的清偿顺序。他们认为担保物权应该囊括优先权，形成包括四种类型的格局。[4]作为担保物权的优先权，包含针对债务人所有财产的一般优先权和针对特定财产的特别优先权，而且，两种类型的内涵丰富。

持不同观点者认为，优先权不可能属于同一本质，其具有两部分，每一种类型产生的原因不同，发挥的功能也不同。一般优先权承担了道义和社会政策方面的责任，而特别优先权主要是利用担保手段保护自力救济。前者的理念与物权法截然不同，仅是通过赋予物权效力，保护公共利益、生存利益、

---

[1] 参见张强：《优先权制度的立法困境与对策》，载《河南省政法管理干部学院学报》2006年第5期。

[2] 参见陈琳、陈志兴：《论我国民事优先权的立法原则与体系构想——兼论各民事优先权顺位及其协调》，载《广西政法管理干部学院学报》2007年第4期。

[3] 参见王娣、王德新、周孟炎：《民事执行参与分配制度研究》，中国人民公安大学出版社、群众出版社2019年版，第291页。

[4] 参见申卫星：《我国优先权制度立法研究》，载《法学评论》1997年第6期。

人格尊严等非财产权益。倘若加入物权体系之中，将引发后者的混乱。特别优先权与担保物权的逻辑思维相同，可以为债权人增加自力救济的途径，与留置权的效力极其相似，从本质上来说，可以称为法定担保物权。如果纳入物权体系，可以起到补充的作用，使债权人的权利得到更加完善的保护。一般优先权保护的法益确实很重要，但是否有必要以混淆物权与债权关系的代价来实现，是否有必要将其设定为一项独立的权利来保护，是存在疑问的。目前合理的保护方式是在程序法中规定实现的顺序。目前我国也是把这些问题规定在《中华人民共和国税收征收管理法》（以下简称《税收征收管理法》）和《中华人民共和国企业破产法》（以下简称《企业破产法》）等程序法或者单行法中。总之，特别优先权具有担保物权的性质，而一般优先权就是一种权利实现的顺序。优先权之所以具有如此大的争议，主要在于与物权的特性和逻辑不符，导致无论如何论证其必要性和构建方式，都会被质疑。当一般优先权没有确定时，债务人的财产会一直处于变动之中，导致权益对象不具有确定性，与其他客体难以清晰区分，这与物权客体的特定性相违背。故一般优先权不是民事权利，本质上属于程序问题，在程序法中规定即可。只要特别优先权合乎优先权的属性，在进行立法时，把其加入即可，最后构建分别还包含两部分的法定担保和意定担保的体系。法定担保物权包括优先权和留置权，其他两者属于意定的范围。[1]

虽然给优先权定性很难，但如果不能解决该基础性问题，那么接下来的研究就无法继续。综合各方看法，笔者认为，优先权分为两种类型，它们功能不同，性质各异，不可能囊括于相同概念之中，"从性质上来说，一般优先权属于债权，特别优先权属于担保物权"。[2]具体原因如下：其一，特别优先权具有独立权利的产生基础、特殊的效力范围和独立的消灭原因，是一项独立的权利。其二，权利的实现顺序属于优先权的内容，然而只是其内容之一。并且，特别优先权可以使债权人对执行财产获得优先实现的地位。这些内容的存在改变了原来的权利义务格局，对原来的当事人之间的关系产生实质效

---

〔1〕参见张强：《优先权制度的立法困境与对策》，载《河南省政法管理干部学院学报》2006年第5期。

〔2〕参见宋宗宇：《优先权制度在我国的现实与理想》，载《现代法学》2007年第1期。

果，具有独立权利的特征。一般优先权的权利客体实质上是明确的，只是在不具备履行行使的条件时不具体而已。当具备履行条件时，债务人的所有财产都是权利对象，并且具有比担保物权还靠前的优先地位。这肯定会对原来的排序产生重大影响，也使其具有独立权利的特征。其三，我国民事财产权体系包括物权和债权两部分，故上述独立的权利必定要囊括在这个体系之中。特别优先权和一般优先权具有不同的性质，前者与担保物权的特征非常相似。由于其并不是提前与债务人合意而建立的，故应将其定位为非合意的担保物权。而一般优先权，通常指向的对象不明确具体，而且成立也不需要公示，与担保物权的特征很不相符，既然不属于物权，那么就是债权，而且是一种被赋予特殊效力的债权。

（2）引入的必要性。正如上文所述，两种优先权具有不同的功能。特别优先权主要是为了给自力救济提供法律支持。虽然法律体系已经很健全，人们也越来越认可公力救济对私力救济的替代，但当其权益被侵犯时，自力救济肯定是最直接和最有效的。如果当时没有获得公力救济的途径，那么自力救济就应该具有正当性。这在任何国家，都是需要的。《中华人民共和国民法典》（以下简称《民法典》），不仅没有删除关于自力救济的规定，反而更加完善了该制度，凸显出该功能的不可或缺。一般优先权具有很重要的目标，要么是保障人权，要么是维护公平与给予弱者特殊的保护，要么是维护公共的利益或者共同的利益，要么是保护经济秩序和实现某些社会观念的功能。[1]正如上文所述，民事权益代表的价值取向是不同的，分量是不同的，债权代表的价值及其分量也是不同的，形式上的平等操作反而会加剧实质上的不公，只有突破这种形式上的不平等，才能达到实质公平。可见，我国也有类似的功能需要。"为获得这种需要，我国立法已经实施了包含优先权在内的多种措施，然而，现有制度的保护范围和程度尚不能实现预想目标"，[2]因此，应该专门建立优先权制度。并且，作为社会主义国家，我们追求的公共利益和集体

---

[1] 参见郭明瑞、仲相：《我国未来民法典中应当设立优先权制度》，载《中国法学》2004年第4期；姜志远、周玉文：《我国物权立法应设立优先权制度》，载《法学杂志》2006年第4期。

[2] 参见郭明瑞、仲相：《我国未来民法典中应当设立优先权制度》，载《中国法学》2004年第4期。

利益更多,对一般优先权的需要更迫切。[1]综上,我国具有发挥优先权功能的空间。

(3)引入的方式。确定了优先权性质,就为引入该制度奠定了基础。因特别优先权属于担保物权,故只在担保物权中增加一种类型即可。也可以按照上述学者的观点,把它与留置权统称为法定担保物权,把另外两种担保物权称为意定担保物权,以此为基础构建二元体系。但难点是如何整合一般优先权,笔者认为,应该在程序法中设立一般优先权。具体原因如下:

第一,比较法上的考察,在维护实质公平而打破债权平等的方式上,基于有无物债两分体系,而形成两种实质功能相同的情况。其一,在实体法中确立优先权制度。其二,在实体法中建立法定担保制度,同时,在程序法中建构优先债权规则。[2]具言之,后者中的两部分共同发挥作用的结果与前者的功能结果相同。前者中的特别优先权,需要后者中的法定担保制度来完成。前者中的一般优先权,与后者中的优先债权功能等同。我国属于物债两分的国家,与德国类似,既然德国可以通过这种方式实现优先权全部的功能,那么,我国也可以此为鉴。

第二,法国建立该模式以优先权同质性为基础。正如上文所述,笔者认为,优先权内部的两种类型不属于同一性质。法国的思路并不适合我国。

第三,一般优先权属于债权,而且是一种特殊情况下具有优先清偿顺序的债权,但不是在任何情况下都具有这种效力。作为实体法的例外或者补充,将一般优先权规定在程序法中是一种比较理想的选择,与德国的思路一致。这也与我国民事诉讼法的参与分配中并列优先权与担保物权为优先受偿权的立法现状不冲突。[3]

---

[1] 参见申卫星:《信心与思路:我国设立优先权制度的立法建议》,载《清华大学学报(哲学社会科学版)》2005年第2期。

[2] 参见孙新强:《我国法律移植中的败笔——优先权》,载《中国法学》2011年第1期。

[3] 参见王娣、王德新、周孟炎:《民事执行参与分配制度研究》,中国人民公安大学出版社、群众出版社2019年版,第290页。

四、优先受偿权对解决民事执行竞合的价值

(一) 优先受偿权的价值

作为特殊考量因素的优先受偿权是指,通常情况下,应该按照优先主义排列执行顺序,如果后申请执行人在实体法上具有排除前执行债权的权益或者优先受偿权,该权利主体能够通过一定程序,排除前执行程序的进行,而优先执行后者。[1]后者是否具有优先执行的权益,需要对比先后申请执行债权的具体情况才能确定。选择优先受偿权作为特殊考量因素,具有如下原因:

第一,物权优先原则与优先受偿权这两种观点在本质上是一致的,都是从实体法角度对执行债权的基础权利及其背后的权益或价值所进行的比较,物权优先原则属于后者的一部分。采纳该观点,既不会较大改变司法习惯,也不会增加矛盾判决。

第二,能够弥补物权优先原则的缺陷。依据法理和法律,物权优先原则的内容是有限的,不能囊括所有的执行竞合类型,需要一个更宏观更全面的概念来指称。而优先受偿权的表述能涵盖所有的情形,并且揭示了该问题的特点,即没有固定的和普适的答案,只能通过具体较量才能得出结论(情境排序)。基于此,笔者支持将优先受偿权作为特殊考量因素。

(二) 优先受偿权的构建思路

依据现行法进行裁判是法官思维的第一法则。于是,在面对权益冲突时,应该首先解释现行法中已有的优先受偿权的规则,然后进行裁判。如果此时存在清晰的解决路径,那么法官就可以顺利地适用。例如,立法者已对肖像权和著作权发生冲突时的位阶作出了安排,即把肖像权排位靠前。[2]如果没有清晰的解释路径,那么就需要利用位阶理论进行辅助判断。[3]关于民事权

---

〔1〕参见张登科:《强制执行法》,三民书局2018年版,第617页;吴光陆:《强制执行法》(修订3版),三民书局2015年版,第561页。

〔2〕《民法典》第1019条规定:任何组织或者个人不得以丑化、污损,或者利用信息技术手段伪造等方式侵害他人的肖像权。未经肖像权人同意,不得制作、使用、公开肖像权人的肖像,但是法律另有规定的除外。未经肖像权人同意,肖像作品权利人不得以发表、复制、发行、出租、展览等方式使用或者公开肖像权人的肖像。

〔3〕参见隐艳:《权利位阶在中国司法中的运用与克制》,载《石河子大学学报(哲学社会科学版)》2016年第4期。

益体系中是否具有位阶关系,曾经存在争议,[1]王利明教授的最新观点为执行竞合问题的解决奠定了实体法上的基础。现代社会,民事主体具有越来越丰富和完善的权益体系,在民事主体的交往过程中,无论是基于主观原因,还是客观情况,都不可避免地会发生权益冲突,此时,凭据给权益进行排序,能够处理该冲突。居于高位阶的权益,享有优先于低位阶权益的顺位。由此,冲突问题迎刃而解。基于此种考量,现行法建立了一套民事权益的位阶体系,即物质性的人格权应该早于精神性的人格权被实现,人格权应该早于人格利益被实现,财产权利应该早于财产利益被实现。[2]需要说明的是,执行债权具有金钱的和非金钱的之分,相对应的基础权利的类型多样,基础权利背后代表的民事权益也丰富多样,从理论上来说,其中的任何两种都有竞合的可能性,因此,具体个案中涉及的权益较量非常庞杂,而阐明作为权益冲突排序标准的权益位阶,本身时常关涉复杂的社会关系和价值判断,难以凭据简单的排序永远地化解所有类型的冲突问题。换言之,在现行法中提前准确地给各种场景下的多样民事权益进行排序不是简单之事。上述的权益位阶仅仅属于一种初步的与推定的准则,只可当作法官实施利益衡量时必要的参考。

如果出现无法被上述位阶规则涵盖的情况,就需要进行利益衡量。"利益衡量是指,当多个权利主体背后所代表的利益发生矛盾时,法官充分发挥自身的能力,分析问题的本质,概括利益的类型与争点,对其进行权衡,尽量给出各方都满意的裁判结果的思维方法。"[3]需要强调的是,通过利益衡量,确立位阶规则,不能没有依据。在利益衡量中,法官的自由裁量不能任意或恣意为之,而应当以现行法及其背后的价值为方向,遵循现行法中的价值位阶准则。而且,不可否认的是,理解与适用既有的权益位阶并非易事。即作为大前提的位阶规则能否与作为小前提的前述复杂情况对应起来,本身很不容易,也需要准确把握法律的价值导向。综上,为续造或者解释现有位阶规则,需要寻找更高阶的指导思想,这就是价值位阶,其也是权益位阶背后的

---

[1] 参见王博:《权利冲突化解路径的经济法律分析——兼与苏力等教授商榷》,载《法学》2016年第11期。

[2] 参见王利明:《论民事权益位阶:以〈民法典〉为中心》,载《中国法学》2022年第1期。

[3] 参见段匡:《日本的民法解释学》,复旦大学出版社2005年版,第261~263页。

第三章 确定执行顺序的特殊考量因素

决定因素。

权益位阶就是以价值衡量为标准对民事权益体系进行的排序。权益冲突实质上是价值冲突,理清价值冲突的取向,不仅能够更好地理解权益位阶背后的原因,还能在无现成位阶可依据时完善位阶的体系,为其提供方向。考察《民法典》后可知,我国已有的价值取向是:"一是人文关怀优先于私法自治;二是生命权、身体权、健康权优先于其他人身和财产权益;三是人格尊严和人身自由优先于财产权益;四是生存利益高于一般的财产利益和商业利益;五是与秩序密切关联的利益比普通的财产利益排位靠前;六是权利优先于利益。"[1]基于此,才可知晓应当倾斜照顾何种权益,从而更好实现各种权益之间的协调保障,最大限度发挥民法保护民事权益的功能。

需要强调的是,本章探讨的问题是确定执行顺序的特殊考量因素,换言之,原则上应该依据申请执行的先后,确定执行顺序;例外情况下,如果后申请执行人对执行顺序不满,因牵涉实体争议问题,应该先由执行法官通过异议程序(非讼程序)进行形式审查,[2]从而作出判断。如果仍有争议,再转入争讼程序(类似异议之诉),依据特殊考量因素进行判断。对特殊考量因素或优先受偿权的判断,需要依据民事权益位阶理论进行分析。运用民事权益位阶理论来处理执行竞合问题时,不可机械地排序取舍,而应当结合个案情形实行具体的价值判断和利益衡量。当法律已有清晰设置的权益位阶的情形时,裁判法官应当受到法律的拘束,进行判定执行顺序。在法律没有对权益位阶进行明确设置的情况下,诉讼法官应当探求蕴含于民法典的民事权益体系中的价值取向,进而判定民事权益位阶,为具体个案的公正裁判提供依

---

[1] 参见王利明:《论民事权益位阶:以〈民法典〉为中心》,载《中国法学》2022年第1期。
[2] 案外人异议审查程序属于争讼程序非讼化,适用职权主义、职权探知主义、职权进行主义、不公开主义、非对审主义、非直接审理、非言词原则等非讼原理。形式审查坚持外观主义,其结论通常具有确定性。与此不同,实质审查需要进行逻辑推理,其结论通常不具有排他性。在案外人异议审查程序中,执行法院不能按照争讼程序进行严格的审查,故只能进行初步实质审查。初步实质审查的"初步"表现为执行法院按照非讼原理进行调查,原则上采取书面审查及非对审制,没有向案外人及债权人提供足够充分的正当程序保障。除非初步实质审查结论显而易见地足以成立或显而易见地不足以成立,否则初步实质审查结论只能作为分配后续救济风险的依据,而不能作为直接处理案外人排除强制执行请求的依据。参见黄忠顺:《案外人排除强制执行请求的司法审查模式选择》,载《法学》2020年第10期。

据；倘若后申请执行人没有对执行顺序表达不满，即便存在特殊考量因素，执行法官也不能主动调整执行顺序。因目前对特殊考量因素的探讨仅仅停留在学理上，且数量稀少，内容简单，因此有必要对民事执行竞合类型中涉及的优先受偿权问题进行全面具体的分析。

第二节　金钱债权执行之间竞合中的优先受偿权

金钱债权执行之间竞合的本质是变价款的分配，不牵涉后申请执行排除前申请执行的问题，处理执行竞合的关键是确立金钱债权的基础权利的类型及其代表的权益和价值之间的位阶关系。原则上，不需要考虑成立的时间，处于高位阶的权益优先于低位阶的权益获得清偿。但是，为了防止虚构债权的出现，需要高位阶债权成立于低位阶债权进行执行扣押之前或者担保物权成立之前。需要说明的是，高位阶债权多是持续发生，只要其开始时间早于低位阶债权进行执行扣押或者担保物权成立之时，那么即使高位阶债权终止的时间晚于低位阶债权进行执行扣押或者担保物权成立的时间，前者的债权也应该得到优先支持。因有的高位阶债权的成立不需要公示，这样会给其他民事交易行为带来风险，因此需要通过优先执行低位阶债权执行对象以外的财产或者对高位阶债权的范围和数额进行限制等方式，来平衡高低位阶债权之间的利益。

我国立法对金钱债权执行竞合中优先受偿权的类型及其关系没有详细规定，仅仅是以较少字眼含糊地表述为担保物权和其他的优先受偿权。比较法上对优先权之间的关系以及与担保物权之间的关系，有明确规定。因此有必要从比较法上，对优先权之间以及与担保物权之间的位阶问题，进行研究。

一、优先权之间的位阶关系

优先权是具有优先效力的权利，为此，有必要明确优先的对象。学界普遍认可的是普通金钱债权，该债权代表的是纯粹的经济利益。一般优先权本质上属于债权，然而因本身除了涉及经济利益，还包含生存权益、社会公益、救助弱势、人格尊严等更高的权益，故被赋予优先于普通债权甚至物权的效力。优先权比普通债权具有更靠前的受偿地位，是其本质的体现和功能的需要。需要注意的是，优先权具有不公示等弊端，会给其他债权人带来交易风险。为此，首先，需要优先执行其他执行程序执行对象之外的财产，尽量减少竞合于同一特定执行对象的情形。例如，《日本民法典》第335条第1款和第2款规定："一般先取特权人，应该优先对不动产之外的财物进行执行，除非不够抵偿，不能对不动产实施执行；执行不动产时，应当优先对没有担保的对象实施执行。"[1]其次，必然竞合时，需要对具有优先地位的项目和数额等进行限制，来平衡各方的利益。[2]另外，当优先权的对象或者债务人的财产灭失时，要减少对补偿款的优先范围，或者提高行使优先权的条件；当债务人的财产被他人占有时，通常情况下，不能请求返还等。[3]

优先权不是按照时间的先后进行评价，而是按照成立的原因进行评价，即主要依据立法者的价值判断或者价值选择来确定相互之间的关系。关于优先权内部的关系，应该从两个维度进行分析，即以相同类型为基础的横向和以不同类型为基础的纵向。对于相同的类型，比较法上广泛认可的做法是，权利人依据自己债权额占所有债权人总的债权额的比例进行分配。[4]至于不同的类型，从横向来看，又分为三种情况。

1. 同为一般优先权

因其内部还含有多种类型，对于不同的类型，需要按照重要性来排序。一般优先权之间的位阶关系是指，当同一个财物上共存多个一般优先权时，优先实施哪一个的问题。其他国家的法律设置了不同种类的一般优先权，故发生冲突时一般优先权彼此之间的位阶关系也不同。

《法国民法典》既设置有动产一般优先权，又设有不动产一般优先权。当多个动产一般优先权并存于同一物时，遵循《法国民法典》第2331条的规定可知，应该遵从下列顺序进行实现："（1）进行诉讼的费用。（2）进行丧葬的费用。（3）最后一次生病的费用。（4）受雇人的报酬、薪金和补偿金。（5）购买日用品的费用。（6）事故受害人的医疗费、药费和丧葬费。（7）由补偿金管

---

[1] 王融擎编译：《日本民法：条文与判例》，中国法制出版社2018年版，第244页。
[2] 参见陈本寒：《优先权的立法定位》，载《中国法学》2005年第4期。
[3] 参见孙东雅：《民事优先权研究》，中国法制出版社2018年版，第270页。
[4] 参见郭明瑞、仲相、司艳丽：《优先权制度研究》，北京大学出版社2004年版，第139页。

理处和其他经过认可的家庭补贴管理机构拖欠的工人和雇员的补贴。(8) 补偿金管理处和家庭补贴管理机构对其参加成员为获得家庭补贴而应承受的义务,支付的份额款所产生的债权。"当多个不动产一般优先权并存于同一物时,斟酌《法国民法典》第 2375 条和第 2376 条的规定可知,应当遵照下列顺序清偿:"(1) 进行诉讼的费用。(2) 受雇人的报酬、薪金和补偿金。"[1]

《日本民法典》仅设置了在债务人总财产上的一般优先权。根据《日本民法典》第 329 条第 1 款和第 306 条的规定可知,一般优先权竞合时,应该遵从下列顺序实现:"(1) 共益费用。(2) 受雇人的报酬。(3) 债务人的殡葬费用。(4) 购买日用品的费用。"[2]

2. 同为动产的特别优先权

根据《日本民法典》第 330 条的规定可知,动产特别优先权发生竞合时,应当按照下列顺序实现:"(1) 租赁不动产、宿泊旅店和运送动产的费用。(2) 保存动产的费用。但是,倘若存在数个保存时,后保存人的权利大于前保存人的权利。(3) 买卖动产和提供种苗肥料和农工业劳动的费用。"另外,该条款还规定:"如果第一位序的优先权人在得到债权之时,知晓有第二位序或者第三位序的优先权人的存在,那么不可对其实现优先权。对于给第一位序人实行保存的人,也应如此。当孳息上存有多个优先权时,实现的位序是:(1) 农业劳动者。(2) 提供种苗或者肥料的人。(3) 出租土地的人。"[3]

3. 同为不动产的特别优先权

倘若多个不动产特别优先权都进行登记,那么按照诞生优先权的时间先后确定顺序。该时间不是登记的时间,而是诞生优先权的时间。实施保全措施的优先权早于未被实施保全措施的优先权。假如两个或者两个以上的优先权都被实施保全措施,那么应该遵从《日本民法典》第 331 条和第 325 条的规定进行实现。具体位序为:"(1) 保存不动产的费用。(2) 修建不动产的费用。(3) 买卖不动产的费用。同一不动产被逐次买卖时,出卖人彼此之间

---

[1] 罗结珍译:《法国民法典》,北京大学出版社 2010 年版,第 521~522 页。
[2] 王融擎编译:《日本民法:条文与判例》,中国法制出版社 2018 年版,第 233 页。
[3] 王融擎编译:《日本民法:条文与判例》,中国法制出版社 2018 年版,第 241~242 页。

的实现位序依买卖的时间先后而定。"[1]

4. 从纵向来看，对于两种优先权之间的关系，各国和各地区的规则具有较大区别

"大致来说，法国和阿尔及利亚通常认为，一般的优先权应该比特别的优先权更早被实现；与之相反，日本和我国澳门地区却认为，特别优先权的效力强于一般优先权；意大利民法对此问题没有统一规定，两者竞合时的实现顺序，根据债权本身的性质而确定。"[2]笔者认为，从两种优先权的定位和功能来看，一般优先权背后代表更高的价值追求，而后者一般是为了维护自力救济，施展担保作用等。通常情况下，前者应该比后者排位更靠前。[3]由于前者产生效力的对象范围是债务人的全部财产，而后者只是特定财产，为平衡两者关系，前者应该先就后者的对象以外的财产行使效力，[4]仍不能偿清的情况下，再对后者的效力对象行使优先效力。

二、有担保的金钱债权与优先权之间的位阶关系

因通常情况下优先权的成立不需要公示，故能够较为容易地与其他权利并存。引入优先权规则，不可避免地会遭遇与其他权益的冲突。为了指导民事实践和司法裁判，有必要提前研究冲突的类型以及解决的办法。优先权诞生于国外，国外立法具有比较成熟的经验和教训，可兹借鉴。同时为了避免生搬硬套国外的规则，需要基于功能主义的立场，考虑与我国现行法的协调。

(一) 优先权与质权之间的位阶关系

1. 比较法上的情况

质权以动产为对象，并且把占有质物作为成立要件，而优先权不把占有对象作为成立要件，但一些动产特别优先权也以占有为成立要件，于是，优先权与质权存在冲突的情形有二："其一，一般优先权与质权的竞合。其二，

---

[1] 王融擎编译：《日本民法：条文与判例》，中国法制出版社2018年版，第239~240页。
[2] 参见郭明瑞、仲相、司艳丽：《优先权制度研究》，北京大学出版社2004年版，第139页。
[3] 参见申卫星：《论优先权同其他担保物权之区别与竞合》，载《法制与社会发展》2001年第3期；孙东雅：《民事优先权研究》，中国法制出版社2018年版，第153页。
[4] 参见孙东雅：《民事优先权研究》，中国法制出版社2018年版，第180~181页。

动产特别优先权与质权的竞合。"[1]解决竞合的关键是，确定何者优先。

《法国民法典》把质权作为动产特别优先权的一种（第2332条第2项），故优先权与质权的竞合形态，本质上属于优先权相互之间的顺位问题。由此观之，《法国民法典》并没有提供优先权竞合问题的处理方案，仅有第2325条的简略规定，即"并存多个优先权人时，各债权人之间，应该遵从各自优先权的性质，判定实现的先后位序"。[2]

根据《意大利民法典》第2747条的规定可知，一般先取特权不可作用于有损第三人权利的动产。由此观之，一般优先权与质权存在冲突时，一般优先权只可对质权对象以外的动产享有优先受偿地位。当动产特别优先权和质权形成冲突时，斟酌《意大利民法典》第2748条的规定可知，"除非法律另有规定，动产的特殊先取特权不可实施侵害质押担保债权人权利的行为。至于其他的规定，主要意指《意大利民法典》第2777条和第2781条所规定的诉讼费用的特别优先权"。[3]分析这些规定可知，质权与动产特别优先权竞合时，实现顺序不能早于诉讼费用优先权，但可早于其他任何动产特别优先权。

凭据《日本民法典》第334条的规定可知，先取特权和动产质权形成冲突时，动产质权人和第330条明定的第一顺位的先取特权人，享有相同的权利。由此可知，动产质权与租赁不动产的费用、买卖旅店的费用及运输不动产的费用等动产的特别优先权，具有一样的权利，其实现位序早于保存动产的费用和买卖动产的费用、提供种苗肥料的费用以及从事农工业劳动的费用等动产的特别优先权。对于相同权利的理解，"通说认为，同一权利就是指同一位阶，质权人与优先权人凭据其债权额与总的债权额的比例关系受偿。动产质权优先于第一顺位以外的优先权，但在以下两种情形下存在例外：其一，动产质权人在获得债权之时，知晓已经存在第二顺位或第三顺位的动产优先权，动产优先权早于动产质权被实现。其二，动产优先权帮助动产质权人保存动产时，优先权应当早于质权被实现"。[4]

---

[1] 参见孙东雅：《民事优先权研究》，中国法制出版社2018年版，第155页。
[2] 罗结珍译：《法国民法典》，北京大学出版社2010年版，第507页。
[3] 陈国柱译：《意大利民法典》，中国人民大学出版社2010年版，第487、492、494页。
[4] 参见孙东雅：《民事优先权研究》，中国法制出版社2018年版，第157页。

2. 总结

通过分析比较法上的情况可知，优先权和质权的竞合存在两种情形。

（1）一般优先权和动产质权之间的位阶关系。因一般优先权代表了更为基础、更为公共、更为精神的权益，例如维护着生存权、人格权、公共权益、公平正义等，保护着更为重要的法律关系，理应具有比作为法定担保物权的特别优先权更靠前的排位。而动产质权，体现了经济权益和对交易风险的规避。通说认为，质权应该排位在留置权之后。因此，一般优先权更应该比动产质权获得优先保护。需要强调的是，为了维持利益的平衡，当两者并存时，一般优先权人应当先就质押动产以外的财物实施执行，没有其他财物或者仍不能完全清偿时，再对后者的对象行使，此时，应该优先保护前者。[1]

（2）动产特别优先权和动产质权之间的位阶关系。留置权优先地位的确立是为了解决如下问题，即服务提供者提供的服务能够帮助债务人的财产增值，但债务人却不能给予相应的回报，此时，可以服务对象作为服务费的对价或者变价后清偿，获得自己的服务费。当留置权与抵押质押并存时，基于保护处于弱势一方和鼓励提供增值服务的服务者的考量，作出留置权优先的安排。但如果留置物丧失，那么该优先地位将丧失。可见，留置权优先地位的获取是因为保护了比意定担保更高的法益，并且以占有为行使要件。通过对比可知，特别优先权和留置权具有相似的功能定位与适用条件。正因如此，特别优先权才具有更高的地位。正如上文所述，动产特别优先权具有四种类型，每种类型都具有前述功能，但不是每一种都能占有动产。租赁不动产的人能够占有租客放在不动产内的动产，租赁宾馆的人和运送动产的人也可以占有宾馆和运送工具里的动产。并且，通常情况下，当两者并存时，优先权人是质权人的债权人，"由于债务人的权益不能优于债权人的权益"，[2]故动产优先权人应该比动产质权人排位靠前。对于其他的特殊动产优先权的类型，通常不占有动产，根据动产的占有优于不占有的物权规则，故其只能排位在动产质

---

[1] 参见申卫星、傅穹、李建华：《物权法》，吉林大学出版社1999年版，第427页；徐虹：《向实质正义的理性回归——执行程序中的优先权制度反思与超越》，载《法律适用》2010年第8期。

[2] 参见申卫星：《论优先权同其他担保物权之区别与竞合》，载《法制与社会发展》2001年第3期。

权之后。例外情形是，如果这些优先权人是在保存质权人的动产，那么该优先权人依然可以获得优先于质权的地位。

(二) 优先权与抵押权之间的位阶关系

1. 比较法上的情况

抵押权通常以不动产为对象，并且把登记作为成立的要件，于是，优先权和抵押权的竞合一般发生在相同不动产上，即既有一般优先权或不动产特别优先权，又有抵押权的情况。

根据《日本民法典》的规定和学界的观点，抵押权与优先权的竞合，存在三种情形。每种类型中两者之间的位阶关系如下："其一，抵押权和一般优先权形成冲突时，通常情况下，应该依据它们是否实施登记与实施登记的时间先后，确定其实现位序。如果优先权和抵押权都没有进行登记，那么登记的担保权应早于未登记的担保权被实现；如果两者都进行了登记，那么在先登记的担保权应该早于在后登记的担保权被实现（《日本民法典》第336条）。其二，当保存不动产的债权和修建不动产的债权与抵押权发生冲突时，倘若保存不动产的债权人在保存行为结束之时就进行了登记，或者修建不动产的债权人在开始修建前就对其费用预算额进行了登记，那么不管登记的时间是否早于抵押权的登记，其效力都强于抵押权（《日本民法典》第339条）。其三，不动产买卖优先权和抵押权竞合时，应该凭据其登记的先后顺序判定效力的强弱，换言之，在先登记者的效力强于在后登记者。"[1]

凭据《法国民法典》第2324条的规定可知，"优先权是指，凭借债权的特殊属性，设置某一债权早于其他债权，甚至早于担保物权被实现的权利，故优先权和抵押权竞合时，前者的效力应高于后者。然而，事实上，法国的优先权和抵押权没有本质区别。仅仅是抵押权需要公告，没有实施公告不能成立抵押。大多一般的优先权凭借实施公告，改造为不动产的抵押权，这表明公告是划分两者的关键因素。因法律强要不动产的特别优先权必须实施公告，表明这些优先权在通常情况下和法定的抵押，不再具有不同点"。[2]于是，关于抵押权和优先权竞合时的顺位问题，应当凭据登记的先后顺序来处

---

[1] 参见郭明瑞、仲相、司艳丽：《优先权制度研究》，北京大学出版社2004年版，第141页。
[2] 参见沈达明编著：《法国/德国担保法》，中国法制出版社2000年版，第94~95页。

理。根据《法国民法典》第2386条的规定可知,"对于那些已经用于担保优先权债权的不动产登记的抵押权,在第2379条、第2381条和第2383条设置的要求优先权实施登记的时间内,不得侵害优先权债权人的利益。由此可知,在法律规则强要优先权实施登记的时间内,即使抵押权登记早于优先权,也不可具有强于优先权的效力,从相反的角度来说,倘若抵押权实施登记在法律强要优先权实施登记的时间之前,那么仍然能够强于不动产的优先权"。[1]

根据《意大利民法典》第2748条的规定可知,除法律具有不同规定的情况外,具有不动产的先取特权的债权人,早于抵押债权人被实施执行。法律规则的不同要求是指,第2772条设置的间接税收和第2774条设置的国家的用水许可的债权。由此可知,"除前述两种优先权之外,意大利的其他种类的优先权在效力上都强于抵押权。《意大利民法典》作出如此安排的原因在于,用法定的抵押权保障某些原本应当由优先权保障的债权"。[2]当这些法定抵押权和普通抵押权竞合时,通常应该凭据登记的时间先后确定效力强弱。

2. 总结

通过分析比较法上的规定可知,优先权与抵押权之间的竞合分为三种类型。

(1) 抵押权和一般优先权之间的位阶关系。对于两者的效力关系,比较法上多以登记作为评判的标准,即登记的优先于未登记的;都登记的按照登记的先后;都未登记的,优先权优先。对于此看法,笔者持否定观点。因优先权保护法益的特殊性,对其评价不是以成立的先后,而是以成立的原因或者实现的价值为标准。不公示虽然会带来弊端,但是这是它要解决对象的通常情况。即优先权人通常没有这种意识,优先权的成立通常也没有公示的必要和手段。要求它们必须公示,或者适用公示的规则,违背常理,强人所难。[3]如

---

[1] 参见郭明瑞、仲相、司艳丽:《优先权制度研究》,北京大学出版社2004年版,第141~142页。

[2] 参见郭明瑞、仲相、司艳丽:《优先权制度研究》,北京大学出版社2004年版,第142页。

[3] 参见申卫星:《论优先权同其他担保物权之区别与竞合》,载《法制与社会发展》2001年第3期。

果采取上述规则，那么优先权人的权利多半会落空，从而损失该制度的功能。抵押权的目的在于担保，不需要占有，只能通过公示的手段来保障权利人的权利，同时给其他主体以警示，让他们作出理性的决策。相较两者，后者不值得优先保护。为弥补不公示的弊端，尽量减少对后者的影响，应该限缩前者的项目和数额，也应该对前者的其他效力进行限缩，这才是正确的处理方法，而不是以改变两者的根本关系为手段。

（2）不动产抵押权和不动产优先权之间的位阶关系。正如上文所述，不动产特别优先权存在多种类型，它与前者的关系，不能一概而论，需要具体分析。对于保存不动产的权利人和对不动产进行施工的权利人，源于他们的行为增加了不动产的价额或者创造了不动产，使所有权利人都获得了好处，对于他们的贡献，理应获得回报，因此而获益的人都要尊重他们的优先地位。需要强调的是，这些优先地位的获得，还需要进行登记，以此来平衡各方的权益。[1]其他的不动产优先权人，不存在这样的增值贡献，不能获得这样的优先地位。因其他的特别优先权，也是法律对其权利人自力救济的保障，理应比普通债权排位靠前。因不动产抵押权，经过登记才能成立，虽然它代表经济利益，但与前述自力救济代表的利益相比，也不分伯仲。对于此种同等级权益，最好的排序方式就是依据时间，并且权利对象都是不动产，故合理的判断标准是登记的先后。[2]如此一来，不仅实现了自己的功能，并且也降低了不公示的弊端，与担保物权也能实现良好的协调。总之，为不动产增加价值的优先权人，如果对权利进行了登记，那么其无论成立的时间先后，排位都比抵押权靠前。其他的不动产优先权，只有登记靠前，才能获得比抵押权靠前的地位。反之，则只能靠后。

（3）动产抵押权与动产优先权之间的位阶关系。抵押权的成立不需要交付，签订合同即可成立，但生效还需要其他条件。如果是不动产，还需要登记。如果是动产，则不需要登记。进行登记的话，不查询的第三人将会被约

---

[1] 参见郑玉波主编：《民法物权论文选辑（下）》，五南图书出版公司1984年版，第933~934页。

[2] 参见王全弟、丁洁：《物权法应确立优先权制度——围绕合同法第286条之争议》，载《法学》2001年第4期；郭明瑞：《担保法原理与实务》，中国方正出版社1995年版，第670~683页。

束。抵押权的成立，不需要交付，这给两者竞合创造了条件。关于两者竞合时的处理规则，没有可资借鉴的资料。笔者认为，因租赁不动产的权利人、租赁宾馆的权利人，或者承运人，通常情况下会占有动产，如果依据占有优先的物权处理原则，那么动产抵押权将永远处于劣势。通过两者所保护的法益进行排序的话，因法益的差别并非十分明显，并且登记的动产抵押权具有优先于第三人的效力。因此，应该依据占有和登记的先后，来决定两者的效力关系。优先权的占有晚于抵押权的登记时，抵押权靠前执行。反之，则优先权在先执行。对于其他的动产优先权，无论有无登记或登记的时间先后，抵押权均优先，以维护已有的私法秩序。这样安排的原因在于，抵押权人不占有抵押物，本来就承受过多风险，若再维护优先权人的利益，则会打击抵押权人的抵押信心，抑制经济发展。

（三）优先权与留置权之间的位阶关系

1. 比较法上的情况

由于留置权在法国等国家被当作同时履行抗辩权，不承认其为担保物权，仅认同其为债权效力，但在日本等国被当作担保物权，因此，优先权和留置权的竞合只会发生在日本等国家。当同一财产上并存优先权与留置权时，关于两者间的位阶关系，日本学者存在不同的看法。《日本民法典》第297条规定："留置权人，能够获得基于留置物派生的孳息，并且早于其他债权人使用这些孳息，进行自己债务的偿还。"[1]依此规定，留置权人应该具有比优先权人更早使用该孳息进行偿还的权利。但是，关于留置权与优先权形成冲突时彼此之间的效力问题，日本学者则有不同的看法，主要存在两种观点。"其一，留置权优先说。该说认为留置物产生的孳息属于特地为偿还留置权债权而设置的，并且，留置权人占有留置物，该孳息也必然在其支配之中，因此，留置权的实现应该早于优先权。其二，同一位序说。该说认为，倘若留置权与农业生产的债权、提供种苗肥料的债权形成冲突，优先权的实现，应当早于留置权。设置该规则的原因是，前述情形下的优先权左右国家农业发展，理所应当被特殊照顾。因此，当出租土地的费用和留置权发生冲突时，两者

---

[1] 王融擎编译：《日本民法：条文与判例》，中国法制出版社2018年版，第225页。

处于相同位次,只能依据其债权额与总的债权额的比例进行清偿。"[1]

2. 总结

由于留置权的对象只能是动产,[2]故留置权只会和动产优先权或以动产为对象的一般优先权并存。[3]当留置权与动产优先权竞合时,笔者赞成留置权优先说。因留置权必须占有留置物,故不能与动产优先权里面占有才能成立的类型并存。即不能与出租不动产的权利人、出租宾馆的权利人和承运人并存。在与其他动产优先权类型并存时,依据占有优先的物权规则,留置权具有优先于这些优先权的法律地位;当一般优先权与留置权竞合时,因一般优先权保护着特殊的法益,而留置权也保护着提供增值服务的债权人,虽然后者保护的法益也具有特殊性,但并不比前者更高、更基础,不可以动摇前者的在先地位。需要说明的是,为平衡各方的权益,在具体运作时,一般优先权应该先以留置对象以外的财产行使权利,没有或者仍不足时,再执行留置物。

(四) 优先权与超级优先权之间的位阶关系

"价金超级优先权,是指债权人在动产上获得的,担保因购买该动产而产生的价款将来被清偿的物权。"[4]价金超级优先权制度与浮动担保制度关系密切,而浮动担保主要是英美法上的制度,我国《民法典》所规定的价金超级优先权,主要借鉴了《美国统一商法典》第9编关于动产担保的相关规定。该法典没有规定优先权与价金超级优先权的位阶关系。我国立法仅规定了价金超级优先权与其他担保物权之间的关系。我国《民法典》规定的价金超级优先权是对该法典一般担保物权受偿顺位规则的突破。即通常情况下,同一物上聚集多个物权时,应当凭借法律的规定和物权设立的时间先后,确定被实现的位序。然而,在价金超级优先权规则中,即便其他担保物权的成立时间在先,在契合价金超级优先权的条件下,登记时间在后的价金超级优先权

---

[1] 参见郭明瑞、仲相、司艳丽:《优先权制度研究》,北京大学出版社2004年版,第142~143页。

[2] 参见宋宗宇:《优先权制度在我国的现实与理想》,载《现代法学》2007年第1期。

[3] 参见徐虹:《向实质正义的理性回归——执行程序中的优先权制度反思与超越》,载《法律适用》2010年第8期。

[4] 参见王利明:《价金超级优先权探疑——以〈民法典〉第416条为中心》,载《环球法律评论》2021年第4期。

也享有优先实现的效力。当然，在存在多个价金超级优先权时，仍然应该采用《民法典》第414条确认的一般顺位规则进行判断。

笔者认为，一般优先权代表更基础、更公众、更精神的法益，旨在维护生存权、人格权、社会公益和公平正义，保护弱势群体，理应获得优先的地位，且与维护经济利益的担保物权相比，更值得优先保护。此处也不例外，前者应该优先于后者。虽然法律赋予超级优先权相对较高的优先性，但其本质上还是金钱权益，只不过多了几个债权人的权益而已，和前者包含的生存权益或者公共权益相较，不值得优先支持。超级优先权主要作用于动产领域，[1]与动产特别优先权具有竞合的可能性。超级优先权的成立要件包括登记，不需要占有。当被特别优先权人占有时，占有人对作为被执行人的购买人享有债权，[2]而不是对超级优先权人享有债权。对两者的关系，笔者认为，两者的顺位与登记的时间没有关系，超级优先权利于所有债权人，理应受到优先保护。只有这样才能最大限度发挥该制度的便利性和鼓励融资、增进债务人清偿能力、兼顾各方当事人利益和减少在先担保权人对担保人监管成本的功能。[3]

综上所述，因一般优先权代表了更基础、更公共、更精神的权益，相较于代表经济利益的担保物权和支持自力救济取向的特别优先权而言，应该具有更靠前的排位。[4]正如上文所述，特别优先权在本质上属于法定担保物权，

---

[1] 《最高人民法院关于适用〈中华人民共和国民法典〉有关担保制度的解释》（法释〔2020〕28号）第57条规定："担保人在设立动产浮动抵押并办理抵押登记后又购入或者以融资租赁方式承租新的动产，下列权利人为担保价款债权或者租金的实现而订立担保合同，并在该动产交付后十日内办理登记，主张其权利优先于在先设立的浮动抵押权的，人民法院应予支持：（一）在该动产上设立抵押权或者保留所有权的出卖人；（二）为价款支付提供融资而在该动产上设立抵押权的债权人；（三）以融资租赁方式出租该动产的出租人。买受人取得动产但未付清价款或者承租人以融资租赁方式占有租赁物但是未付清全部租金，又以标的物为他人设立担保物权的，前款所列权利人为担保价款债权或者租金的实现而订立担保合同，并在该动产交付后十日内办理登记，主张其权利优先于买受人为他人设立的担保物权的，人民法院应予支持。同一动产上存在多个价款优先权的，人民法院应当按照登记的时间先后确定清偿顺序。"

[2] 参见王利明主编：《民法》（第8版·上册），中国人民大学出版社2020年版，第541页。

[3] 参见王利明：《价金超级优先权探疑——以〈民法典〉第416条为中心》，载《环球法律评论》2021年第4期。

[4] 参见申卫星：《论优先权同其他担保物权之区别与竞合》，载《法制与社会发展》2001年第3期。

类似于留置权,参照留置权与其他担保物权的关系,其也应该优先于其他担保物权。至于与留置权之间的关系,因功能相同,本质相似,故占有标的物者具有优先的地位。

三、普通民事债权之间及与其他权益之间的位阶关系

通过法理可知,物权优先于普通债权受到清偿。一般优先权范畴的债权,也能够具有优先受偿的地位,甚至优先于担保物权受偿。但是,在特殊情况下,普通债权也应该获得一定程度上的优先地位。[1]具言之,一般情况下,同一顺位的普通债权,应该按照申请执行的先后进行清偿,但是因不同类型的债权包含不同的权益,故所有的普通债权并不都是处于同一位阶。下文具体分析:

(一) 首先查封的普通债权与实体法上的优先债权之间的位阶关系

1. 程序法上的优先受偿权的含义与种类

正如上文所述,程序法上的优先受偿权包括两部分,分别代表两种关系。其一,首先查封的普通债权与实体法上的优先债权之间的关系。其二,先申请执行人与后申请执行人之间的关系。关于先申请执行人与后申请执行人之间的关系,比较法上存在大量直接相关的资料,本书第二章中也进行了详细论述。它们给出的解决方案是优先清偿原则、平等清偿原则或者团体优先主义。从本质上来说,优先清偿原则与首先查封的普通债权的优先地位的正当性基础是相同的,即给予积极推动执行程序运行且为执行财产的查找付出成本与辛劳的普通债权人的回报,以提高执行效率。

需要强调的是,程序法上的优先受偿权的第一种关系,在平等清偿原则和优先清偿原则下都有意义。其原因在于,两种清偿原则解决的都是普通债权之间的关系,而程序法上的优先权的第一种关系主要解决的是,债务人的财产不能同时实现实体法上的优先债权和首先查封的普通债权时的冲突问题。当债务人的财产足以偿还前述所有债权时,才有普通债权人之间排序的问题,此时,才有两种清偿原则发挥作用的空间。

---

[1] 参见戴新毅:《债权平等及其突破模式选择》,载《河北法学》2013年第6期。

2. 首先查封的普通债权与实体法上的优先债权之间冲突的现实性

关于首先查封的普通债权与实体法上的优先债权之间的关系，笔者目前没有找到直接相关的资料。但是也存在一些资料，能够间接证明该问题的现实性。即当民事执行中拍卖物上存在抵押权时，为了维护普通金钱债权人的权益，比较法上认可剩余主义基础上的涂销主义或者承受主义的思路。剩余主义是指一般债权人或者后顺位的优先债权人申请变价执行财产时，需要该执行财产变价的价金，于清偿先顺位的变价物上的权利负担和执行费用之外，仍有剩余的情况下，才能被准许。[1]

（1）德国。对于拍卖物上负担的处理，德国的通常做法是在剩余主义限制下采取承受主义，[2] 体现该规则的法律规范是《德国强制拍卖与强制管理法》第 44 条确立的拍卖最低出价额制度。即法院在进行拍卖之前，需要评估价格，并且确定最低的起拍价。此项数额不仅应该考虑早于申请执行人的物权等权利，还应考虑执行程序的费用和拍卖后应以现金支付的情况。至于与申请执行债权同顺位的权利或后顺位的权利，在计算拍卖最低出价额时不加斟酌。故变价的底价应该能够满足优先于执行债权人的权利，也能够满足执行法院的费用。如果应买人的最高出价额未能达到拍卖的最低出价额，纵然出价再高，也不能拍定。如果拍定，那么于酌定拍卖最低出价额时已经计算在内的权利，将继续存在，由拍定人继续承受。反之，于酌定拍卖最低出价额时未计算在内的权利，则消灭。此时，买受人于拍定后取得何种状态的所有权，承受的权利范围如何，至为清楚。

（2）瑞士。关于不动产上担保物权的处理，凭据《瑞士联邦债务执行与破产法》的规定可知，"在竞买人的最高出价额超过，早于申请执行人受偿的全部担保债权数额的前提下，才能肯认成交。倘若一开始就能知晓竞买的最高出价额不能达到上述条件，执行官员根据申请执行人的请求，不应该实施变价，并作出执行无结果的证明。这昭示剩余主义的存在。假如拍卖款能够实现所有担保物权，不管该物权早于申请执行的债权或者晚于执行债权，都应让竞买人承受。而拍定人承担的担保物权的价额，能够从拍卖款中抵销。

---

[1] 参见张登科：《强制执行法》，三民书局 2018 年版，第 374 页。
[2] 参见张登科：《民事执行法》，三民书局 2018 年版，第 372 页。

这体现出承受主义原则"。[1]除此之外,倘若担保物权担保的债权已到清偿的日期,那么应从拍卖款中预先抵销,而不能由拍定人持续承受。

(3) 日本。关于拍卖不动产上负担的处理,日本过去的法律原则上奉行剩余主义基础上的涂销主义,同时奉行承受主义。《日本民事执行法》除对不动产质权的解决有所改变之外,几乎延续了旧法中的做法。[2]斟酌《日本民事执行法》的规定可知,"不动产变价的最低价格,在清偿执行费用及优先于执行债权的优先债权后,无剩余款项时,倘若申请执行人既不能佐证有剩余款额可能性,又不能及时给出相应的申请或者保证,执行法院应当取消拍卖程序"。[3]这体现了剩余主义的原则。在剩余主义的基础上,《日本民事执行法》第59条凭据不同的权利负担,采用了不同的处理方法。能够奉行涂销主义处理的负担包括:"第一,不动产上的先取特权、抵押权和规定了不能实行使用收益的质权。日本旧法设置的应该涂销的权利负担的范围没有包含不动产质权。考虑到不能使用收益的不动产质权和抵押权并无实质区别,故民事执行法也将其划入涂销的范围。第二,不可抗衡上述因拍卖而消灭的优先权的所有权利负担。第三,不可抗衡查封债权人或者假扣押债权人的所有权利负担。换言之,在不动产已被查封或者假扣押之后,建立的担保物权或者用益物权,其效力不可抗衡查封或者假扣押的效力,并在拍卖后走向消灭。第四,对不动产实施的查封、假扣押执行,和不能抗衡上述因拍卖而消灭的先取特权等权利的假处分执行。"[4]

3. 冲突的解决对策

通过分析上述规定可知,在金钱债权执行竞合中,存在实体法上的优先债权与作为首先查封的普通债权之间的冲突现象。此时,在比较法上,虽然没有直接承认普通债权人的一定程度上的优先受偿地位,但无剩余则不拍卖的做法,间接认可了普通债权人的付出,于是,不仅不让其做无益的事情,[5]而且还给予其一定回报(通常情况下,执行费用由申请执行人负担,因此,优

---

[1] 参见江必新主编:《强制执行法理论与实务》,中国法制出版社2014年版,第603页。
[2] 参见张登科:《强制执行法》,三民书局2018年版,第373页。
[3] 参见江必新主编:《强制执行法理论与实务》,中国法制出版社2014年版,第604页。
[4] 参见江必新主编:《强制执行法理论与实务》,中国法制出版社2014年版,第604页。
[5] 参见江必新主编:《强制执行法理论与实务》,中国法制出版社2014年版,第608页。

先保障执行费用，从某种程度上来说，就是保障申请执行人的权益）。这为从法理上论证其在一定程度上的优先地位，奠定了基础。

（二）意定之债与非意定之债之间的位阶关系

依据权利的产生原因，债权可以分为意定之债和非意定之债。关于两者效力之间的关系，笔者认为，应该基于债权的不同类型作出不同的安排。对本部分的探讨，最终要服务于本书的整体目的。本书的目的是，给多个金钱债权人集中于同一财产而不能同时清偿这一问题的有效解决提供思路。通过上文的论述可知，我们的解决思路是首先要理清金钱债权的类型，然后分析不同债权之间的效力关系。行文至此，我们已经探讨了大部分金钱债权的类型。本处探讨的是普通债权之间的关系。那么上文提到的具有优先地位的债权，就不属于此处的论证对象。例如，非意定之债中侵权之债的人身损害赔偿就不属于此处的范围。同理，意定之债中的劳动债权也具有优先地位，不是此处的研究对象。剩下的意定之债，仍然属于此处的研究对象。

关于剩余的意定之债与非意定之债的关系，学界存在争议。有观点认为，非意定之债应该被更优对待。[1]因意定之债可以分为有担保的和没有担保的，是否设立担保也是基于双方意思的结果。基于理性的选择，债务人之所以愿意在自己的财产上设立担保，很有可能是因为在交易中获得了满意的回报。普通债权人之所以不想在对方的财产上设立担保，很有可能是想以不利的条件促成交易，以图将来的高回报。合同双方对于合同的成立都有充分的思考，对风险都有详细的预估，也都会采取各种方式来预防或者降低风险，如果没有这样做，那就是自己的过失。而没有合意的债权，当事人双方，特别是债权人，不能考察对方当事人的信用和能力，不能选择合同的成立、权利义务内容和债权范围，不能预估和防范风险，由此将导致债权人处于不利境地。特别是在债务人无法预测的情况下，若给仅有的财产设定抵押，债权人将更加不利。因此，应该赋予该债权人相较于其他普通债权人的优先地位。至于优先权的效力和范围，则存在不同安排。

笔者对此观点持相反看法，认为不同效力的排序，不应基于产生的原因，

---

[1] 参见韩长印、韩永强：《债权受偿顺位省思——基于破产法的考量》，载《中国社会科学》2010年第4期。

而应基于保护的法益。不能因为合同之债提前考虑得周到，就降低位次，其原因在于很多合同之债牵涉的利益也很重大，不亚于损害赔偿之外的侵权之债。[1]不当得利代表的法益，没有什么特殊性。无因管理债权保护的法益，虽然有褒奖见义勇为乐于助人的意图，但没有超越普通债权的法益。不甚严谨地说，除去上述已经划入优先权范围的债权之外，两者背后所代表的法益通常都是经济利益，因而重要性难分伯仲。[2]并且为了避免债权体系的复杂性，也为了维护债权的平等性，应该保持两种债权关系的平衡性与稳定性。

(三) 有偿债权与无偿债权之间的位阶关系

在继承领域时常发生后述情况，当多个债权人并存在被继承人的遗产之上时，如何判定遗产债务的实现位序，对债权人的权益会形成显著影响。"关于共同继承人承担遗产债务的位序，不同国家的继承法有两种不同的规则：其一，先偿还遗产债务，再分割继承遗产。德国和瑞士采取这种规则。其二，实现遗产债务并非分割遗产的必要前提，在没有实现遗产债务之前，继承人也可以分割遗产。法国和日本采取这种规则。"[3]我国应该采取先偿还债务后分割遗产的方式。例外是必留份，必留份是法律给予没有劳动能力也没有其他生活来源的继承人的生存保障，并且赋予其优先于债务清偿的地位。其原因在于贯彻养老育幼原则，具有必要性与正当性。[4]

关于其他债务清偿顺序的确定，牵涉有偿债权与无偿债权之间的关系。前者需要支付对价，才能获得；后者则不需要。在继承领域中，前者中的典型是遗赠、遗嘱、必留份和遗产酌给份；后者中的典型是保证。

因无偿债权，不需要给付对价，如果没有获得清偿，实质没有损失，不会侵犯根本利益，故把遗赠排在普通债权之后具有合理性（清偿债务优先于执行遗赠）。[5]比如，"德国将特留份之债、遗赠之债和负担之债，排在普通

---

[1] 参见汪洋：《遗产债务的类型与清偿顺序》，载《法学》2018年第12期。
[2] 参见汪洋：《遗产债务的类型与清偿顺序》，载《法学》2018年第12期。
[3] 参见马忆南：《婚姻家庭继承法学》（第3版），北京大学出版社2019年版，第341页。
[4] 参见庄诗岳：《论离婚协议中房屋给与约定的排除执行效力》，载《中国不动产法研究》2023年第2期。
[5] 参见夏吟兰主编：《婚姻家庭继承法》（第2版），中国政法大学出版社2017年版，第281页。

债务之后"。[1]再比如,"日本把特留份之债、遗赠之债和分予给特别关系人的继承财产,排在普通债务之后"。[2]遗嘱与遗赠虽然主体范围不同,但本质相同,故排位应该相同。为了平衡各方的权益,法律规定,若遗嘱或遗赠的载体是一个特定物,并且需要变价被继承人的财产清偿其他债权人债权,那么最好优先针对被继承人的其他财产,在不能支付时,再执行特定物。

被继承人死亡前与他人签订的合同之债,或者欠付别人的无因管理之债、欠付别人的不当得利之债和对别人的财产侵权欠付的侵权之债,不会因为其死亡而消灭,会继续存在于其遗产之上。因它们都属于有偿债务,故本质上属于普通债权,应该比遗嘱和遗赠排位靠前;[3]对于保证债权,因争议较多,需要着重论述。虽然保证在形式上看起来是单务的和无偿的,但本质上,其总是以获得一定回报为条件而承担保证责任,只是这个条件不同时获得或者无法在合同中明说。例如,保证人承担责任后对债务人的追偿权。专门从事保证业务的商事保证具有有偿性。民事保证人也会提前通过一些形式来规避风险或者减少风险,[4]由此可知,保证合同属于互相承担义务的合同,基于其形成的债权是普通债权,没有必要特殊对待。生前赠与同理。[5]

关于遗赠扶养协议产生的债权,学界争议较大。有观点认为,其履行义务的时间在债务人死亡前,获得回报在债务人死亡后,这导致扶养人承担较大风险,应当给予特殊照顾。[6]笔者不赞成该观点。原因在于,虽然存在上述风险,但扶养人与债务人签订合同时能够预料到该风险,并且有机会通过某些方式来减少风险。如果其没有采取措施,那么视为自己愿意承担此结果,或者自己存在过失。所以,这种债权不应该比普通债权更靠前去清偿。[7]例

---

[1] 参见王巍:《民法典编纂视阈下遗产债务清偿顺序制度的理论评析与路径重塑》,载《河北法学》2019年第3期。

[2] 参见王巍:《民法典编纂视阈下遗产债务清偿顺序制度的理论评析与路径重塑》,载《河北法学》2019年第3期。

[3] 参见王巍:《民法典编纂视阈下遗产债务清偿顺序制度的理论评析与路径重塑》,载《河北法学》2019年第3期。

[4] 参见程啸:《保证合同研究》,法律出版社2006年版,第46页。

[5] 参见汪洋:《遗产债务的类型与清偿顺序》,载《法学》2018年第12期。

[6] 参见马钰凤:《我国遗产债务清偿顺序之重构》,载《湖北社会科学》2011年第4期。

[7] 参见谭启平、冯乐坤:《遗产处理制度的反思与重构》,载《法学家》2013年第4期;汪洋:《遗产债务的类型与清偿顺序》,载《法学》2018年第12期。

如，法国将特留份之债、特定遗赠之债和普通遗赠之债排在普通债权之后。[1]对遗赠扶养协议的有偿性问题，还应该进行个案判断，倘若扶养人得到的遗赠价值远超通常情况下扶养的对价，那么超出部分就能够认定为遗赠。

争议较大的还有遗产酌给份的顺序问题。比如，丧偶女婿对岳父母承担了扶养义务的情况。虽然法律没有明定双方之间的扶养义务，但扶养人却给对方提供了扶养关系的实质内容。有观点认为，由于他们之间没有订立合同，故应该定性为无因管理，属于普通债权的范畴。[2]有观点指出，扶养人进行扶养行为，纯粹自愿，不会产生对价义务，故排位在普通债权之后，较为适宜。[3]笔者认为，应该让其与普通的债权同位。原因在于，这样安排有利于缓解普遍而紧迫的养老问题。随着老龄化时代的到来，养老需求与供应缺乏之间的窘境越来越紧迫。由"亲属"进行照顾老人工作，既不会产生隔阂，又能倾情付出，也能给扶养人带来一定收入，不失为一种良策。为促进其发展，不能仅仅靠道义的褒奖，也需要适当的金钱回报。由国家出面，在遗产债务处理中，确立普通债权人的地位，是必要的基础工作。

四、惩罚性债权与其他权益之间的位阶关系

惩罚性债权在民事实体法中的表现形式之一是惩罚性赔偿。惩罚性赔偿是指在损害赔偿中，超过被侵权人或者合同守约一方遭受的实际损失范围的额外赔偿，即在赔偿了实际损失之后，再加罚一定数额或者一定倍数的赔偿金。前者产生的原因在于权益被侵害后影响巨大而惩罚加害人，或者是为了鼓励创新、对侵犯行为起到警示作用，防止此类行为再次发生。故除了正常的赔偿，还要加处几倍，其权益的归属主体是民事主体。例如，对侵犯知识产权的行为作出惩罚性赔偿，是为了惩罚侵权人，并且鼓励创新。对侵犯环境的企业作出惩罚性赔偿，是为了惩罚污染人，防止行为再次发生。从本质上来说，该债权责任属于民事责任，其归属主体是民事主体，但已经超出填

---

[1] 参见王巍：《民法典编纂视阈下遗产债务清偿顺序制度的理论评析与路径重塑》，载《河北法学》2019年第3期。

[2] 参见杜江涌：《遗产债务法律制度研究》，群众出版社2013年版，第174页。

[3] 参见张玉敏：《继承法律制度研究》（第2版），华中科技大学出版社2016年版，第94页。

补所需的范畴。民事赔偿主要是为了补偿损失，而不是为了惩罚对方。而惩罚性赔偿的目的就是加倍处罚，实现立法目标，故不应排位靠前，在普通债权后获得履行即可。例如，《美国破产法》第726（a）（4）条规定："惩罚性赔偿之债的实现位序与罚款和罚金相同，排列在破产程序期间普通债权凭据法定利率计算的利息之前。"[1]

惩罚性债权在民事程序法中的表现是司法罚款。司法罚款主要是为了惩罚在诉讼和执行程序中违背程序义务，阻碍程序顺利进行的行为。虽然其代表的是司法秩序利益，但作为惩罚性债权，其最终走向国库，故与民事权益竞合时，还是应该让位于后者，劣后执行。依据《日本破产法》第46条可知，罚金、罚款、刑事诉讼费、追征金，后于其他破产债权受偿。[2]

至于惩罚性赔偿与司法罚款的关系，可采用美国的做法，将两者排在同一顺位。惩罚性赔偿和司法罚款都劣后于普通债权受偿，是各国破产立法的普遍原则。我国破产法虽然没有直接规定，但《全国法院破产审判工作会议纪要》第28条却明确规定了"补偿性债权优先于惩罚性债权"的原则。[3]

第三节　其他执行竞合类型中的优先受偿权

一、金钱债权执行与非金钱债权执行竞合中的优先受偿权

当某个债权人凭据以金钱为内容的债权请求执行义务人的特定财产之后，其他的对义务人的相同财产存在以支付金钱以外行为为内容的债权人，也提出强制执行的申请，此时，如何确定执行顺序，主要域外国家的立法没有给出明确解决方案。然而，学者们给出了三种思路。其一，因审执分离，通常情况下执行程序不处理实体问题，使其判断实体权利之间的关系属于不合理的要求。应该仅依据申请执行的时间先后这一形式化的标准，来确定竞合时

---

[1] 参见许德风：《破产法论：解释与功能比较的视角》，北京大学出版社2015年版，第184页。
[2] 参见［日］石川明：《日本破产法》，何勤华、周桂秋译，中国法制出版社2000年版，第256~257页。
[3] 参见王欣新：《破产法》（第4版），中国人民大学出版社2019年版，第236页。

的处理顺序，这样方与程序的功能与配置相符。其二，"应该凭借基础权利的性质决定处理或者受偿的先后位序，当非金钱债权的基础权利是物权时，该债权应当被靠前实现"。[1]其三，在通常情况下，根据债权人申请执行的先后来决定位序，除非后申请执行人的执行债权基于物权而生。正如前文所述，本书采纳第三种观点，只是该观点中的物权优先原则存在局限性，需要采用优先受偿权理论来完善。因三种观点和笔者的观点都是学理上的探讨，而且对优先受偿权的分析完全基于国内法，故笔者将我国金钱和非金钱债权执行竞合中的优先受偿权的内容放在第五章中进行论述。

二、非金钱债权执行之间竞合中的优先受偿权

当某个以非金钱为内容的执行债权人请求对义务人的财产进行强制执行之后，其他持有同质执行内容的债权人也对债务人的相同财产申请强制执行，此时如何确定执行顺序，主要域外国家的法律也没有给出明确答案。但理论界提出了三种观点。[2]其一，依据优先主义的观点，凭借申请执行的先后顺序来确定执行顺序。其二，需要凭借执行债权的基础权利的关系来决定清偿顺序。基于债权的执行应该让位于基于物权的执行。假如都是基于物权的执行，且它们之间互相排斥，此时，应该凭据权利诞生的时间先后确定执行实施的先后。[3]其三，原则上需要依据申请执行的先后排序，但当在后申请的执行债权的基础权利是物权时，其应该早于在先申请的执行债权被实现。[4]正如前文所述，本书采纳第三种观点，只是该观点中的物权优先原则，存在局限性，需要采用优先受偿权理论来完善。因三种观点和笔者的观点都是学理的探讨，而且对优先受偿权的分析完全基于国内法，故笔者将我国非金钱债权执行之间竞合中的优先受偿权的内容放在第五章中进行论述。

---

[1] 参见张登科：《强制执行法》，三民书局2018年版，第617页。
[2] 参见谭秋桂：《民事执行法学》（第3版），北京大学出版社2015年版，第276~277页。
[3] 参见江必新主编：《强制执行法理论与实务》，中国法制出版社2014年版，第733页。
[4] 参见杨与龄编著：《强制执行法论》（最新修正），中国政法大学出版社2002年版，第271页。

第四章

我国解决民事执行竞合的立法和实践现状

第二章和第三章探讨了作为执行竞合核心问题的执行顺序的确定标准,即确定执行顺序规则的应然状态,本章将主要聚焦我国处理执行竞合的立法和实践现状,梳理归纳,总结不足。虽然我国现行法对如何解决民事执行竞合问题作出了不少安排,促进了相关实践的顺利开展,提高了执行效率,合理维护了当事人的权益,提升了司法公信力,但也应该看到对于一些特殊的竞合类型,现行立法是缺位的。并且,某些现有规则存在矛盾,增加了实践的混乱。

第一节 普通金钱债权执行之间竞合中清偿原则的立法和实践现状

一、立法和实践现状

金钱债权类型多样,其中的各种类型都有可能并存于同一特定物之上,并形成难以同时得到满足的状态,破解之道是如何安排清偿的顺序。优先债权与普通债权之间的执行顺序,比较清晰。普通债权之间的执行顺序,牵涉的案件较多,需要格外关注,我国目前采取的解决对策有两个原则。

(一)有限平等原则

对于普通的金钱债权执行之间竞合的问题,我国采取的一种解决思路是适用有限的平等主义。[1]正如前文所述,比较法上的原则称为平等主义,为

---

[1] 参见肖建国主编:《民事执行法》,中国人民大学出版社2014年版,第319页。

何我国的称为有限的平等主义呢？既然是立法现状，最重要的就是找寻规范依据。现行法中，体现该原则的法律是《民诉法解释》第508条。[1]通过对该规范的分析可知，它的适用需要注意几个方面：

第一，适用的主体都是自然人或者其他组织。自然人的概念容易理解。"其他组织，是指依法成立且有一定组织机构和财产，却又不具备法人资格的组织。"[2]由于其与管理者之间的特殊关系，故很多情况下按照自然人的规则处理。例如，作为组织体的个人独资企业的业主，若不能与企业债务完全分开，其仍然是企业民事责任的承担主体。税务缴纳中，通常也是按照自然人的标准对其进行征收。由此可见，其他组织与自然人有很多共同的规则。另外，这个规范不能适用于企业法人。企业法人有自己特殊的清偿规则，后文会详述。

第二，该规则只能在参与分配程序中使用。设立参与分配的目的是，当债务人的财产无法实现全部债权时，获得执行依据的债权人，能够申请加入其他债权人启动的执行程序来分配变价款。由于债务人的财产无法同时实现所有债权人的债权，出于公平的考虑，防止启动执行程序的人独占变价款，保证所有债权人都能分配适当的变价款，于是，允许没有申请执行的债权人加入其他债权人已经启动的执行程序。此时，参与分配发挥了类似破产程序的功能。由此推之，如果债权人没有参与分配程序，而是另行启动执行程序，那么此时恐怕就不能适用平等主义原则。这导致了实践中的混乱。

第三，只有获得执行依据的普通债权人才能适用该原则。如果没有获得执行依据，那么普通债权人不能参与该执行程序，也就不能适用该项原则。例外是实体法上享有优先受偿地位的债权。即便适用了该程序，普通债权人也只能在优先债权人获得清偿后仍有余额的情况下，才能适用该原则，获得一定比例的清偿。

总之，正是因为上述三个方面的限制，特别是前两个的规定，导致我国的平等主义不能适用于所有的民事主体，不能适用于所有的执行程序，具有

---

[1]《最高人民法院关于适用〈中华人民共和国民事诉讼法〉的解释》（法释〔2022〕11号）第508条规定：参与分配执行中，执行所得价款扣除执行费用，并清偿应当优先受偿的债权后，对于普通债权，原则上按照其占全部申请参与分配债权数额的比例受偿。清偿后的剩余债务，被执行人应当继续清偿。债权人发现被执行人有其他财产的，可以随时请求人民法院执行。

[2] 参见江伟主编：《民事诉讼法学》（第3版），北京大学出版社2015年版，第136页。

了特殊的性质，区别于一般的平等主义，故被称为有限的平等主义。

（二）有限优先原则

关于普通金钱债权之间的执行顺序，我国还设置了优先主义的规则，只是该规则的适用，需要满足一定条件。这使之区别于通常意义上的优先原则，被称为有限的优先原则。[1]关于该条件的内容，需要通过对法律的文义解释和体系解释来说明。确立优先原则的法律规范是《民诉法解释》第514条[2]和《最高人民法院关于人民法院执行工作若干问题的规定（试行）》（以下简称《执行规定》）第55条第1款[3]。通过对前述规范的分析，可以得出以下结论。

第一，优先原则适用的主体范围是企业法人。这正好区别于上述平等主义的适用范围的通常情况。虽然《执行规定》没有明确适用的主体范围，但通过对参与分配规范的体系分析可以确定，适用主体是企业法人。

第二，只有当事人不同意移送破产或者有管辖权的法院不能受理时，企业法人的债权人才能依据优先原则进行清偿。这一规定也会增加困惑，原因在于适用条件的具体标准难以把握。例如，当事人在任何情况下都能拒绝移送吗？法院任何原因下都能不予受理吗？有没有其他更好的处理方法，必须使用这种伴有较大副作用的方式吗？不能解决前述问题的话，必会增加实践操作的难度。

总而言之，"只有当债务人为企业法人且契合破产条件，而执行当事人不允许转至破产程序或者人民法院拒绝接收破产案件时，才能按照请求执行的先后位序被实现"。[4]债务人为自然人或者其他组织的，则不适用优先原则，而应当适用参与分配的规则，即通常情况下，凭据债权人的债权额占全部请

---

[1] 参见肖建国主编：《民事执行法》，中国人民大学出版社2014年版，第317~318页。

[2] 《最高人民法院关于适用〈中华人民共和国民事诉讼法〉的解释》（法释〔2022〕11号）第514条规定：当事人不同意移送破产或者被执行人住所地人民法院不受理破产案件的，执行法院就执行变价所得财产，在扣除执行费用及清偿优先受偿的债权后，对于普通债权，按照财产保全和执行中查封、扣押、冻结财产的先后顺序清偿。

[3] 《最高人民法院关于人民法院执行工作若干问题的规定（试行）》（法释〔2020〕21号）第55条规定：多份生效法律文书确定金钱给付内容的多个债权人分别对同一被执行人申请执行，各债权人对执行标的物均无担保物权的，按照执行法院采取执行措施的先后顺序受偿。多个债权人的债权种类不同的，基于所有权和担保物权而享有的债权，优先于金钱债权受偿。有多个担保物权的，按照各担保物权成立的先后顺序清偿。一份生效法律文书确定金钱给付内容的多个债权人对同一被执行人申请执行，执行的财产不足清偿全部债务的，各债权人对执行标的物均无担保物权的，按照各债权比例受偿。

[4] 参见谭秋桂：《民事执行法学》（第3版），北京大学出版社2015年版，第282页。

求参加分配债权数额的比例受偿。所以，我国现行法及其司法解释规定的优先原则，是一种不彻底的优先原则，遂被增加有限的定语。

二、引发的问题

两种不同的清偿原则的并存，不仅引发对原则本身正当性的质疑，还导致规则设置与实践的混乱。

1. 因主体不同适用不同的原则，引发正当性方面的质疑

依据我国现行法律的规定，对于普通金钱债权执行之间的竞合问题，采用两种思路。即当义务人的财产不能同时实现多个普通债权人的债权时，若债务人是自然人或者其他组织，就按照其债权额与总的债权额的比例关系进行清偿；若债务人是企业法人，就依据执行的先后来排位清偿。同样的前提，就因为主体的不同，而出现两种截然相反的处理原则，使现行规则面临正当性方面的质疑。[1]特别需要强调的是，我国的清偿规则体系与前文所述的比较法上的经验相比，也存在较大不同。虽然采用的原则不同，但基本不会同时采用两种思路并存的做法。这也将引发正当性方面的质疑。

2. 法律中同时存在两种截然相反的原则，导致规则设置混乱

在优先主义下，普通债权人的清偿顺序按照申请执行的先后排序。纯粹的保全措施，可以获得优先地位，但必须保证获得最终的终局裁判。执行程序中的保全，本质上就是终局执行的措施。既然按照申请执行的时间先后进行排序，那么作为排序依据的执行申请或者保全裁定，就应该可以重复进行；因债权的实现不凭据债权额占所有债权总额的比例，而是依据顺序清偿，因此不允许超额扣押。而在平等主义下，按比例清偿，不需要也不应允许重复扣押；为了多分得变价款，超额扣押经常发生。[2]两种清偿原则下的相关规定，差异明显，增加了立法的矛盾和混乱，更增加了执行实践中的困惑和混乱。

3. 增加实践的难度和混乱

两种不同的清偿原则，不仅增加了普通主义下对参与分配相关问题的困惑，还增加了优先主义下对当事人是否同意移送等适用条件的操作标准的困

---

[1] 参见谭秋桂：《民事执行法学》（第3版），北京大学出版社2015年版，第283页。
[2] 参见肖建国：《中国民事强制执行法专题研究》，中国法制出版社2020年版，第39~42页。

惑,加剧了实践的难度。即便符合相应的条件,也会因是否行使而导致不同的结果,增加实践的混乱。最终,给当事人和执行法院都会产生比较大的消极影响,有必要加以改变。

三、强制执行法对该问题的回应及评价

依据最高人民法院于 2019 年公布的《民事强制执行法草案(征求意见稿)》可知,关于普通金钱债权执行之间的清偿顺序问题,发生了几点变化。第一,在参与分配中设置团体优先主义的规则。[1]第二,取消参与分配主体资格的限制。所有民事主体,包括企业法人,都适用该程序。第三,确立依职权移送破产制度。[2]这些变化,有利于消除执行立法和实践的混乱,提高执行的结案率。但是,相较于优先清偿原则而言,团体优先主义在实现执行效率与执行公平方面,存在不足,不利于与破产程序的分工与协调,更与世界执行主流做法相悖。

第二节 优先受偿权的立法和实践现状

优先受偿权解决的问题是后申请执行的债权是否具有更值得保护的权益,以此来确定是否排除先申请的执行,进而维护后申请执行人的权益。是否具有更值得保护的权益,背后体现的是民事权益之间的位阶关系或者价值关系,可见,其也涉及实体法领域的问题,不能仅仅在执行法中探寻。优先受偿权的类型多样,在民事执行竞合的各个类型中都有发挥作用的空间。下文具体分析:

一、金钱债权执行之间竞合中优先受偿权的立法和实践现状

本章第一节关于清偿顺序的探讨,主要针对的是普通金钱债权执行之间

---

[1]《民事强制执行法草案(征求意见稿)》第 204 条规定:参与分配的申请,应当在拍卖、变卖成交裁定或者抵债裁定送达买受人、承受人之日前提出;未经变价的,应当在本次分配方案作出之日前提出。执行标的物被查封之日起 60 日内申请参与分配的普通债权人,优先于其后申请参与分配的普通债权人受偿。

[2]《民事强制执行法草案(征求意见稿)》第 200 条规定:执行债权人为两人以上且执行款不足以清偿全部债务和执行费用的,人民法院应当主持分配。执行中,发现被执行人符合破产条件的,有管辖权的人民法院可以依职权宣告破产。

竞合中优先受偿权或者权利位阶问题的立法和实践现状。对具有优先受偿地位的担保物权或者优先权以及它们之间竞合中权利位阶或者优先受偿权的立法现状和实践问题，没有总结概括。同时对程序法上的优先受偿权的立法和实践现状，也没有概括总结。在此，将分别具体分析。

（一）优先权制度的立法与实践现状

1. 优先权制度的总体现状

通过第三章的论述可知，对于作为执行债权基础权利之一的优先权，我国现行实体法下没有直接的规定，只是在一些单行法中规定了某些实质的优先权的规则。例如，船舶优先权、航空器优先权和建设工程价款优先受偿权等。2015年《民诉法解释》第508条中，直接使用了"优先受偿权"这一表述。上述立法现状与优先权作为独立权利的地位，差距明显。虽然没有实体法依据，但实践中仍有法官使用这一概念作为裁判的理由。[1]这显示出建立该制度的实践价值。关于优先权内部及其与担保物权之间的位阶关系问题，离完善的立法还有很远的距离。

2. 优先权制度的具体问题

虽然比较法上认可一般优先权包括劳动债权和人身损害赔偿之债，但我国立法没有明确规定。关于我国是否应该在金钱债权执行竞合的处理中，认可两者的优先受偿地位，学界目前还存在争议，[2]实务中也不统一，有必要探讨。对于劳动债权与担保物权的关系，前述的船舶优先权和建设工程价款优先受偿权的相关规定中，确立了劳动债权优先的规则。司法实践也保持了一致。关于其他情况下是否适用，没有明确规定。虽然立法只是在刑事裁判涉财产部分执行领域确立了人身损害赔偿之债优先于担保物权的地位，但实践中不乏在其他领域应用该规则的案例。[3]因优先保护的正当性和指导实践的急迫性，迫切需要立法的回应。

（1）劳动债权。因劳动者给用人单位提供了劳动，增加了用人单位产品

---

[1] 参见浙江省台州市中级人民法院［2019］浙10民终2035号民事判决书。
[2] 参见王利明主编：《中国民法典草案建议稿及说明》，中国法制出版社2004年版，第152页。
[3] 参见广东省东莞市中级人民法院［2016］粤19民终1878号民事判决书、广东省高级人民法院［2018］粤民申12958号民事裁定书、浙江省宁波市江北区人民法院［2019］浙0205民初1663号民事判决书。

的价值,[1]用人单位应该给予劳动者一定回报而未实现,基于此劳动者对用人单位具有金钱请求权。法律规定,该债权包含三个部分。其一,劳动者给用人单位提供劳动,最基本的目的就是获得工资。如果单位不支付,那么员工有权利要求其履行。其二,在现代社会,大规模大机器生产,容易导致贫富差距。为了缓解用人单位与劳动者的关系,维护社会稳定,让企业承担更多社会责任,就要求用人单位给劳动者支付一定的社会保险费用。其三,为促进资源与需求的高效结合,提高整个市场的效益,现代社会不提倡劳动者与用人单位的终身依附关系。考虑到失业导致的短期生存问题,需要企业给付一定的经济补偿金。[2]

执行实践中,因没有直接的法律规定,故存在是否应优先支付工资债权或者劳动债权的争论。支持者认为,现行法律和司法解释虽然没有规定工资和基本养老保险费等在个别执行案件中享有优先受偿权,但在司法实践中,考虑到生存利益高于经济利益,以及维护社会稳定的需要,对工资和基本养老保险费等均酌定优先偿付。[3]还有法院认为,劳动债权在破产程序中,对破产人的财产具有一定范围内的优先受偿地位。执行程序虽然不是破产程序,但根据破产法规定的精神和债权的特殊性,不应该否定劳动债权的价款,也不应该否定它们具有的对财产变现款的优先地位。[4]也有法院认为,为维护员工的生存权,不破坏社会的稳定,当用人单位存在多个债权人,且其财产不足以赔偿所有债权人的债权时,始终不应该否定劳动者的工资债权,并且,应该给予其比其他优先债权更高的地位。故根据公平原则,在执行分配方案中优先保护劳动者的合法权益,将其工资债权列为优先债权予以分配,不违反法理,具有正当性。[5]

反对的声音也存在,其理由主要是执行中没有直接的相关规定,如果支持则违背法律。例如,有法院认为,根据现行法律,也只有《企业破产法》规定了工人工资的优先受偿权。但被执行人在未进入破产清算程序的情况下,

---

[1] 参见于海涌:《法国工资优先权制度研究——兼论我国工资保护制度的完善》,载《中山大学学报(社会科学版)》2006年第1期。

[2] 参见王利明:《关于劳动债权与担保物权的关系》,载《法学家》2005年第2期。

[3] 参见浙江省龙泉市人民法院[2019]浙1181执异22号执行裁定书。

[4] 参见广东省韶关市中级人民法院[2015]韶中法执字第1号执行裁定书。

[5] 参见广东省汕头市濠江区人民法院[2019]粤0512执异14号执行裁定书。

不应赋予工人工资优先的地位，由于其属于普通债权，应该按照申请执行的顺序进行排序，进而赔偿。因而，异议人要求的工资的优先地位，没有法律和事实支撑。[1]面对上述争议，需要立法与理论予以回应。

（2）人身损害赔偿。民法调整的是民事主体之间的人身的和财产的权益。这些权益是侵权法律关系的客体。由此，侵权分为损害人身权的人身侵权，与损害财产权的财产侵权。人身权分为人格权和身份权，基于此，人身侵权可以继续划分为人格侵权和身份侵权。依据损害的方式和效果的不同，人格侵权还能够划分为物质性的和精神性的。前者是指，侵害民事主体生命、健康和身体而导致的侵权。基于前者而产生的债权，还被称为人身损害赔偿之债。具体而言，自然人的物质性人格权被侵害，导致身体残疾，或者生命丧失，给被侵权人及其家属带来物质和精神方面的损失，法律应该提供给被侵权人或者其家属凭借一定方式获得相应赔偿的救济途径。

因没有立法的直接规定，执行实践中存在支持优先分配人身损害赔偿之债的情况。[2]但又因缺乏法律的直接规定，故经常被人诟病。理论上对此问题也是莫衷一是。特别是近年来经常发生涉及人数众多的侵权案件，此时，是否承认被侵权人的优先地位，有很大影响。学者也投来了很多关注。不少观点认为，应该支持其优先地位。理由如下：物质性人格侵权，侵犯的是自然人的身体和生命，背后涉及的人权和人的基本价值，比财产价值更高，并且被侵害的人很多处于弱势地位，加上我国的保险和救济制度不健全，出于正义的考量，应该优先保护人身损害赔偿之债。[3]也有观点提出了不同看法，不认为其具有优先于其他民事债权的清偿地位。因此，有必要进行研究。

总之，对于劳动债权和人身损害赔偿之债是否属于一般优先权，或者更高权利位阶的问题，执行法没有明确规定。确立劳动债权优先地位的是破产法，确立人身损害赔偿之债优先地位的法律是《最高人民法院关于刑事裁判涉财产部分执行的若干规定》。虽然执行法中没有直接的法律规定，但执行实

---

[1] 参见浙江省湖州市中级人民法院［2019］浙05执复7号执行裁定书。
[2] 参见广东省高级人民法院［2018］粤民申12958号民事裁定书；湖南省高级人民法院［2018］湘民终270号民事判决书。
[3] 参见杨立新：《论侵权请求权的优先权保障》，载《法学家》2010年第2期。

践中仍然存在支持的案例。[1]可见,把它们作为优先受偿权进行优先执行,并不会缺乏实践基础。然而,实践中也存在反对的声音,[2]迫切需要理论与立法的回应。否则,不仅债权人的权益可能受损,而且执行法院也将面对法外裁判的质疑、增加说理说服的负担和应对不满的压力。

(二) 首先查封普通债权的优先受偿地位问题

程序法上的优先受偿权包括两部分,分别代表两种关系。其一,首先查封的普通债权与实体法上的优先债权之间的关系。其二,先申请执行人与后申请执行人之间的关系。对于后者,我国确立了有限优先原则和有限平等原则并存的格局。对于前者,我国现行法上没有相关规定。

优先债权具有优先于普通债权的地位,这是实体法上的规定,用以解决实体权益冲突。因前期参与了执行财产的查找,对执行财产的情况比较了解,法律明定,原则上由首先采取执行措施的法院,继续负责执行财产的处置。这属于程序上的安排。两者具有不同的作用领域,通常情况下不会出现冲突。但在执行程序的具体运作中,该地位会受到程序权利的挑战。即当启动执行程序的债权人是普通债权人,且债务人的财产不可同时实现优先债权人和首先查封人的债权时,我国现行法中的规则是完全支持实体法上的优先债权人,但程序上给予普通债权人一定尊重,由其决定是否继续进行变价程序(比较法上是无益拍卖禁止原则)。从实践上来说,此种权利对于保障作为首先查封人的普通债权人的债权,意义不大。因首先申请民事执行的债权人,确实为执行程序的进行和执行财产的发现作出了一定贡献,完全支持优先债权人,而不照顾启动执行程序的首先查封人的权益,违背常理。如果给予适当照顾,那么实体法上的优先债权人将不满。于是就形成了程序法上的优先受偿权与实体法上的优先债权的冲突。

首先采取扣押措施的人,如果没有得到相应回报,也会给执行程序的推

---

[1] 参见浙江省丽水市中级人民法院 [2019] 浙1181执异22号执行裁定书、浙江省江山市人民法院 [2020] 浙0881执异75号执行裁定书、广东省汕头市中级人民法院 [2019] 粤0512执异14号民事判决书;广东省高级人民法院 [2018] 粤民申12958号民事裁定书。

[2] 参见浙江省湖州市中级人民法院 [2019] 浙05执复7号执行裁定书、新疆维吾尔自治区乌鲁木齐市中级人民法院 [2020] 新01执异264号执行裁定书、江苏省南京市中级人民法院 [2020] 苏01执复191号执行裁定书。

进、实体秩序的维护和实质公平的追求,造成不良影响。执行实践中,普通债权人此时会作出两种行为。其一,消极推动执行程序。当债务人的财产,在清偿完优先债权之后没有剩余。此时,依据《最高人民法院关于人民法院民事执行中拍卖、变卖财产的规定》第6条可知,变价后不能偿还执行费用和申请执行人债权的情况,法院需要获得申请执行人是否继续执行的表示。[1]并且,通常情况下还是由最先采取执行措施的法院主持执行程序的进行。如果把首先采取保全措施的法院具有的优先处置权,与没有执行实益情况下申请执行人的程序运行决定权结合起来,那么先申请执行人就获得了主导执行程序的优势地位。此时,最先申请执行的人,会出于自身利益的考量,中止或者消极推动执行程序的进行,而具有优先债权的债权人和执行法院则想尽快推动执行,但不得不按照前者的节奏行动,此时便陷入消极的执行与积极的推定之间的矛盾之中。需要说明的是,虽然最高人民法院的相关批复设置了向优先债权执行法院移送执行的规定,但设置的移送条件降低了移送的可能性,没有改变首先查封法院处置财产的原则性规定。[2]其二,胁迫优先债权人满足其部分债权。为了推动执行程序运行,具有优先债权的债权人也不得不作出让步,通过让渡一部分权益让普通债权人不至于空手而归。这种协议,表面上是双方自愿的,但实质上具有胁迫的意味。不仅正当性遭受质疑,并且,如果操作不当还会引发刑事案件。

总之,现行法中没有支持首先查封人获得优先受偿地位的法律规定,导致首先查封人消极推进执行程序,甚至变相胁迫优先债权人出让利益。这带来十分消极的影响。因首先查封确实为执行程序的推进和执行财产的查找等作出了贡献,理应获得一定补偿。故需要立法尽快作出规定,维护普通债权

---

[1]《最高人民法院关于人民法院民事执行中拍卖、变卖财产的规定》(法释[2020]21号)第6条规定:"保留价确定后,依据本次拍卖保留价计算,拍卖所得价款在清偿优先债权和强制执行费用后无剩余可能的,应当在实施拍卖前将有关情况通知申请执行人。申请执行人于收到通知后五日内申请继续拍卖的,人民法院应当准许,但应当重新确定保留价;重新确定的保留价应当大于该优先债权及强制执行费用的总额。依照前款规定流拍的,拍卖费用由申请执行人负担。"

[2] 首先查封法院向优先债权执行法院移送财产处分的具体条件有四个:一是优先债权为生效法律文书所确认;二是优先债权在其他法院进入了执行程序;三是自首先查封之日起已经超过了60日;四是首先查封法院尚未就该查封财产发布拍卖公告或者进入变卖程序。需要注意的是,只有同时符合了上述四个条件,优先债权执行法院才能要求移送。

人积极执行的热情。

二、非金钱债权执行之间及与金钱债权执行竞合中优先受偿权的立法和实践现状

虽然《执行规定》第 55 条第 2 款规定了两者竞合时的处理规则，但是，该规定存在不足之处。

（一）该条款的内容含混

基于所有权和担保物权而享有的债权，内容不明。到底是物的毁损导致的金钱债权，还是基于所有权的物之交付。有观点给出了一种相对合理的解释，即"基于所有权形成的债权是指，债权人对债务人占有的财产享有所有权，命令其返还的权利。基于担保物权形成的债权是指，债权附有担保，而其担保载体就是现在的执行对象，那么该申请执行人应当具有从该标的物中优先受偿的权利"。[1]基于此，该款前段可以理解为，"基于所有权而要求交付标的物的债权人，优先于基于债权而要求支付金钱的债权人受偿，附有担保的金钱债权请求，早于没有附有担保的金钱债权请求被实现"。[2]此时，又引发另一个问题，即当基于债权而请求交付标的物的非金钱债权，与基于债权的金钱债权竞合时，前者是否优先于后者？[3]基于用益物权产生的债权，能否优先于金钱债权？依据前款的规定，无法得出结论。

（二）该条款的适用范围有限

该条款虽然规定了多个基于担保物权的债权竞合时的处理规则，但此时其本质上属于多个以支付金钱为内容的执行之间的竞合规则，没有以支付金钱为内容的执行与以支付金钱以外行为为内容的执行之间竞合的适用空间。依据给付内容的不同，债权可以分为以支付金钱为内容的债权与以支付金钱以外行为为内容的债权。该款前段没有明确说明，基于所有权而享有的债权，

---

[1] 参见黄金龙：《关于人民法院执行工作若干问题的规定实用解析》，中国法制出版社 2000 年版，第 283 页。

[2] 参见谭秋桂：《民事执行法学》（第 3 版），北京大学出版社 2015 年版，第 284 页。

[3] 参见人民法院出版社编：《最高人民法院司法观点集成·执行卷》，人民法院出版社 2017 年版，第 401~404 页。

就是物之交付请求权。故将该段理解为非金钱债权执行与金钱债权执行竞合的规范，实属勉强。[1]即便确定其就是物之交付请求权，但因将之与"基于担保物权而享有的债权"规定在一起，导致无法确定两者之间的位阶关系。即便认可"基于担保物权而形成的执行债权，或者基于所有权而形成的执行债权，早于以支付金钱为内容的执行而被实现"，属于调整以支付金钱为内容的执行与以支付金钱以外行为为内容的执行之间竞合的规范。因金钱债权的基础权利有很多类型，而非金钱债权的基础权利也不仅仅包括所有权，两者竞合时的类型难以囊括在上述条款之中，[2]故该条款至少是不完善的。至于已有规则，也不敢说完全正确。另外，从体系解释上来说，第55条的第1款和第3款，都是关于金钱债权执行的规定，第2款很有可能也是针对金钱债权执行竞合问题。此时，基于所有权的债权，就很有可能是基于所有权的金钱债权。

关于以支付金钱以外行为为内容的债权执行之间的竞合，《执行规定》第55条完全没有涉及。这导致执行实践和司法裁判的混乱和无所适从。

第三节 保全执行与终局执行竞合的立法和实践现状

一、立法现状及争议

目前与此类型竞合相关的立法规定是《执行规定》第55条第1款和第56条。[3]前者规定，多份生效法律文书确定支付金钱为内容的多个普通债权人，都对同一义务人申请执行时，应该凭借申请执行的时间先后实现债权。有观

---

[1] 参见谭秋桂：《民事执行法学》（第3版），北京大学出版社2015年版，第284页。
[2] 参见人民法院出版社编：《最高人民法院司法观点集成·执行卷》，人民法院出版社2017年版，第401~404页。
[3]《最高人民法院关于人民法院执行工作若干问题的规定（试行）》（法释[2020]21号）第55条规定：多份生效法律文书确定金钱给付内容的多个债权人分别对同一被执行人申请执行，各债权人对执行标的物均无担保物权的，按照执行法院采取执行措施的先后顺序受偿。多个债权人的债权种类不同的，基于所有权和担保物权而享有的债权，优先于金钱债权受偿。有多个担保物权的，按照各担保物权成立的先后顺序清偿。一份生效法律文书确定金钱给付内容的多个债权人对同一被执行人申请执行，执行的财产不足清偿全部债务的，各债权人对执行标的物均无担保物权的，按照各债权比例受偿。第56条规定：对参与被执行人财产的具体分配，应当由首先查封、扣押或冻结的法院主持进行。首先查封、扣押、冻结的法院所采取的执行措施如系为执行财产保全裁定，具体分配应当在该院案件审理终结后进行。

点认为，第 55 条中的执行措施，不仅包括以终局裁判等为依据的执行中的措施，还包括诉讼阶段的保全措施。第 56 条规定，参与分配程序中，应该由首先采取保全措施的法院主持变价款的分配工作，如果首先采取保全措施的法院还没有获得终局裁判，那就需要等到它们获得之后，再由其主持进行。如果在首先采取保全措施的法院获得执行名义前，执行法院允许拥有终局执行名义的债权人继续执行，明显违背前述规定。基于此，有观点认为，我国现行法规定了以保全裁定为依据的执行与以终局裁判等为依据的执行之间竞合的执行顺序，即先实行的保全执行强于后实行的终局执行。[1]有观点认为，我国的现行法对此存在缺位。[2]笔者认同此观点。这一观点是站在猜测的基础上，对相关规定的曲解。首先，从形式上来说，条文没有提到保全执行与终局执行的表述。[3]其次，该条适用的前提是"多份生效法律文书确定金钱给付内容的多个债权人"。不仅要求是生效的法律文书，而且还要求是确定金钱债权的生效法律文书，而保全文书通常不能够确定金钱给付内容。最后，第 56 条规定由最先采取保全措施的法院主持变价款的分配，并不适用于所有的在先采取保全措施的债权人。并且主持权不等于优先受偿效力，就算给予首先采取保全措施的人一定优先地位，也只是对其积极勤勉申请执行和发现执行财产等行为的付出给予的回报，并不是基于保全执行与终局执行竞合的排序规则得出的优先地位。

二、立法的不足及对实践的影响

保全执行分为多种类型，终局执行也是如此，两者竞合的类型众多，就算认可现行法涉及该竞合类型，但却不可能涵盖所有的两者竞合的类型，并且，该条文给出的执行顺序的确定规则与比较法上的观点不一致，正当性易受质疑。保全执行与终局执行的竞合是普遍的实践现象，需要立法给出明确的规则指引。而我国的现行法对此存在缺位，导致实践的无所适从和混乱，[4]裁判的不统一，最终损害相关人员的权益和司法公信力。

---

[1] 参见王娣：《强制执行竞合研究》，中国人民公安大学出版社 2009 年版，第 255～256 页。
[2] 参见谭秋桂：《民事执行法学》（第 3 版），北京大学出版社 2015 年版，第 284 页。
[3] 参见刘颖：《民事执行中参与分配的主体资格研究》，载《北方法学》2021 年第 6 期。
[4] 参见河南省荥阳市人民法院［2014］荥执字第 751-2 号执行裁定书；四川省都江堰市人民法院［2016］川 0181 执异 28 号执行裁定书。

第四节　保全执行之间竞合的立法和实践现状

一、立法现状

正如前文所述，通常的执行竞合的考量因素是申请执行的先后。依据执行原理可知，纯粹保全执行也是申请执行先后的判断标准。其原因在于保全执行能够转化为执行中的保全。我国《民诉法解释》第168条作出了相同的规定。[1] 把申请执行的先后或者保全执行的先后作为判断的标准，意味着允许进行重复保全。虽然《中华人民共和国民事诉讼法》第106条不允许进行重复查封，[2] 但《最高人民法院关于人民法院民事执行中查封、扣押、冻结财产的规定》第26条允许进行轮候查封，[3] 实质上确立了允许重复查封的规则，为执行顺序的判断奠定了基础。优先主义下，依据申请的先后清偿债权，不是按照债权额与总的债权额的比例清偿债权，不需要超额查封，以期不过多限制债务人自由处分财产的范围，利于其生活经营和东山再起。虽然我国《最高人民法院关于人民法院民事执行中查封、扣押、冻结财产的规定》第19条对查封财产的数额进行了一定限制，[4] 但模糊的表达很有可能导致超额

---

[1]《最高人民法院关于适用〈中华人民共和国民事诉讼法〉的解释》（法释〔2022〕11号）第168条规定：保全裁定未经人民法院依法撤销或者解除，进入执行程序后，自动转为执行中的查封、扣押、冻结措施，期限连续计算，执行法院无需重新制作裁定书，但查封、扣押、冻结期限届满的除外。

[2]《中华人民共和国民事诉讼法》第106条规定：财产保全采取查封、扣押、冻结或者法律规定的其他方法。人民法院保全财产后，应当立即通知被保全财产的人。财产已被查封、冻结的，不得重复查封、冻结。

[3]《最高人民法院关于人民法院民事执行中查封、扣押、冻结财产的规定》（法释〔2020〕21号）第26条规定：对已被人民法院查封、扣押、冻结的财产，其他人民法院可以进行轮候查封、扣押、冻结。查封、扣押、冻结解除的，登记在先的轮候查封、扣押、冻结即自动生效。其他人民法院对已登记的财产进行轮候查封、扣押、冻结的，应当通知有关登记机关协助进行轮候登记，实施查封、扣押、冻结的人民法院应当允许其他人民法院查阅有关文书和记录。其他人民法院对没有登记的财产进行轮候查封、扣押、冻结的，应当制作笔录，并经实施查封、扣押、冻结的人民法院执行人员及被执行人签字，或者书面通知实施查封、扣押、冻结的人民法院。

[4]《最高人民法院关于人民法院民事执行中查封、扣押、冻结财产的规定》（法释〔2020〕21号）第19条规定：查封、扣押、冻结被执行人的财产，以其价额足以清偿法律文书确定的债权额及执行费用为限，不得明显超标的额查封、扣押、冻结。发现超标的额查封、扣押、冻结的，人民法院应

查封的发生。这种不合适的规定，与我国并存的两种清偿规则有关，最根本的解决方法是统一普通金钱债权执行竞合的清偿规则。

二、立法的不足及对实践的影响

我国目前的立法现状给保全执行竞合的处理奠定了很好的基础，但立法的原型是执行保全而不是纯粹的诉中或者诉前的保全。即按照申请执行先后确定清偿顺序，是为金钱终局竞合设立的规则。即便按照某些观点，能够解释出确立了假扣押之间的竞合规则，[1]但也不能适用于假处分相关的竞合类型。因假扣押针对的是金钱债权，多个假扣押能够并存于执行财产之上。但保障非金钱债权的执行之间，保障金钱债权的执行与保障非金钱债权的执行之间，很多时候执行措施不能相容，该如何对其进行处理，不是假扣押竞合的规范所能涵盖的。总之，我国现行法没有规定，至少没有完善规定保全执行之间竞合的处理规则。这将引发实践的无所适从与混乱，需要立法作出回应。

三、强制执行法对该问题的回应及评价

依据最高人民法院于 2019 年公布的《民事强制执行法草案（征求意见稿）》可知，对于保全执行，存在几点规定。第一，确立了重复保全规则。[2]第二，确认了纯粹保全执行能够转化为终局执行保全措施的规则。第三，解决了多个国家机关查封同一动产或者不动产的顺位问题。[3]第四，规定了保全的

（接上页）当根据被执行人的申请或者依职权，及时解除对超标的额部分财产的查封、扣押、冻结，但该财产为不可分物且被执行人无其他可供执行的财产或者其他财产不足以清偿债务的除外。

[1] 参见王娣：《强制执行竞合研究》，中国人民公安大学出版社 2009 年版，第 249 页。

[2] 《民事强制执行法草案（征求意见稿）》第 130 条规定：查封的不动产，其他国家机关可以重复查封。重复查封不动产的，除依照该法第 120 条规定实施查封外，还应当书面通知首先查封的国家机关。首先查封的国家机关应当制作查封笔录，记载不同国家机关的查封时间。首先查封的国家机关，可以依法处置查封的不动产。在后查封的国家机关应当告知债权人可以向首先查封的国家机关申请参与分配。

[3] 《民事强制执行法草案（征求意见稿）》第 127 条规定：两个以上国家机关查封同一不动产的，在先办理查封登记的为在先查封，但是在先办理查封登记的国家机关在办理查封登记时明知其他国家机关已经查封该不动产的除外。均没有办理查封登记的，在先张贴查封公告的为在先查封；第 169 条规定：两个以上国家机关查封同一动产，在先实施占有的为在先查封；均未实施占有，在先办理查封登记的为在先查封。

效力问题。[1]第五，规定了禁止明显超额的查封。由此可知，对于上述不足之处，该草案仍然没有回应。前述规定，没有实质促进保全执行竞合问题的解决。

第五节 与执行竞合相关的程序的立法和实践现状

一、现行执行竞合的处理程序

虽然现行法没有明定执行竞合处理程序，但存在解决执行竞合的相关程序，即参与分配程序、执行异议之诉程序和执行异议程序。

（一）处理金钱债权执行之间竞合的参与分配程序

关于我国参与分配程序的适用范围、启动主体、运行规则、清偿原则等问题，前文普通金钱债权执行之间竞合中有限平等清偿原则的内容、其他金钱债权执行之间竞合中优先受偿权的部分内容，已经论述，此处不再赘述。

（二）处理其他执行竞合类型的执行异议之诉程序

虽然现行法没有明确限定执行异议之诉程序的适用范围，但通过体系解释和执行目的解释可知，金钱债权执行之间的竞合不应该适用执行异议之诉程序。通说认为，参与分配程序主要用来解决金钱债权执行之间的竞合。执行异议程序和执行异议之诉程序没有明确限定适用范围。因金钱债权执行之间的竞合已经由参与分配程序处理，故后者主要被用来解决以支付金钱为内容的执行和以支付金钱以外行为为内容的执行之间的竞合问题，以及以支付金钱以外行为为内容的执行之间的竞合问题。

依据现行法可知，某个债权人申请强制执行后，其他具有更值得保护权益的债权人，如果想要改变执行顺序，只能先通过执行异议之诉程序排除现有执行，然后再提出强制执行的申请。如果之后再出现更值得保护权益的债权人，需要再次进行前述程序。

（三）处理其他执行竞合类型的执行异议程序

对于执行异议程序是否能够用来处理执行竞合问题，笔者持不完全否定

---

[1]《民事强制执行法草案（征求意见稿）》第124条规定了查封效力的客观范围；第125条规定了查封效力的主观范围。

的看法。首先，依据执行法理可知，执行异议程序主要用来处理执行中的程序问题，[1]而执行竞合中也存在程序方面的问题，需要利用执行异议程序来解决。对于执行竞合中的实体问题，能否通过执行异议程序来解决，存在争议。第一种观点认为，执行中的实体问题应该直接通过执行异议之诉程序来解决。[2]第二种观点认为，可以先用执行异议程序来解决，过滤掉简单的或者没有争议的实体问题，以提高执行效率，如果仍然存在争议，再通过执行异议之诉程序去解决。[3]第三种观点认为，可以由债权人选择先适用执行异议程序，还是直接适用执行异议之诉程序。执行异议程序能够对实体问题进行形式审查与初步实质审查，不能解决争议时，可以转入执行异议之诉程序进行最终实质审查来解决。[4]笔者赞成第二种观点。具体原因包括：其一，能够提高执行效率。先运用执行异议程序处理没有争议的竞合案件，或者简单的竞合案件，可以提高执行效率。同样的案件，如果直接由执行异议之诉程序处理，即便采用简易程序，也比执行异议程序复杂。其二，在第三种观点下，对于程序的选择，债权人不易把握。选择不合适时还需要法院的职权介入，增加程序的复杂性。后申请的执行债权是否具有更值得保护的权益，虽然属于实体问题，但不排除不存在争议的情况和显而易见的情况，此时，先通过执行异议程序来处理，不会引发正当性方面的质疑。

接下来的问题是，现有平台是否能够满足需要，发挥作用的时候其消极影响如何？如果既能够满足需要，又不会产生过度的消极影响，那么就没有完善或者构建的必要，但事实并非如此。

二、对现有处理程序的评价

1. 难以完全满足执行竞合程序的需要

依据执行法理可知，执行异议之诉的本质是形成之诉，发挥的功能主要在于，通过阻止申请执行人的强制执行的方式，来为案外人提供救济。[5]基

---

[1] 参见谭秋桂：《民事执行法学》（第3版），北京大学出版社2015年版，第289~290页。
[2] 参见张卫平：《执行救济制度的体系化》，载《中外法学》2019年第4期。
[3] 参见百晓锋：《论案外人异议之诉的程序构造》，载《清华法学》2010年第3期。
[4] 参见黄忠顺：《案外人排除强制执行请求的司法审查模式选择》，载《法学》2020年第10期。
[5] 参见张登科：《强制执行法》，三民书局2018年版，第186页。

于此种功能，构建了相应的启动要件和审查标准，于是产生了与执行竞合程序的需求不匹配的结果。因并不要求必须获得执行名义，且没有获得执行依据时案外人的权利与获得执行依据后的权利不同，那么将导致不同的裁判结果。就算案外人依据获得的执行依据申请执行异议之诉，最终的结果也仅仅是排除执行。而执行竞合程序的目的是确认执行的顺序，表现为优先支持一方履行，阻却排位靠后的债权人的履行。从某种意义上来说，执行异议之诉具有排除执行，优先支持案外人，而把申请执行人靠后排位的效果，变相发挥了部分确定执行顺序的功能。但当存在两个以上债权人时，为了排序，就需要多次启动执行异议之诉程序。但是，多个执行异议之诉程序之间的合并，在理论上和立法上均不可行。另外，即便认可执行异议程序能够处理没有争议的执行竞合，也能完成存在争议的执行竞合的形式审查，但不可否认其无法克服在处理两个以上执行债权竞合时的短板。所以，执行异议程序以及执行异议之诉程序无法应对多个执行竞合的情况。另外，关于保全执行与终局执行竞合时的处理程序，保全执行竞合时的处理程序，现行法都是缺位的。

众所周知，建立参与分配程序的目的是满足自然人与其他组织的破产需要。有限的启动主体和基于破产功能的清偿原则，不能完全满足所有民事主体的金钱债权执行竞合的需要。

2. 增加程序的复杂性

执行竞合程序的目的是排列执行顺序，并付诸实施，操作方式和程序类似于参与分配程序，只是一个协调的平台。前期不需要起诉和辩论等，程序法理上类似于非讼程序，本质上属于执行程序。而现行法下，需要已经获得执行依据的债权人去提出执行异议之诉，不仅需要再次进行辩论，而且要承担高度盖然性的证明责任，程序复杂严苛，周期长，投入大，增加了已经获得执行依据的债权人的负担。还需要判断执行异议之诉是否与申请执行人的前诉构成重复诉讼，[1]增加工作量。虽然前诉裁判中存在关于执行对象权利状

---

[1] 参见张卫平：《另案处理结果对本案民事执行的效力及处置原则研究》，载《河北法学》2020年第3期。

态的判断对后面的执行异议之诉的事实认定存在积极影响,[1]但后者毕竟是诉讼程序,相较于参与分配程序更加复杂,而且最后也只是得到了排除执行的效果,无法应对多个债权人执行顺序的确定问题,也无法应对不能获得履行的非金钱债权的后续实现问题。

另外,虽然现行法将先予执行与保全执行同章规定,但两者本质上存在区别。与保全执行相关的竞合规则,不能适用于先予执行之间以及先予执行与民事执行之间的竞合。查阅现行法可知,与先予执行相关的竞合规则存在空白,无法为执行实践提供指引。

---

[1] 参见张卫平:《另案处理结果对本案民事执行的效力及处置原则研究》,载《河北法学》2020年第3期。

第五章

我国民事执行竞合的立法完善

正如上文所述,执行实践中,多个债权并存于同一个财产之上的现象数量很多,类型也很多样。另外,我国现行法律提供的规范补给却严重不足,仅有的规范还存在很多问题,需要进一步完善。

第一节 终局执行之间竞合的执行顺序规则

按照执行内容的区别,可以分为以交付金钱为内容的执行和以支付金钱以外行为为内容的执行。两个同类之间,或者不同类之间,可以形成三种执行竞合的类型。金钱债权执行之间,在控制和变价阶段的执行措施可以并存,存在冲突的是执行款的发放顺序。对于以支付金钱为内容的执行和以支付金钱以外行为为内容的执行之间的竞合,双方的执行内容存在明显的冲突,执行措施几无并存的可能性,从执行伊始就需要确定执行的顺序。非金钱债权执行之间的竞合,也是如此。由此可见,不同类型的终局执行竞合,各有自己的特点,其处理方法不能一概而论,需要具体分析。

一、金钱债权之间竞合的执行顺序规则

(一)普通金钱债权执行之间的位阶关系

以支付金钱为内容的执行之间,执行措施和执行目的具有一致性。即都需要对债务人的财产先采取控制性措施,再采取变价措施,以清偿金钱债权。

通过前文所述可知，当竞合的执行债权都是普通金钱债权时，有的国家对多个债权人按照平等原则分配，有的国家按照申请执行的先后顺序进行分配。而我国却同时并存两种模式，有引发不必要的混乱的嫌疑。为此，笔者认为我国应该舍弃平等主义的处理思路，而仅仅根据申请执行的时间先后进行排序。具体原因，本书第二章已经详述，此处不再赘述。

1. 我国的优先清偿原则的模式设计

通过比较法可知，虽然大部分国家选择优先主义，但它们之间存在不同的规定。我国在建构该模式时，也需要注意区别和选择。

（1）德国模式。正如前文所述，不同于通常情况下的保全措施带来的效力，德国实现这个目的的手段是扣押质权制度，由此，在先扣押权人获得比在后扣押权人更靠前的清偿地位。虽然这一规定诞生于执行程序中，但与实体法上意定产生的担保物权具有相同的效力。由于此种担保物权在扣押之际就能产生，故债权人能够得到更靠前的保护。然而该模式也存在很大的不足，即破产中无法保证公平地保护债权人。其原因在于，当债务人的总资产不能偿还债权人的总债权而启动破产之时，执行程序中产生的担保物权将在破产程序中获得别除权的地位，[1] 此时，那些事先没有设立担保物权的人和事后没有申请参与执行的人，将获得劣后的顺位。

（2）法国模式。虽然法国民事执行法等程序法遵循的是平等原则，然而，法国的民事实体法却规定了裁判上的抵押权规则，通过后者建立了等质的优先主义规则。与上述德国的制度进行比较，法国模式下的规则具有不同的特征。其一，把对债权人的保护时间进行了提前，即从裁判作出之时债权人就享有了该抵押权，而德国需要等到执行程序开始后方可进行。其二，裁判上抵押权制度的适用范围仅限于不动产，而德国的扣押质权制度的适用范围包括不动产、动产、债权及其他权利。除此之外，两国的相关制度也存在共同点，即都在破产程序中给予抵押权一定别除权的地位。

（3）英美模式。英国相关制度是通过普通法与衡平法一起构建的。普通法

---

[1] 参见［德］弗里茨·鲍尔、霍尔夫·施蒂尔纳、亚历山大·布伦斯：《德国强制执行法》（上册），王洪亮、郝丽燕、李云琦译，法律出版社2019年版，第626页。

中的交付令状发挥了保全措施的作用，可以作为优先主义的判断基准。[1]衡平法中裁定的担保权益规则，[2]也能促进优先主义的适用。与德法不同的是，通过前述规则建立的优先受偿的地位在其破产程序中被舍弃。

美国相关制度的构建是通过不同制度的综合作用实现的。首先，主要依靠司法中的判决方式，赋予债权人在债务人财产上具有担保权益。其次，执行本身又可在被执行人的财产上建立扣押的担保或者执行的担保。上述两者作用之下就产生了司法过程中的担保权益，如此一来，设立了完整的优先清偿原则，改变了普通债权人之间的法律地位。对于权益产生的时间，美国采取了与法国相同的方式，即裁判作出之时权益便生效。担保权益规则的适用对象不包括债权的财产。关于对该权益进入破产程序的处理，美国采取了与英国同样的做法，即司法中产生的担保的权益本质上不同于意定产生的，不应在破产程序中具有别除权的地位。

通过比较上述几种模式，笔者认为，英美的做法更合理。首先，能较好地保护勤勉的债权人。优先采取保全措施的人不仅能获得优先地位，而且能把保护的时间提前到裁判作出之时。其次，能够减少执行规则对实体法秩序的过分影响，实现执行优先债权与其他民事权益的平衡。优先清偿原则虽然有利于实现执行公正、提高执行效率、促进与破产程序的分工与协调，以及促进平等保护债权，但是也有一定的消极影响，最主要的是会对实体法秩序造成影响。例如，德国的扣押质权规则和强制抵押权规则，会使民法上平等的债权变成有先后顺序的执行债权，并且将这种安排延续到破产法中，使相应债权丧失最后平等救济的机会。其没有协调好破产与执行的关系，会造成债权实质上的不公。依据优先申请执行获得优先法律地位的方式，会产生消极影响的根源是：基于司法行为设定的优先债权不能与意定的担保物权等而视之。由于意定的担保物权在设立时就考虑到了将来的风险，并提前采取措施来预防或减少风险，故赋予它们在破产程序中的优先地位（别除权）具有正当性。而基于积极执行诞生的优先保护地位，明显与前者存在区别。这种权利人，对债务人财产的发现多是偶然的，事前并没有对债务人的财产状况

---

[1] 参见沈达明编著：《比较强制执行法初论》，对外经济贸易大学出版社2015年版，第26页。
[2] 参见沈达明编著：《比较强制执行法初论》，对外经济贸易大学出版社2015年版，第60页。

进行详细的调查，因此，肯定不会以此执行标的为对象设立预防或减少风险的措施。就算提前对债务人的财产情况进行了调查，但因没有采取设定担保物权的方式，所以应该被视为具有与其他普通债权同担风险的意思表示。如果因其优先申请执行就赋予其优先清偿的法律地位，相对于提前设定担保物权来规避风险的债权人来说欠缺正当性。所以，有必要对优先债权效力的范围进行限制。这种基于执行行为而产生的优先债权，本质上不属于实体法上的担保物权等优先债权，应该仅仅在执行程序中享有该效力。如果仍然在破产程序中赋予其该效力，则其正当性与合理性都将受到质疑。当被执行人的总财产能够覆盖债权人的总债权时，所有债权人都能得到清偿，是否优先清偿也只是实现的顺序有别，最终结果没有区别。当被执行人的总财产涵盖不了债权人的总债权时，已经符合破产的条件，就应该在破产程序中分配，不应再赋予优先申请人别除权，而应采取平等原则以合理保护所有债权人的利益。由此可知，英国和美国作出了更好的选择，不仅促进了执行，还尽力维护了实体法秩序。因此，我国应该把英美的做法作为参照，基于自身现实情况来建构相关制度。

2. 我国的优先清偿原则的主要内容

虽然我国《执行规定》第55条第2款确立了优先清偿原则，但并不完善，还需要对以下问题进行研究与明确。

（1）性质与概念。虽然我国应该确立英美模式的优先清偿原则，但有没有必要采用它们的法律概念仍是一个值得探讨的问题。弄清该权利的性质是解决该问题的基础。从性质上来说，这种优先受偿的权利的目的是督促债权人积极行使权利，启动与推进执行程序。从这一点来看，它趋近于英国法和美国法上通过司法获得担保权益的制度，不同于德国法上的扣押质权规则和强制抵押权规则。换言之，它区别于实体法上双方当事人自愿成立的担保权制度。具体原因上文已述。故应该对此优先债权的效力范围进行限制，不应在破产程序中还赋予其优先的法律地位，仅仅在执行程序中赋予其优先受偿地位即可。美国法把此种基于在先采取执行措施而形成的在先清偿地位，称为民事执行担保权益或者判决担保权益。鉴于英美法系与大陆法系的差别，该称谓目前难以且将来也无法在我国现行法中找到对应概念。同属大陆法系的德国，称其为扣押质权和强制抵押，法国则称判决上的抵押权。如果采用判决上抵押权的概念，将导致我国法律体系的混乱。正如上文所述，为适应优先主义，我国应该将保全措施的名称统一为扣押，以减少混淆和麻烦。这与扣押质权的概念具有协调性。因此，扣押质权的概念具有一定合理性。但我国法律中已经存在质权的概念，将其直接纳入实在不妥。因扣押质权只是执行程序中解决普通金钱债权执行之间竞合的方法，而且在破产程序中并没有别除权的地位，不具有作为独立实体法概念的基础，将之作为扣押的效力内容进行确认，目前较为合适。

（2）扣押质权的内容。申请执行人为获得这种优先受偿的地位，对于义务人的执行财产应向法院申请扣押裁定。此时的目标不是用它来实现债权，而是在该财产上获得担保性质的权益。当进入执行程序变价完成后，该债权人就可以对该变价款获得在先清偿的地位。另外，该裁定也可以变更或者撤销。

（3）扣押质权的产生。一是扣押质权的产生方式。对于扣押质权的产生方式，比较法上存在登记与扣押裁定两种。美国采用的是前一种方式，其需要债权人在判决作出后向法院申请并进行公示。扣押裁定属于英国的做法，要求债权人在获得确定的终局裁判后，向法院请求扣押义务人的财物，待法院作出裁定后，就在该特定财物上获得了优先受偿的法律地位。法律制度的移植一定要基于法律传统、历史文化和现实状况。笔者认为，我国应该采纳英国的思路，同时在破产程序中不再承认该效力。首先，该思路符合我国实践的逻辑。扣押质权的对象，也就是执行财产，债权人并没有像合意产生的担保物权那样提前对其进行详细考察，很多情况下是在执行程序中意外获得的，因此，裁判刚刚作出后无法确定执行标的，更谈不上进行登记。其次，该思路与我国的司法结构相符。我国对权力机构的职能划分是明确的，法院没有进行登记的职能。二是扣押质权的产生时间。对于扣押质权产生的时间，笔者认为，除诉讼中扣押的情况外，在判决作出之后，开始执行之前，就可以申请扣押。因从裁判作出之后，到启动执行程序之前，存在一段权利真空期。执行实践中，在此期间债务人很少会主动履行债务，也不会主动提供担保，而债权人也不能申请强制措施，这为债务人转移财产、逃避债务提供了机会。于是，为加强对债权人的保护，有必要把申请扣押的时间提前到裁判作出之后。一旦债权人提出了申请，法院给予了认可，那么申请人就获得了对保全财产的优先实现地位，之后采取保全措施的普通债权人不得不在先采取保全措施的人获得清偿之后，就剩余款项获得清偿。另外，实践中偶尔会出现不同债权人同一时间提出扣押申请的情况，此时应该赋予其同一顺位，按比例清偿。

（二）优先债权之间的位阶关系

关于债权上的优先权，笔者认为，劳动债权和人身损害赔偿之债，属于一般优先权，我国应该认可它们的优先地位。除特殊情况外，它们比特别优先权排位靠前。对于物权上的优先受偿权，主要是目前立法上的担保物权，与一般优先权较量时通常也只能靠后排位。因特别优先权本质上属于法定担保物权，故在与意定的担保物权进行较量时，通常情况下具有更优先的地位。[1] 需要特别强调的是，为平衡优先权和担保物权之间的权益冲突，应该尽量较少冲突的发生。为此，优先权人应当优先对担保对象之外的债务人的财产进行执行，倘若没有其他财产或者不能完全清偿债务，再对担保物申请执行。另外，需要限缩优先权的效力范围，即不是所有优先权项目都能获得百分之百的优先地位。对于它们之间具体的位阶关系，本书第三章已对比较法上的情况进行了详细论述，此处将探讨我国的具体情况。

1. 担保物权之间的位阶关系

对比优先权与担保物权的关系之前，需要首先理清担保物权之间的位阶关系。对于同一种担保物权之间的关系基本不存在争议，通常情况下按照成立的时间顺序进行排位。但当两个以上抵押权成立在同一个动产上且存在未登记的情况时，《民法典》第414条给出了解决方案，即登记的，按照登记的顺序；没有进行登记的，让位于进行登记的；都没有遵循规定进行登记的，只能依据担保额与所有担保总额的比例获得款项。对于不同担保物权的关系，更具有复杂性。《民法典》出台之前，对同一个动产上并存三种担保物权的处理方法进行了明确的规定，即成立在后的留置权具有早于先成立的抵押权或

---

[1] 参见王枫：《论特殊债权之优先清偿》，载《中国石油大学学报（社会科学版）》2013年第1期。

质权被实现的地位,但未规定需要交付的质权和不需要交付的抵押权的关系。此次,《民法典》第415条明确规定,两者应该按照登记交付的时间顺序确定先后关系。[1]具体来说,其一,如果两者都成立,那么按照公示的时间顺序进行确定。先设立者,先获得清偿;如果同一天成立的话,那么不分先后,按照比例清偿。其二,如果有一方未成功设立,那么成功的一方,优先于未成功的一方。另外,《民法典》还创设了一种新的担保物权类型,即为了促进债务人的融资,在已经存在担保物权的情况下,如果有人愿意提供资金并且进行登记,那么就可以在债务人的财物上成立一种优先于担保物权的优先债权。其原因在于,第三方的行为会增加债务人的价值和促进其恢复偿债能力,实现各方共赢,理应给予优先地位。关于该权利的性质,依据其在《民法典》中的位置,应该属于担保物权。根据立法者的意图,当留置权和其他类型的担保物权之间形成竞合状态时,因加工行为能增加抵押物的价值,对所有权利人都有益,故留置权具有最高顺位,紧接着是购买价金担保权,[2]之后才是其他的意定担保物权。[3]

2. 劳动债权与担保物权之间的位阶关系

(1) 赋予劳动债权优先地位的必要性。虽然现行法没有明确规定在执行程序中赋予劳动债权优先受偿的法律地位,但笔者认为,应该予以支持。具体理由分析如下:

第一,实践中被广泛采用。虽然反对的做法也存在,但根据笔者查到的案例可知,其中大部分采取支持的立场。实践中的这种情况不能说绝对正确,但至少表明这种做法获得了大多数法院和当事人的认可。不应该因缺乏明确的法律规范就怀疑行为的必要性和正当性,毕竟法律无法囊括所有的社会现象,更重要的是,实践能促进法律的产生,但不能用法律限制实践。

第二,正如上文所述,我国应该参照德国的模式,构建法定抵押与优先

---

[1]《民法典》第415条规定:同一财产既设立抵押权又设立质权的,拍卖、变卖该财产所得的价款按照登记、交付的时间先后确定清偿顺序。

[2] 参见王利明:《价金超级优先权探疑——以〈民法典〉第416条为中心》,载《环球法律评论》2021年第4期。

[3] 参见高圣平:《民法典动产担保权优先顺位规则的解释论》,载《清华法学》2020年第3期。

债权的模式。有观点认为德国的优先债权规定在破产法中，我国不应该在执行程序中构建。笔者不同意该观点。前文得出的结论是在程序法中，明定优先债权之间的关系。而程序法不仅包含破产程序，还包含执行程序，没有要求必须在破产程序中构建。纵观我国的现行法，直接规定"优先权"法律概念的是《民诉法解释》，这和德国情况存在较大差异。不严谨地说，理论研究工作只是在对该概念进行解释。把工资债权作为具有优先支付地位的债权，具有法律依据，不过此依据是经过解释得来的。

第三，在执行程序中，保障工资债权的优先地位，能够给劳动者以生存保障。[1]在现代社会，大工厂规模庞大，工人众多，即便是小公司，劳动者也不在少数，如果他们的生存权得不到保障，[2]那么很有可能引发社会危机，特别在当前网络时代，更会放大这种不稳定因素。需要说明的是，先予执行不能完全发挥相同的功能。其原因在于，先予执行适用范围有限，执行数额有限，不能完全保障劳动者的权益。

第四，我国破产法也把工资债权作为优先债权，既然破产法中有规定，为何要在执行程序中再规定？笔者认为，我国不是采用一般破产主义的国家，有一些主体不会进入破产程序，有的企业出于各种原因也无法进入破产程序，所以在执行程序中应该给予劳动债权一定优待。另外，我国破产程序中对工资债权的位序，与执行实践中存在区别，即在破产程序中担保物权具有更优先的地位。而在执行实践中，把劳动债权排在了担保物权的前面。对于此矛盾，笔者认为，执行程序与破产程序适用的前提不同，前者是债务人总财产没有破产原因的情况下，特定财产不能同时支付多个债权；后者的适用条件是总财产不抵总债务。劳动债权与担保物权的对象不同，前者是被执行人的总财产，后者为被执行人的特定的财产。也就是说，在执行程序中，因一般优先权的客体是债务人的全部财产，优先权人可以先对债务人的担保标的以外的财产进行执行，故与担保物权的关系影响不大。另外，破产法下的工资债

---

〔1〕参见王娣、王德新、周孟炎：《民事执行参与分配制度研究》，中国人民公安大学出版社、群众出版社2019年版，第225页；江必新主编：《强制执行法理论与实务》，中国法制出版社2014年版，第710页。

〔2〕参见辜江南：《顺序权与中国民法典》，载《河北法学》2021年第3期。

权保护模式效果有限，不能满足现实的需要。[1]

第五，法律的明确规定有利于明确其必要性与正当性，也能提高执行效率。我国的执行实践认可其地位，但因立法的缺失，每次都需专门论证，甚至专门说服当事人，耗时耗力，降低执行速度。再加上存在的执行异议程序和执行异议之诉程序，如果当事人不理解，还得被启动运行，更加剧了程序的复杂性。只有法律的明确规定，才能减少前述麻烦，提高执行效率。

（2）劳动债权优先受偿的范围。第一，关于我国执行程序中劳动债权的保护范围问题，立法没有明确规定。对此可以参照《企业破产法》的相关规定。查阅前述规定可知，我国把工资债权划分为两个层次。《企业破产法》第113条规定："……（一）破产人所欠职工的工资和医疗、伤残补助、抚恤费用，所欠的应当划入职工个人账户的基本养老保险、基本医疗保险费用，以及法律、行政法规规定应当支付给职工的补偿金……"[2]前述为第一层次。基本养老保险、基本医疗保险费用以外的社会保险费用为第二层次。基于此，我国《企业破产法》对劳动债权作出了全面详细的规定，对保护劳动者具有重要的意义，为执行程序提供了借鉴。我国目前处理多个金钱债权冲突的场合是参与分配程序，故可以在参与分配程序中引用该规定。需要说明的是，金钱债权分为具有优先地位的金钱债权和普通债权，正如上文所述，劳动债权作为一般优先权，属于具有优先地位的金钱债权，它与其他金钱债权的关系，不能按照普通金钱债权之间的关系处理。另外，因法律没有明确规定，所以，对于倒闭的企业是否应优先赔偿劳动者补偿金的问题仍存在不小争议。为此，一些地方法院作出了探索，并且采取了支持的立场。详言之，如果用人单位抛弃厂子而逃跑，或者因为各种原因停止生产使劳动者无法继续工作，且无法公示其破产，或者营业执照无法被取消，或者他们私自决定把公司提前解散等，此时仍然应该保障劳动者优先获得经济补偿金。[3]如此就能保障

---

[1] 参见魏丽：《工资优先权制度的合理性分析及其立法完善》，载《江西社会科学》2007年第6期；金殿军：《工资在执行程序中的优先受偿权》，载《人民法院报》2009年3月27日。

[2] 《企业破产法》第113条。

[3] 《广东省高级人民法院关于企业倒闭后劳动者经济补偿金是否优先清偿的答复》（粤高法[2012]143号）。

未进入破产程序的企业劳动者的劳动债权的优先地位。

第二，对于企业高管的工资是否应该优先受偿的问题，存在争议。笔者的看法是，不能够完全支持。其原因在于，其一，高管的工资与普通劳动者的工资差别明显。高管的工资虽然也能称为劳动所得，但与通常意义上的劳动报酬不同。传统的劳动与生产性或者基层性活动相关，高管的劳动体现为管理性，既包含劳力，又包含智力和经验，获得的数额比纯粹劳动所得高很多。虽然不能说管理不属于劳动，但其对应的收入构成却与前者差别明显，在本质上更类似经营性收入。高管的工资不是按月计算，一般是年薪制，高低和企业的年度成果密切相关，与按照时间计算的工人工资有区别。从《资本论》的角度看，高管的工资属于对剩余价值的分享，与雇主的获利方式同质。其二，高管不见得是劳动者。从比较法上看，有关国家将高管划入雇主的范畴，两者发生矛盾的时候，不属于劳动纠纷。我国法律对高管有不同的观点。狭义上的高管只包括经理人，广义上的高管还包括董监高。[1]处理纠纷的《中华人民共和国劳动合同法》对高管的范围也没有明确。从本质上来说，高管享有的权利义务与普通劳动者享有的权利义务具有明显差别，特别是职业经理人，无论从其与公司的关系上，还是工资的构成上，与普通劳动者很少具有相同点。其三，如果按照高管的工资标准设定优先权，那么将危害公平正义。企业成为被执行人时存在多个债权人，并且不能同时清偿多个债权人的债权，高管应该作为第一责任人，基于此，应该给予其一定的惩罚。如果不这样做，工作好工作坏待遇相同，还是按照高管的标准，设定优先受偿的数额，有违公平正义，对普通债权人也不利。其四，不可否认，高管也得生存，也有家人需要供养，也会得病。这些基本生存需要和普通劳动者相似，而正是基于普通劳动者这样的需要，法律才给予其劳动债权优先的法律地位。故在基本生存需要的范畴内，也应该给予高管一样的保护。

正如上文所述，高管的部分工资债权因牵涉生存利益也应该给予优先保护。这一观点，不仅具有理论上的正当性，也获得了立法者的承认。最高人民法院主持的执行法建议稿前三稿都明确规定了工资债权的优先顺位。后来

---

[1] 参见王学力：《我国上市公司高管人员薪酬差异情况分析》，载《中国劳动》2014年第5期。

的参与分配及执转破规定也明确，如果高管的工资过高，应该以员工的平均工资为标准。有些地方也作出了探索，它们把城镇职工平均工资的300%作为最高标准，不允许具有优先地位的高管的工资超过这个限度。[1]面对这些不同的做法，有必要厘清高管工资具有优先地位的范围。对此，笔者认为可以参照《企业破产法》的相关规定处理，即按照企业普通员工工资的平均水平计算。高管工资剩余的部分具有与普通债权相同的地位。只有这样，才能获得普通职工的支持。另外，在执行实践中需要注意虚构高管工资债权的情况。执行程序讲究审执分离，一般不实质审查执行名义所载实体法上的请求权的有无，这就为虚构债权创造了空间。高管的工资通常是一人一策，没有固定的标准，高管的考核办法并不是如普通员工那样监督打卡，高管在公司具有很大的权力，这些都为其签订虚假合同和制作虚假考核结果提供了便利。对虚假合同和虚假考核结果如果再通过调解或者仲裁获得虚假裁判，就可以凭借此虚假的执行名义而去申请强制执行。这种情况不是空想，现实中已有发生。[2]虽然上文已经论述了对高管工资的限制，但基于虚构产生的裁判会给其他债权人产生不公，并且作为普通债权的部分还会对其他普通债权人产生不利影响，因此，必须提高警惕。

第三，赋予劳动债权优先受偿的地位，不意味着赋予其全部优先地位。原因如下：其一，劳动债权本身属于债权，之所以赋予其优先受偿权的地位，是基于生存权益高于经济权益的考量和保障社会稳定的需要，是通过打破债权形式平等而实现实质公平的举措。[3]但是劳动债权的建立不需要进行公示，其他权利人无法知晓、无法预测，如果给予劳动债权优先的地位，那么会给其他债权人带来一个交易风险。为了维护各方的权益，实现公平正义，就需要找寻利益的平衡点。在不超越"生存权益"范畴的前提下，对劳动债权的时间和数额进行一定限制是符合法理的选择。简言之，劳动者在维持生存权益的限度内获得优先地位即可，如果超过这一限度，则会引发债权人之间权

---

[1]《上海市高级人民法院参与分配（司法解释建议稿）》第19条第1款第1项后半段。
[2] 参见深圳市中级人民法院［2008］深中法民六终字第5861号民事裁定书。
[3] 参见国家法官学院、最高人民法院司法案例研究院编：《中国法院2021年度案例·执行案例》，中国法制出版社2021年版，第156~159页。

益的失衡。其二，劳动者的工资是按月索取的，用人单位也应该按照月份给劳动者支付工资，不能拖欠。工资支付的时间规则决定了获得优先支付地位的工资也应该符合前述的支付规则，否则就是鼓励懒惰；劳动债权纠纷的解决，需要劳动者在适当的时间内提出。督促劳动者及时行使权利，以促进纠纷早日解决和法律关系早日修复。劳动者遇到此种纠纷时，也应该多寻求解决的路径，早日维护自己的权益。[1]基于此，劳动债权的获得也要符合时限性。其三，国外存在相似的做法。例如，日本在其民法中不仅给农民和工人的工资设定了优先权，而且前者优先债权的时限为公司停业或者破产前的最近一年，后者则为前述事件的最近三个月。法国在其民法中，分别为一般员工和学徒工设定了劳动债权，前者是当年的工资和前一年的工资，后者是最近六个月的工资。并且，还在劳动法中规定，工薪人员和学徒工最近六十天的工资，具有最高的优先地位。对于限额的标准，我国现行法没有规定。经常作为参照对象的《企业破产法》对此也没有作出规定。实践中，有些地方通过规定工资账簿保存时间的方式，间接限定了劳动债权的时间。[2]最高人民法院的执行法建议稿前三稿没有考虑这个问题，但参与分配及执转破规定提供了一些方案，即保全措施前的半年内。虽然我国的劳动债权没有诉讼时效的限制，但劳动者的家庭收入多以工资为主，而工资的发放具有时限性。再基于上述对比较法的考察，笔者认为，把这个时限限定在六个月以内比较适宜。除此之外的劳动债权并不会消灭，而是作为普通债权继续存在。

之所以在对劳动债权进行时限限制的同时还要再对数额进行限制，是因为不同人的工资是不同的，以不同的工资作为基数，乘以时限，会产生较大的差别，如果以此作为基础实施的话将造成不公平。通过数额限制的办法，可以兼顾劳动债权与其他债权人的平衡，特别是减少对其他优先受偿权的影

---

[1] 参见兰世民：《执行分配中优先权冲突下的工资债权保护》，载《人民法院报》2007年6月21日。

[2] 《广东省工资支付条例》第16条第1款规定："用人单位应当按照工资支付周期如实编制工资支付台账。工资支付台账应当至少保存二年。"用人单位仅需要保存工资支付台账不少于两年，两年之后的台账不予保存。在司法实践中，因用人单位无需对两年之后的工资台账承担举证责任，导致工人很难举证，从而事实上对劳动债权的追讨起到了限制作用。

响,进而维护民事法律秩序。对于除此之外的余额,可以通过普通债权的方式继续存在,获得赔偿。关于对数额进行限制的做法,也得到了比较法上的支持。新加坡的法律规定,每月工资中不到 750 美元的部分才有优先地位。[1]我国现行法没有关于数额限制的规定,只存在对高管的类似规定。正如上文所述,进行数额限制具有必要性,接下来需要解决具体构建的问题。我国国土面积广阔,不同地区差异明显,而且经济日新月异,设定具体数额不可行。因此,可以采用比例法。具体而言,应该以各个地区上年度职工平均工资的部分为标准。除此之外的工资,将按照普通债权的清偿方式处理。

(3)劳动债权和担保物权之间的位阶关系。对于两者的关系,现行法律没有直接规定,但存在一些相似的规定。典型的是海商法中的船舶优先权和合同法中的建设工程价款优先受偿权。前者首先把船上人员的工资、保险的费用和遣返的费用等规定为优先权的内容,然后规定船舶修理厂的修理费用排在前者后面清偿,而当初为购买和运行船舶向银行的抵押贷款只能排在修理费用的后面清偿。以此推论,船舶优先权中的工资等劳动债权,不仅比普通债权排位靠前,还比担保物权排位靠前。后者先规定了建设工人的工资属于建设工程价款优先受偿权的一部分,然后规定这个优先权比为建设工程向银行借款而对银行所欠的抵押权具有靠前的法律地位。据此可知,当银行的抵押权和建设工人的工资债权发生冲突的时候,后者具有优先支付的地位。虽然可以通过前述的推理得出劳动债权比担保物权排位靠前的结论,但这种情况的适用范围是特殊的,法律没有明确规定普遍意义上的劳动债权具有优先地位。

为了应对实践中更复杂的情况,有些地方进行了不错的尝试。因我国历来通过参与分配程序来处理多个金钱债权之间的效力问题。针对劳动债权与其他金钱债权的关系问题,也通过该程序解决。故地方的探索多是在这个框架下进行的。当雇用员工的企业参与这个程序时,就会出现职工的工资与企业的其他债权人的债权并存的情况,特别是与抵押权人的债权并存的情况。广东的做法是,把企业的相关财产变价后,优先支付工资,但没有给予社会保险

---

[1] 参见黄剑青:《劳动基准法详解》,三民书局 1993 年版,第 222 页。

费同样的优先地位。[1]北京的做法更间接一点，其在遇到这种情况时，会把工资债权同建设工程价款优先受偿权同等看待，而后者比担保物权排位靠前。深圳的做法很直接，就是规定应该给予工资债权优先的法律地位。综上，给予工资债权相较于担保物权更靠前的排位，并不会得到实务界太多反对的声音。[2]

之所以两者的关系没有获得立法的明确规定，实践中还存在反对的声音，主要在于理论探讨的不足。笔者认为，劳动债权具有早于担保物权的实现地位。具体原因如下：

第一，我国目前对这种特殊范围的支持方式，与劳动者的需要差距明显。虽然经过这些年国家的专项治理，拖欠劳动者工资的现象大为缓解，但这是在没有其他权利人的情况下的应然行为，或是迫于政治压力的无奈之举。很多并不是基于对两者关系的正确认识而作出的民事行为。并且在现实中，因融资难的问题，企业为了获得贷款都会大量地设立抵押，而工资债权通常不会也没办法进行登记，如此一来，两者冲突的情况肯定大量存在。如果不明确两者之间的关系，有的法院支持，有的不支持，有时支持，有时不支持，过多的不支持，不仅损害司法的权威，最终也会损害职工的权益，影响他们的生活，进而不利于社会的稳定。

第二，依据比较法上的经验可知，之所以赋予担保物权更高的地位，是为了维护交易安全，同时，更重要的是因为保障职工权益的辅助制度已经相当完备。[3]劳动者通过其他途径就能获得充足的保障，其基本生存权、人格尊严等权益都能获得及时的保障，不需要通过牺牲交易安全来实现。然而，目前我国不符合这样的要求。[4]这些国家的企业之所以具有很强的竞争力，

---

〔1〕《广东省高级人民法院关于执行程序中工人工资与"社保金"的清偿顺序是否优先于抵押权问题的批复》（[2001]粤高法执请字第16号）认为：工人工资是基于劳动合同关系产生的、维持劳动者生存权的特种债权，《中华人民共和国海商法》《中华人民共和国公司法》《中华人民共和国商业银行法》《中华人民共和国保险法》等法律都体现了对工人工资予以优先保护的精神。同意抵押物变现后将价款的一部分优先用于支付拖欠的工人工资、工人工资的清偿顺序优先于抵押权的意见。鉴于"社保金"与工人工资在性质上有区别，"社保金"暂不作优先于担保物权处理。

〔2〕参见云南省曲靖市中级人民法院［2018］云03执复14号复议裁定书。

〔3〕参见侯玲玲、王林清：《从民法到社会保障的工资债权保护——以德法两国工资保障为视角》，载《法学杂志》2013年第7期。

〔4〕参见张钦昱：《破产优先权之限制理论研究》，法律出版社2016年版，第194页。

不仅因为科技水平高,也因为劳动保障义务的国家化,国家负责后,企业的行为对劳动者基本权益的影响不大,企业也可以轻装上阵。当然这是建立在雄厚经济实力基础上的,我国还处于积累阶段,这个阶段企业还需要承担更多的义务,包括劳动者的权益。故不应该过度保护交易的安全。

第三,最根本还是因为两者所代表的权益不同。劳动债权是当事人生存的基础,也是人权的有力支撑。如果涉及众多劳动者,那么还有可能与社会秩序相关。而担保物权虽然能够促进经济的发展,但本质上只是经济利益,登记是对这种权益的确认和宣告,没有改变其本质,两者相较,劳动债权肯定具有优先保护的必要性。[1]需要注意的是,作为劳动债权的优先权具有弊端,为平衡各方利益,应该对其优先权的效力进行限缩。

3. 人身损害赔偿之债与担保物权之间的位阶关系

(1) 赋予人身损害赔偿之债优先地位的必要性。对于人身损害赔偿是否应该具有优先受偿的地位,笔者持肯定的观点。具体原因如下:

第一,被侵害的客体具有特殊性。此点有必要回溯到侵权的客体中去发掘。人身损害赔偿创伤的客体是人身权中的人格权,不同于侵害财产权益的对象。后者属于身外之物,通常情况下,就算被损害,也可以通过修补、更换或者赔偿相应的金额等方式实现弥补。就算是具有人格象征意义的物品,毁损会造成精神损害,但本质上也是财物损害导致的。这也从侧面证明,物损都能导致精神损害,更不用说身体、生命和健康受损的情况。当前述人格权遭受损害时,金钱的赔偿只能弥补有形的部分,经过修补后,有时候还不能恢复如初,更不用说对于内在的精神伤害、压力、病痛、思念等,可见物质的赔偿不能根本弥补。如果金钱赔偿再因排位靠后而无法实现,不仅不利于治病恢复,而且不排除导致死亡的可能,最终将造成更大的痛苦和悲剧。人身损害赔偿牵涉到生存利益、人格尊严、身体权益等,与财产侵权仅仅牵扯金钱权益相比,应该给予优先地位。[2]对于侵犯身份权益的损害,不应该

---

[1] 参见金殿军:《工资在执行程序中的优先受偿权》,载《人民法院报》2009年3月27日。

[2] 参见王娣、王德新、周孟炎:《民事执行参与分配制度研究》,中国人民公安大学出版社、群众出版社2019年版,第295页;卢春荣:《人身侵权之债债权人在破产清偿中的优先权分析》,载《行政与法》2012年第2期;韩长印主编:《破产法教程》,高等教育出版社2020年版,第102页。

给予优先照顾。精神型人格权侵权,虽然有时也会给当事人造成巨大伤害,但通常情况下可以通过金钱进行弥补,而且时间上也并不是很紧迫,可以通过普通债权的方式实现。

第二,人格权是自然人的基本权利,自出生时产生,伴随终生,属于民事主体的基础权利,如果失去人格权则其他的民事权益都将成为空中楼阁。因其重要性,无论是宪法,还是部门法,无论是外国,还是我国,都明确其权利类型并赋予完善的救济程序。[1]值得骄傲的是,我国《民法典》还开历史的先河,将人格权独立成编,足见对基本人权的尊重,也从侧面证明了对其优先保护的必要性和正当性。

第三,与劳动债权同质,理应得到同等对待。依据我国相关法律的规定可知,人身损害赔偿的项目包括当时用于治疗和后续用于康复的合理的费用,以及因被侵害而减少的应得的收入。如果严重而致残,还需要支付购买器具的费用与残疾赔偿金。如果更严重而死亡,还需要支付办理丧葬的费用与死亡赔偿金。通过与劳动债权内容的对比可知,两者在性质上几乎没有差别,并且都起到维护自然人基本人权的作用,不能人为区别对待。劳动债权应该拥有优先的清偿地位。如果不赋予人身损害赔偿相同的优先地位,将受到正当性的质问。例如,企业的职工对企业存在的劳动债权在法律上具有优先地位。如果因为企业法定代表人在履行职务的过程中,对第三人造成人身损害,而不给予法定代表人和第三人同样的优先地位,人身损害赔偿只能按照普通债权的方式进行清偿,那么将会陷入基于身份差别而导致的不公境地,损害该制度功能的发挥。综上所述,给予被侵权人优先地位具有充足的理由。

(2)具有优先受偿效力的人身损害赔偿之债的范围。与上文对劳动债权进行限缩一样,作为优先权的人身损害赔偿之债不经公示就能成立,对既有权利义务体系产生影响,破坏人们的预期,增加交易的风险。为此需要进行平衡,方式之一就是限缩效力范围。其中最主要的方面是项目的限缩。换言之,有的项目具有优先地位,有的项目则没有。法律在保护社会整体利益的时候,非常有可能以个体的利益为代价,而善法总是善于在手段与目标之间

---

[1] 参见王利明:《人格权的积极确权模式探讨——兼论人格权法与侵权法之关系》,载《法学家》2016年第2期。

实现很好的平衡,实现对个体牺牲的消灭或者降到最低,而项目的选择就是成为良法的途径。依据相关法律的规定可知,赔偿项目包含三种:第一种能够起到弥补身体和健康等损害的功能;第二种能够起到弥补收入等损失的功能;第三种能够起到抚慰受伤心灵等功能。实现每一种功能的项目还可以再细分。[1]接下来就是优先项目的确定,有必要先掌握价值方向。对该债权赋予优先地位,主要在于其涉及人权。故应该把项目的选择限定在服务于前述目的的合理限度内,并且还要考虑实施的可能性。需要特别说明的是,担保物权属于一种降低交易风险的方式,正是由于其存在,促进了交易行为的繁荣。而处于优先地位的债权,甚至能够优先于它,那么就会损害其担保功能,增加交易的风险,限制交易行为,因此需要明智处理两者之间的关系。换言之,因越多的项目对担保物权的功能破坏越大,故选择项目时应该减少对担保物权的影响。

基于对上述方向的把握,笔者认为,人身损害赔偿中具有优先地位的项目包括以下几种。其一,上文第一种项目中的全部。这些项目是因为民事主体的人身、生命和健康等被损害后,用于治疗和康复的费用,背后与生命利益、身体利益等直接相关,必须尽快支付,否则将带来严重后果。故应该赋予其优先的法律地位。其二,上文第二种项目中的部分。该项目是因为物质性人格权受损导致的应该获得收入的损失。在商品经济中,生存、生活、生产都需要参与分配与交换,而其中的媒介就是金钱。金钱通常来源于工作,工作是生存的基础。如果因为被侵权导致暂时不能工作,或者丧失了工作能力,甚至死亡,那么收入就会减少,不仅影响自己的生存,还影响依赖于被侵权人生存的人。故第二种项目也应该获得优先的地位。具体来说包括,无法工作导致的工资的损失,残疾情况下后半生生活所必需的花费(残疾器具的费用除外),残疾赔偿金中含有被扶养人生活的必需费用,但不包括死亡赔偿金(被扶养人生活费除外)。

对于上文中的第三种项目和除去被扶养人生活费的死亡时的赔偿款,实

---

[1] 参见王利明主编:《人身损害赔偿疑难问题[最高法院人身损害赔偿司法解释之评论与展望]》,中国社会科学出版社2004年版,第543页。

践中存在支持它们也具有优先地位的案例。[1]然而，笔者对前述做法持否定观点。精神损失费的支付对象包括两种，要么是被侵权人自己，要么是其亲属。无论是前者，还是后者，都不是生存所需的，也不紧迫，不需要赋予其优先地位，但普通债权的地位还是要保留的。死亡赔偿金包括被扶养人的生活所必需的费用和对家属的赔偿。前者对扶养人来说，牵涉生存的利益，具有紧迫性，而后者并非如此，况且其家属还可以自己谋生，因此不能全部赋予优先地位。综上所述，两者与生存利益牵涉不大，也不紧迫，不应该使之优先受偿，以缓和与担保物权等债权的关系，但不能否认其普通债权的地位。

（3）人身损害赔偿之债与担保物权之间的位阶关系。对于两者之间的位阶关系，学界具有不同的声音。[2]其一，前者优先。人身损害赔偿维护的是人格权，具有更值得保护的基础。[3]其二，后者优先。担保物权属于物权，前者属于债权，依据民法原理，后者优于前者。并且后者基于当事人之间的合意而生，进行了登记，若任意被超越会损害公示效力，还损害交易安全，不利于企业进行融资。其三，比例原则。坚持人身损害赔偿之债优先于担保物权的原则，基于平衡利益的考量，对数额进行限制，剩余的人身损害赔偿之债劣后于担保物权。实践中也具有不同的做法。[4]对于两者之间的关系，笔者赞成采用比例原则。具体原因分析如下：

第一，两者的关系，类似于劳动债权与担保物权的关系。人身损害赔偿是源于生命权、健康权和身体权等物质性人格权被创伤后，被受害人享有的以治病、救命、康复、补偿等为基础的金钱回报。劳动债权的内容包括维持生存和治病的工资、医疗保险、养老保险等。背后反映的同样是对生存、健康、人权等的维护。两者在内容方面相似，在功能方面也相似。担保物权背后代表的权益，多是经济利益，就算是交易安全和公示所代表的秩序利益，

---

[1] 参见广东省东莞市中级人民法院［2016］粤19民终8604号民事判决书。

[2] 参见韩长印、韩永强：《债权受偿顺位省思——基于破产法的考量》，载《中国社会科学》2010年第4期。

[3] 参见广东省东莞市中级人民法院［2016］粤19民终1878号民事判决书，转引自国家法官学院案例开发研究中心编：《中国法院2019年度案例·执行案例》，中国法制出版社2019年版，第206~209页。

[4] 参见浙江省宁波市江北区人民法院［2019］浙0205民初1663号民事判决书。

也仅仅是特殊对象之间的，没有前者维护的价值重要，排位靠后才是理所应当。它与劳动债权之间没有优先地位，在与人身损害赔偿之债的关系中，也不应该靠前。

第二，从本质上来说，因人身损害赔偿之债保护的是自然人的生命、生存、健康等权益，故其是一项生存性权益。如果人的生命被剥夺，健康被破坏，身体被损伤，那么自然人就无法生存或者健康快乐地生存，将侵害到其最基本权益。这些权益被侵害后，自然人也将不能生产和生活，无法创造人生价值和社会价值，人类的繁衍和进步都将受到影响。[1]这些权利具有普遍意义，世界上任何国家任何种族都需要。因此，世界上的国家都在自己的法律中对这些权利进行了确认和保护。例如，法国的民法规定了丧失劳动的补偿和医疗费具有优先权；[2]美国将该债权作为执行豁免的财产，不列入债务人的财产与其他债权人分享。[3]可见，将该权利优先对待是理所应当和大势所趋的。

第三，没有完全相同的权利人，也没有完全相同的权利和完全相同的情况，真正的公平不是形式上的公平，而是实质上的公平，即不同情况不同对待。人身损害赔偿之债具有很多特殊性，通常情况下，不能与普通债权混为一谈，依据它们的不同类型进行不同的清偿排序，符合实质正义的需要。

第四，与实践中的做法一致。通过对实务的考察可知，执行实践中存在众多提前清偿人身损害赔偿的案例。[4]由此可知，笔者的看法具有充足的实务支撑，进一步彰显出其正当性。

第五，担保物权让位于人身损害赔偿之债，也与对担保物权进行限制存在关联。[5]在发生多数人被侵权的案件中，在清偿顺序方面与受害人竞争激烈的是担保物权人。在我国的司法实务中，除了对大家都有好处的费用和程序费用之外，担保物权实质上具有最靠前的顺位。此时，担保物权人不会主

---

[1] 参见董彪、刘卫国：《民事强制执行中生存权与债权的冲突与平衡》，载《法学论坛》2007年第4期。

[2] 罗结珍译：《法国民法典》（下册），法律出版社2005年版，第1519页。

[3] 参见黄金龙：《美国民事执行制度介绍》，载中华人民共和国最高人民法院执行工作办公室编：《强制执行指导与参考③》（总第7集），法律出版社2003年版，第380页。

[4] 参见广东省深圳市福田区人民法院［2016］粤0304执异283号执行裁定书。

[5] 参见许德风：《论担保物权的经济意义及我国破产法的缺失》，载《清华法学》2007年第3期。

动去申请执行,而如果普通债权人去申请执行的话,变价款还要优先支付给这些担保物权人,这导致普通债权人并不积极去申请执行。人身损害赔偿之债本质上属于侵权之债,该债权人在债权发生前,对债权产生的时间、造成的影响、应对的办法、请求的数额、纠纷的处理防范等都没有提前的预期,这就导致其在维权时处于不利的境地。如果将之与意定而生的债权放在一起不加区别地对待,就会造成实质不公。不可否认的现实是市场主体非常信任和频繁采用意定而生的担保债权。虽然如此操作将一定程度上扩大交易的成本,但担保物权所具有的超前地位及其产生的防范风险的效果,还是激发他们弃用约束性协议,而坚定设定担保物权。既然有最优的清偿地位,他们就会放松警惕,对债务人的经营行为和借贷资金的使用不会认真地监督。债务人在市场利益的驱使下,很有可能会从事高风险的活动,而不是稳扎稳打,从事提高科学水平、提高生产质量、提升品牌形象等正常经营活动,当经营再次出现问题导致陷入资金困境的时候,担保物权人具有救济的可能,而普通债权人则会进一步丧失获得赔偿的机会。所以,从某种程度上来说,正是由于对担保物权人的过度保护,导致风险转移到第三人,使得普通债权人承受了更大的市场风险。因担保物权的这种消极影响,为了平衡各方的权益应该对其效力进行适当限制。对其进行限制,并不是取消,而仅仅是削弱,毕竟还需要担保物权保障交易的安全。如此一来,担保物权人以后会更加理性地选择放贷对象和金额,并且严格审查资金流向,债务人也会以更加负责任的态度和行为去应对担保物权人,普通债权人也不会再无故背锅。因此,适当限制担保物权的效力,会带来良性的局面,实现各方利益的衡平。

(三) 首先查封人的普通债权与优先债权之间的位阶关系

从实体法上来说,首先查封人的普通债权与优先债权相较时,没有优先支持普通债权的依据。但考虑到首先保全人对启动执行程序和发现执行财产的付出以及对执行程序运行的作用,在变价款不可同时实现优先债权与首先查封普通债权时,应该平衡作为普通债权人的首先查封人和优先债权人的利益,给予其债权一定范围内的优先地位,[1]使其能够获得部分变价款,以保

---

[1] 参见李舒、唐青林、吴志强编著:《保全与执行裁判规则解读》,中国法制出版社2018年版,第443页。

障积极申请执行的普通债权人的权益,激发他们的执行热情,[1]并减少首先查封人消极执行与变相胁迫优先债权人的弊端。为此,需要进行正当性的论证。

优先债权多是基于物权或者优先效力的债权,先申请执行债权的基础权利为普通金钱债权,两者在实体法中并不属于同一个层次,应该靠前实现优先债权。认可优先债权的效力强于普通债权,不表明要完全忽略首先申请执行的债权人的权益,相反应该提供与其付出相应的回报。其原因在于,他们确实为执行财产的发现和推动执行程序的运行作出了贡献。[2]具体而言,我国的首先采取保全措施的债权人有两种类型,即最先采取保全措施的债权人和发现法院没有查找到的财产而申请保全的债权人两种情况。对于前者,依据我国的相关法律可知,想要启动执行程序,不仅需要执行依据,还需要提供财产线索及其证据。在现代社会,财产类型多样,查找不同的财产需要不同的知识,需要花费时间、精力和金钱。特别是在当下逃避债务盛行的社会风气下查找财产更加不易。为之投入的付出,不可能少。首先采取保全措施的债权人,为了自身的权益,积极主动地去查找财产,还要承受保全错误带来的风险,相比那些搭顺风车的人而言很有必要给予一定的照顾,因为他们的努力而受益的优先债权人也应该给予一定回报。这不是对上述实体权益与程序规则关系的否定,而仅仅是基于朴素的公平正义理念推论的结果。对于后者而言,为了提高执行率,解决执行难问题,最高人民法院与相关机构在逐渐构建完善的财产查控体系,体系之外的财产很少存在,但也不能完全否认这些财产的存在,例如对比特币的查找与执行。所有财产类型的完全信息化和信息的完全畅通,还需要一定时间,并且处于形成中的财产或者没有合法资格的财产,还游离在登记之外。当债权人为发现这些财产作出努力后,应当与上述类型的处理方式一样,给予相应的回报。况且,比较法上也存在支持这一观点的论据。例如在加拿大某省的执行法中,专门给首先采取执行措

---

[1] 参见陈建华:《首封债权人在执行参与分配中可以适当多分》,载《人民司法》2021年第20期。

[2] 参见江必新主编:《强制执行法理论与实务》,中国法制出版社2014年版,第713页。

施的人设置了优先清偿资格。[1]虽然只是限额范围内的优先受偿,但最起码获得了法律认可的地位。这有利于减少司法实践中的无谓争吵和论证,提高执行的效率。

这种平衡的思路也不缺乏实践的支撑。我国的司法实践中,也存在给予首先查封人一定保障的做法,这为上述理论观点提供了实践依据,从侧面印证了该思路的合理性。福建范围内,当首先申请保全措施的债权人的债权额比保全财产的价额高时,那么其可以优先获得变价款的20%;当保全财产的价额更高时,其能够优先获得债权额的20%。[2]《重庆市高级人民法院关于执行工作适用法律若干问题的解答(一)》指出,在保证参与分配债权都有受偿的前提下,可适当予以多分,多分部分的金额不得超过待分配财产的20%且不高于该债权总额。[3]上海在针对参与分配适用的立法中规定,当财产价值偿还完优先债权存在剩余的情况时,如果首先采取保全措施的人的债权额比余额高,那么在其债权数额的范围内,可以优先获得余款的20%;如果剩余的款项更高,那么在余额的范围内,其也可以优先获得债权数额的20%。[4]2013年北京市高级、中级人民法院执行局长座谈会上明确,对于首先采取保全措施的债权人,在清偿完优先债权后应该对其启动执行程序、查找财产和申请扣押等行为的花费,给予其不超过其没有实现债权的20%的补偿,剩下没有实现的债权以普通债权身份分配。[5]以上司法实践虽然存在差别,但都给予首先执行的普通债权人一定优待。

既然该权利具有必要性和正当性,那么就需要为其找寻法律依据,否则作出支持首先查封人裁判的法官将面临法外裁判的风险。通常的做法是,在判断性质的基础上,决定是通过解释论纳入现行法,还是另立新法去进行确立。因其是基于对程序的贡献而获得优先地位,称其为程序法上的优先受偿

---

[1] 参见黄金龙:《加拿大强制执行程序中的参与分配制度及其启示》,载中华人民共和国最高人民法院执行工作办公室编:《强制执行指导与参考》(总第14集),法律出版社2006年版,第243~244页。

[2] 《福州市中级人民法院关于参与分配具体适用的指导意见(试行)》(福州市中级人民法院审判委员会[2017]第29次会议通过)。

[3] 《重庆市高级人民法院关于执行工作适用法律若干问题的解答(一)》(渝高法[2016]63号)。

[4] 《上海市高级人民法院关于在先查封法院与优先受偿债权执行法院处分查封财产有关问题的解答》(2014年8月29日)。

[5] 参见陈建华:《首封债权人在执行参与分配中可以适当多分》,载《人民司法》2021年第20期。

权。其立论根据与普通金钱债权优先清偿原则的正当性基础，具有一致性。优先清偿原则中普通债权人也是因为积极启动执行程序和为发现财产作出贡献而获得优先地位。这也是基于执行程序对执行效率的追求而作的安排，只是适用的范围存在区别。后者处理的是普通债权人之间的关系，而前者处理的是作为首先查封人的普通债权人与优先债权人之间的关系。现行法没有肯定的规定，但也不存在否定的规定。与此相关的法律条文是《民诉法解释》第508条。前者无法提供直接的依据，但可以通过解释的方法把这种做法囊括其中。详言之，其规范的表述是"原则上"，那么上述这种情况，明显可以作为例外的情况进行适用。与此相比，后者的观点更为明确，尽管没有明确补偿的比例，但是最起码明确给予上述两种最先采取保全措施的申请执行人以优先的排序。

上文已经从实体上理清了两者的关系，为彻底解决问题奠定了坚实的地基，但这并不是解决措施的全部内容，我们还需要采取以下辅助的内容。第一，由于拍卖无实益后的程序进行权属于申请执行人——也就是最先采取保全执行的人，如果补偿款的数额并没有使其满意，那么他们很有可能继续选择中止程序，此时仍会回到最初的窘境。所以，需要立法明确补偿的比例，提前获得大家的认可，并且规定，如果他们仍然拒绝推动程序的运行，那么法院可以依职权启动。第二，首先采取保全措施的法院，最早参与到对执行财产的调查与扣押的程序中，对执行财产的情况非常熟悉，并且多半位于执行财产的所在地，由其负责财产的处置具有便利性。如果基于其他的原因，不适宜由其继续负责执行程序的话，在对其他执行法院的选择上应该坚持方便执行的原则，只有如此才可以节省各方的司法投入。[1]

二、金钱债权与非金钱债权竞合的执行顺序规则

相较于给相同的执行内容确定执行顺序，给两种具有不同执行内容的债权确定执行顺序更加不易。笔者在本书第三章从宏观层面和比较法视角进行总结，并认可比较法上的第三种思路，即原则上按照申请执行的先后确定两

---

[1] 参见包冰锋、田文、熊璨：《首封权与优先债权执行的冲突与调和》，载《人民司法》2019年第13期。

者竞合时的执行顺序,除非后申请执行债权的基础权利是物权。[1]正如上文所示,笔者认为,比较法上给出的解决思路存在不足之处。虽然我国《执行规定》给出了部分确定执行顺序的规则,但不仅不够清晰,还不够完善。为了厘清和完善法律规则,需要依据执行债权的内容、基础权利的性质及其包含的权益或者价值,对相关竞合类型进行全面系统的具体分析。

笔者认为执行顺序的特殊考量因素是优先受偿权,即后申请执行债权具有更值得保护的权益。对于是否具有优先受偿权的判断,不仅需要对执行债权的内容进行较量,还需要对执行债权的基础权利进行分析,挖掘背后的权益和价值。依据上文的论述可知,金钱债权的基础权利包含优先权、担保物权、普通债权与惩罚性债权。非金钱债权的基础权利包括所有权、用益物权、债权、人身权和综合性权利。接下来需要通过对基础权利所代表的权益或者价值进行比较,来判定后者是否更值得保护。需要说明的是,存在因间接强制和替代履行转化而来的金钱给付义务,也就是前文所说的代偿执行。这些特殊情况的处理思路与非代偿情形下的以支付金钱为内容的执行和以支付金钱以外行为为内容的执行之间竞合的解决思路一样。

执行竞合的构成要件之一是两个或者两个之上的执行依据的并存。因以保全裁定为依据的执行与以终局裁判等为依据的执行之间竞合的处理思路,最终要向以终局裁判等为依据的执行之间竞合的处理思路靠拢;并且保全执行之间的竞合具有自己的处理思路,因此此处的执行依据仅指以终局裁判等为依据的执行。既然执行债权人都获得了执行依据,那么就变相承认了执行并存的可能性。由此,笔者将不再专门考虑作为竞合前提的并存问题。判定后申请执行的终局执行债权人是否具有更值得保护的权益,除了权益或者价值方面的衡量,还需要考虑时间方面的条件。即后申请执行债权的基础权利的成立时间与先申请执行人确定执行对象时间的先后关系或者与先申请执行债权的基础权利产生时间的先后关系。这样做的原因在于防止债务人与当事人勾结而虚构债权以致损害其他债权人权益,也在于保持与实体规则的一致性。

---

[1] 参见谭秋桂:《民事执行法学》(第3版),北京大学出版社2015年版,第276页。

如果不把后申请执行债权的基础权利的产生时间限定在先申请执行人确定执行对象的时间——扣押之时或者担保物权成立之时——之前，[1]允许在确定执行对象之后成立的优先受偿权仍然可以获得优先的受偿地位，那么被执行人为了规避执行很有可能勾结第三人伪造债权，并通过调解或者自认等方式获得执行名义。此时，不仅符合执行竞合的构成要件，而且获得了更值得保护的权益。因此，为了防止这种情况的出现，需要对后申请执行债权的基础权利的产生时间进行限制。

正如前文所述，在执行救济程序中，特别是执行争讼程序中，涉及平等的民事主体之间的法律关系时，一般情况下仍然要遵循民事实体法的规定，同时兼顾执行程序的特点与需要。为保持与实体法规范的一致性，需要确保后申请执行债权的基础权利产生的时间，早于先申请执行债权的基础权利产生的时间。在实体法中，当两个权益发生冲突时，存在通过公示时间先后确定优先次序并进行利益平衡的规定。此时，执行程序要与实体法保持一致。通常情况下，无论债权成立的先后，物权均具有强于债权的效力，但出于特殊的原因法律设置了例外的情形。例如，抵押权与利用权的顺位先后依据登记与占有的先后确定，抵押权成立于承租人占有抵押物之前的，租赁权不能与之对抗。[2]具言之，租赁关系存续期间，租赁物所有权的变化不动摇租赁合同的效力。为避免租赁物被强制执行，债务人利用买卖不破租赁的规制逃避执行，于是，要求抵押成立前，抵押物已经出租，并且转移占有。作为后申请执行人的租赁权人提出优先执行的请求时，为与实体法保持一致，不仅需要证明租赁权成立于先申请执行人进行扣押之前，还需要证明租赁权成立于担保物权确立之前。

通过前文分析可知，通常情况下，为防止债务人虚构债权以致侵害债权人的权益，应该使后申请执行债权的基础权利产生于扣押之前。特殊情况下，如果金钱债权的基础权利是担保物权，那么该执行程序的执行对象的确定时间是担保成立之时。此时，为防止虚构债权的情况发生，后申请执行债权的

---

[1]《最高人民法院关于人民法院办理执行异议和复议案件若干问题的规定》（法释［2020］21号）第28条、第29条、第31条都对案外人行使权利设置了时间要件。

[2] 参见王利明主编：《民法》（第8版·上册），中国人民大学出版社2020年版，第547页。

基础权利的产生时间应该早于担保物权的产生时间。此外，还有基于公示的自甘风险的原因。即以高价值的对象作为担保物的担保物权的成立大多需要进行公示，一方面宣告成立，另一方面为后来者预告风险。如果在公示后仍然与被执行人成立债权关系，那么视为认可和接受这个风险。正如前文所述，特殊情况下，为与实体规则保持一致，又需要后申请执行债权的基础权利的产生时间早于先申请执行债权的基础权利产生之时。综上，特殊情况下，先申请执行中扣押之时与基础权利成立之时，在确定执行对象方面的效果是相同的。早于前者基础权利产生之时，也符合早于前者执行对象确定之时（扣押时），与通常情况下的规则本质相同，其正当性不应被质疑。

相反来说，当先申请执行的债权是非金钱债权时，那么其获得物权、债权、人身权、股权、知识产权等权利成立的时候，就是执行对象确定之时。基于防止虚构债权的考量，通常情况下，后申请执行的金钱债权要想成为更值得保护的权益，需要确定执行对象的时间，成立于先申请执行债权的基础权利成立之前，除非存在实体法的特殊规定。确定更值得保护权益的时间条件之后，接下来就需要依据权益位阶或者价值位阶来具体分析优先受偿权的类型。

（一）作为基础权利的物权与金钱债权执行之间的竞合

1. 作为基础权利的所有权与金钱债权执行之间的竞合

在先执行非金钱债权的基础权利是所有权时，其背后代表了一种财产权益。纵览在后申请的金钱债权可知，只有包含人身权益的一般优先权和在先成立的作为物权的担保物权，具有更值得保护的权益。前者的原因是人身权益高于财产权益；后者的依据是物权之间的次序规则。[1]然而，并不是所有的一般优先权和担保物权都可以成为更值得保护的权益。正如上文所述，只有非持续性金钱债权确定执行对象的时间早于所有权成立之时，或者持续性金钱债权开始的时间早于所有权成立之时，后申请执行的权益才能获得优先清偿的地位；在先执行金钱债权时，其背后代表了人身权益、纯粹的金钱权益、惩罚性的金钱权益。所有权所代表的财产的秩序利益，应该高于金钱权

---

[1] 参见王利明等：《民法学》（第6版），法律出版社2020年版，第328~329页。

益。但所有权成立的时间应该早于担保物权成立之时，或者应该早于基于普通债权和惩罚性债权的金钱债权执行对象确定之时。添附和善意取得作为所有权的特殊取得形式，也适用前述规则。

（1）征收。征收属于所有权变动的特殊形式，其背后代表了国家利益和公共利益，高于任何个人的权益。无论金钱债权执行发生的时间，只要存在征收的决定，就将引发所有权的变动。[1]在此，需要说明两点：其一，这个征收决定的作出一定要具有合法性和合理性，并且符合比例原则。其二，征收需要给予补偿，那些因此受损的主体可以获得金钱等补偿。[2]

（2）共有。共有作为一种特殊的所有权存在形态，也会引发金钱执行与非金钱执行的冲突问题。例如，某个共有人的金钱债权人申请对共有物进行控制与变价，其他的共有人获得对共有物份额的确认后，也申请执行共有物的相应份额。如果共有物容易分割，那么不会出现冲突问题；如果不容易分割，那么就会形成两个执行的对象集于同一标的物的情形。按照申请执行的先后，应该优先执行金钱债权。但共有特别是共同共有，是基于共有人的特殊关系而产生的，按照金钱债权人的目的，变价共有物的相应份额恐怕会影响到共有关系的稳定性。因此，在进行强制执行时还需要考虑与共有关系的协调。[3]变价时，需要满足共有份额的变动规则。对于执行顺序的确定，基于按份共有和共同共有的不同而有所区别。

按份共有下，共有关系并没有那么紧密。相较于按份共有人的共有利益，申请执行人的金钱利益更值得保护。如果金钱债权对应的份额超过2/3，则可直接进行变价；如果没有超过的话，则需告知其他的共有人，给他们提供最先购买的机会。如果其他共有人不愿意出资购买金钱债权对应的份额，那么将导致金钱债权人无法获得清偿，共有就成了逃避债务的避风港，损害司法

---

[1]《北京市高级人民法院关于执行查控时财产权属判断规则及案外人异议审查中权利（利益）冲突规则若干问题的意见》第26条规定：金钱债权执行中，人民法院查封登记在被执行人名下的不动产后，不影响相关部门依法征收、拆迁该不动产，但查封的效力及于因征收、拆迁而获得的补偿款（物）。

[2]参见王利明等：《民法学》（第6版），法律出版社2020年版，第367页。

[3]参见邵长茂、谷佳杰：《民事强制执行立法的重点难点问题——民事强制执行立法专家论证会会议综述》，载最高人民法院执行局编：《执行工作指导》（总第71辑），人民法院出版社2020年版，第33~46页。

公信力，故应该继续变价，最后支付给其他共有人相应的变价款即可。这种情况下，笔者没有发现后申请执行中存在更值得保护的法益。

共同共有下，因金钱债权先申请执行，故一般情况下应该获得优先支持的地位。为与共有的规则相协调，变价之时需要首先征询其他共有人的意见，如果没有全部同意，那么就应给予其他共有人最先购买的机会，如果不购买，那么就强制变价。共同共有毕竟代表一种更紧密的共有关系，需要更照顾共有关系。[1]因此，笔者建议，应该在尽量维持共有关系的前提下，保护金钱债权人的权益。具体的举措是应首先使用被执行人的其他财产进行偿还，如若不行，再对被执行人的共同共有财产进行变价，以此兼顾申请执行人与共同共有人的权益。为了保护金钱债权人的权益，不应确定更值得保护的权益类型。关于共有关系人对共有物丧失消极影响的抱怨，要么可以通过不欠债的方式预防金钱债务，要么可以通过其他的还债方式避免共有物的丧失，不一定会产生他们所说的消极影响。[2]

当其他共有人先申请非金钱债权强制执行，而金钱债权人后申请时，依据执行顺序的一般原则，应该优先支持非金钱债权的执行。先申请执行的债权背后代表的是几个共有人之间的共有权益，后申请执行的债权背后代表的是财产权益。如果不支持后者，那么共有关系就成为逃避执行的避风港，因此，无论属于按份共有关系，还是共同共有关系，都应该认为后申请执行的金钱债权中包含更值得保护的权益。为了与共有的规则保持协调，依然需要询问其他共有人的意见，若其他共有人不同意，则应保障其优先购买的权利，并归还他们所有的份额对应的变价款。对此，需要回应的质疑是，同样是所有权，此处的处理规则为什么与所有权的通常情况不同。笔者认为，通常情况下，金钱债权的执行对象属于案外人所有，继续执行的话，将剥夺别人的所有权，违背基本常理，除非所有权成立于其他执行债权的执行对象确定之后，彼时，属于自甘风险的行为。此处，虽然也是两者的竞合，但继续执行

---

[1] 参见任重：《民事诉讼法教义学视角下的"执行难"：成因与出路——以夫妻共同财产的执行为中心》，载《当代法学》2019年第3期。

[2] 参见崔吉子、魏哲：《不同形态共有物分割请求权的代位行使——兼评〈民事强制执行法（草案）〉相关条款》，载《东岳论丛》2023年第10期。

的话破坏的是共有状态，损失的是共有利益，不会改变其所有权的归属，最不利的境地下也不会丧失所有权对应的份额，因此，不能依据共有阻碍执行，变相帮助债务人逃避执行。

（3）有限责任公司的股权。虽然股权的内容兼具人身性和财产性，[1]但其仍然属于所有权的对象。民事主体可以基于对股权的所有权提起诉讼，获得确认权属和要求对方转让的判决或者执行依据，本质上类似于物权请求权。债务人的金钱债权人也可以提出控制与变价的执行请求。两者竞合时的处理规则原则上等同于所有权与金钱债权执行之间竞合的处理规则。但在针对有限责任公司股权的代持关系中，存在特殊性。第一，依据金钱债权人的请求而对股权进行变价时，需要顾虑到有限责任公司人合性的属性，并且保障其他股东的优先购买权。变价前需要征询其他股东的意愿，看他们是否同意对外转让。如果不同意，就需要让他们购买这部分股权；如果还不愿意购买，那么就继续进行变价。[2]第二，代持状态下，隐名股东不属于公司的实际股东，属于公司以外的主体。隐名股东获得法院对其股权的确认，而请求显名其股东身份的执行，形式上相当于有限公司向外转让股权的行为，故需要履行特殊的程序。[3]依据有限公司的相关规定可知，为了维护公司的和谐性，若要将公司股权变卖给公司以外的人，有必要获得超过其他股东一半的股东的同意，如果不同意，就出资购买，如果与隐名股东的出价一样，可以凭借优先购买权获得股权，如果还不购买，就视为同意转让，股权才可以向外转让。由此可见，隐名股东能否顺利转正，关键还是在于其他股东的行为。为了防止出现因其他股东的反对而阻碍显名化，且与法院的效力出现冲突的情况，询问其他股东的程序应该放在隐名股东诉请确认股权的诉讼程序中进行。具体操作还会因为隐名股东的类型不同而有所区别。

依据代持行为是否被公司其他股东完全了解为标准，可将其分为完全隐名的股权的代持和不完全隐名的股权的代持。前者情况下，源于公司其他股

---

[1] 参见赵旭东主编：《商法学》（第4版），高等教育出版社2019年版，第190页。

[2] 参见赵旭东主编：《商法学》（第4版），高等教育出版社2019年版，第195页。

[3] 参见张亮、孙恬静：《案外人执行异议之诉中债权人与隐名股东保护的价值衡量——兼论商事外观主义在强制执行程序中的运用边界》，载《法律适用》2021年第8期。

东对双方的代持行为完全不了解，隐名股东如果要成为真正的股东具有更高的难度，其中的典型障碍就是其他股东的优先购买权。如果他们行使了这个权利，那么隐名股东大概率不能显名化。代持协议属于双方的内部约定，从另一个角度来说，公司其他股东属于代持双方内部约定的第三人。完全隐名下，其他股东一开始并不了解这个内部约定，其他股东与名义股东的行为效果间接归属隐名股东。之后，因隐名股东想要显名化，其他股东才了解这个内部约定，此时，其他股东可以通过表决和行使优先购买权的方式，来选择是否承认隐名股东的真正股东的地位，并以行为后果直接约束他。如果其他股东同意，那么隐名股东成为合同相对方，并且成为真正的股东。此时，法院就可以作出认可股权并支持显名的判决。之后，隐名股东就可以申请强制执行。如果其他股东没有同意，那么法律效果还是约束名义股东，后者是真正股东。其原因在于，完全隐名情况下，第三人的信赖利益更值得保护。虽然名义股东并非有意成为真正股东，但其需要为自己的代持行为给别人造成的风险承担责任。隐名股东只能通过内部约定寻求救济，此时法院不能支持隐名股东的权属，也就不涉及后来的强制执行股权的情形。

不完全隐名中，公司其他股东了解双方的代持行为，虽然此时隐名股东显名化仍然要经过公司法的程序，但通过其他股东知晓后没有反对的表现，可以得知显名化的过程不会那么困难。虽然名义股东形式上履行了股东义务，行使着股东权利，但其都是在隐名股东的支配下进行的。真正进行出资、参与管理、取得分红、承担风险等的主体仍然是隐名股东，而且其他股东了解这个情况，也并无反对的表示。由此推断，其他股东默许了隐名股东的存在和行为。如果按照上文所述完全隐名下股权对外转让的规则，那么隐名股东也很有可能成为不了真正股东，这与实质公平不符。为了维护公平，有必要认可其股东资格，而不必拘泥于其他股东的态度。由于股权代持协议本质上属于委托合同，[1]因此可以适用委托的相关规则。当第三方知道委托关系的存在而仍然与委托人交易时，被委托人可以行使介入权，直接成为第三人的交易对象。具体到此处，由于代持协议属于内部约定，名义股东是被委托从事

---

[1] 参见王毓莹：《股权代持的权利架构——股权归属与处分效力的追问》，载《比较法研究》2020年第3期。

与作为第三人的公司其他股东之间的行为的，该行为的结果最终间接约束隐名股东，如果其他股东了解代持协议的存在，那么隐名股东就可以行使介入权，成为其他股东的直接交易对象，也就是直接成为公司股东。此时，就可以获得法院的支持判决。得到其他股东的允许只是进行显名的第一步，还需要进行内外部登记，以满足程序要件。这可以作为隐名股东之后申请民事执行的内容。

2. 作为基础权利的用益物权与金钱债权执行之间的竞合

用益物权的客体通常是土地，我国的土地不属于私人所有，所有权人与用益物权人是分离的。除后来的转让外，用益物权诞生之时就是用益物权人确立之时。故并存的情形是首次诞生的用益物权人，既给第三人设立了用益物权，又成了金钱债权的被执行人，此时存在两个法律关系，用益物权人对两个人都负担义务，一个是非金钱债权，一个是金钱债权。此后都获得执行依据进入执行程序后，就很有可能成立竞合状态。对于两者执行顺序的确立，原则上也是按照申请执行的先后。至于后申请执行人是否存在更值得保护的权益，还需要具体分析。

当用益物权人先申请强制执行时，那么原则上应继续执行用益物权，而不能按照金钱债权人的要求进行控制和变价。前者代表的是物的使用价值，本质上属于财产权益。一般优先权代表的人身权益，肯定具有更值得保护的必要。当然，此处也要受到时间条件的限制。担保物权作为物权，当其成立于用益物权之前时就应该得到优先保护。[1]普通金钱债权和惩罚性金钱债权，没有优先支持的权益；当金钱债权人申请执行在先时，原则上应该优先支持金钱债权人的权益。相较于优先权，后申请执行人没有更值得保护的权益。前者的担保物权与后者的用益物权，都属于物权，如果用益物权的成立时间早于担保物权的成立时间，[2]基于用益物权的以支付金钱以外行为为内容的执行具有更强效力。凭据物权强于债权可知，后者的用益物权，相较于普通的金钱债权和惩罚性债权而言，具有更值得保护的法益。不过，为了防止债务人虚构债权，用益物权成立的时间应该早于前者执行对象确定

---

[1] 参见王利明主编：《民法》（第8版·上册），中国人民大学出版社2020年版，第547页。
[2] 参见魏振瀛主编：《民法》（第8版），北京大学出版社、高等教育出版社2021年版，第228页。

之时。[1]

(二) 作为基础权利的债权与金钱债权执行之间的竞合

先申请执行的非金钱债权的基础权利是债权时，其与后申请执行的金钱债权竞合的，原则上需要凭据请求执行的时间先后来判定执行的先后顺序。后申请执行债权的基础权利是优先权和担保物权时，明显具有更值得保护的权益。但为了防止债务人虚构债权侵害债权人权益，后申请执行人执行对象的确定时间要早于先申请执行债权的基础权利的产生之时。当金钱债权先申请执行时，原则上应该支持金钱债权的优先执行。当金钱债权的基础权利是担保物权时，后申请执行非金钱债权中存在更值得保护的权益。具体情形包括：其一，虽然在特殊动产上设定了浮动抵押，但不能影响企业的正常经营，那些已经付款的债权人，能够拿走对应的抵押物。其二，借给工程建设资金的银行申请对工程强制执行时，建设工程施工方的工程价款应该得到优先清偿，然后才能清偿抵押权人。并且，施工方不能为了工程价款就不认可购房人的交房权益。故购房人的前述权益，比施工方的价款优先权具有更高的地位。由此推论，购房人的权益优先于银行的抵押权。其三，租赁权与抵押权的关系。因其重要性与特殊性，笔者将在下文详述。

当基于租赁权而获得执行依据进而提出物之交付强制执行后，金钱债权人也凭借执行依据而提出控制与变价的执行，此时，原则上应该按照申请执行的先后确定执行顺序。换言之，优先将租赁物交付给先申请执行人，而不能进行控制与变价。当后申请执行债权的基础权利是优先权时，其代表了处于高位的人身权益，应该属于更值得保护的权益。只是需要优先权成立的时间，即持续性一般优先权开始的时间，早于租赁关系建立的时间。因担保物权属于物权，依据民法的原理，应该具有优先于债权的地位。作为物权效力规则的例外，实体法对租赁权与抵押权的效力关系设定了特殊的条件，即担保物权成立的时间应该早于租赁关系成立的时间。[2]有观点认为，普通金钱

---

[1] 参见骆小春、王维茗：《从对峙到共存：执行程序中居住权的保护范围及措施》，载《东南大学学报（哲学社会科学版）》2023年第6期。

[2] 参见魏振瀛主编：《民法》（第8版），北京大学出版社、高等教育出版社2021年版，第229页。

债权应该具有优先保护的权益，原因在于其属于执行债权，具有优先性。笔者认为，这混淆了两者的适用范围。执行债权确实具有优先性，但那是相对于债务人的保护而言的。毕竟执行债权的获得起因于债务人，并且获得的执行名义的过程比较艰辛。可是此处，执行竞合的双方都具有执行依据，获得执行依据的过程都不容易，因此，没有该规则适用的空间和前提。相较于租赁权，后者的惩罚性债权并没有明显的更值得保护的权益。

当金钱债权人先申请强制执行时，那么原则上应该先对执行对象进行控制与变价，而不是将执行对象交付给租赁权人。当金钱债权的基础权利是担保物权时，租赁权具有更值得保护的权益。其前提条件是，租赁权应该先于担保物权而成立。实体法这样安排的原因在于对居住利益的考量和住房稳定的保护。租赁房屋的主体多是弱势群体，搬家不仅增加生活与工作的困扰，还会对居住利益产生影响，应该给予特殊照顾。[1]因担保物权都要让位于租赁权，那么处于后位的普通金钱债权和惩罚性债权更应该让位于租赁权。只是租赁权要成立于金钱债权的执行对象确定之前。因租赁权合同很容易伪造，因此，对租赁权成立时间的判定还需要其他的标准。其一，必须已经占有使用租赁物。[2]如果仅仅是签订了合同，而没有占有使用，那么控制、变价和移转都不会实质性影响其利益，此时将丧失租赁权优先规则的基础。其二，需要已经缴纳租金。如果还没有支付租金，那么，一方面不利于佐证租赁关系的存在和实际使用的事实；另一方面，就算强制剥夺也不会造成权利义务的不对等。只有具备上述三个条件，才真正具备"抵押不破租赁"的适用前提。

三、非金钱债权执行之间竞合的执行顺序规则

非金钱债权民事执行也含有多种类型，但交付财物之外的作为与不作为的执行，因内容的特殊性不存在竞合的可能性。直接赔礼道歉和由别人代替登报道歉而付款本质上只存在一种债权，不存在两者竞合的前提。纯粹的行

---

［1］ 参见王利明主编：《民法》（第8版·上册），中国人民大学出版社2020年版，第547页。

［2］ 参见国家法官学院、最高人民法院司法案例研究院编：《中国法院2020年度案例·执行案例》，中国法制出版社2020年版，第12~15页。

为执行没有涉及执行财产,故与交付财物的执行之间不会存在竞合现象。由此可知,交付财物之间的竞合是非金钱债权执行竞合的主要类型。通过考察可知,基于所有权能够成立交付财产的请求权,并且基于债权也可以产生同样的请求权。该竞合类型,有的执行措施能够协调,有的不能相容,必须选择其中之一。针对前者,可以采用承受主义的方式,实现利益的平衡,例如带租交付;对于后者,原则上应该按照先申请执行人优先的原则处理,除非后申请执行人存在更值得保护的权益。综上,通常情况下,执行措施能够兼容时,可以采用承受主义的方式处理;执行措施冲突时,竞合的处理思路是,原则上按照申请执行的先后确定债权实现的顺序,除非存在更值得保护的权益。是否存在更值得保护的权益,需要具体分析。当所有权与债权冲突时,明显前者优先于后者。当所有权与居住权冲突时,后者的居住利益更值得保护,不过后者的居住权要比所有权成立得早。当债权与居住权冲突时,因居住权属于物权,故后者的居住利益更值得保护。物权之间,先成立的比后成立的更值得保护。基于所有权人成立的定限物权,无论成立的时间先后,都优先于所有权。[1]

第二节 保全执行和终局执行竞合的执行顺序规则

一、对执行顺序的观点及争论

执行实践中,当某个申请执行人对债务人申请采取保全措施后,未获得终局裁判前,债务人的其他债权人凭借已经获得的终局裁判,对债务人的相同财产申请民事执行,此时到底优先支持保全执行还是终局执行,存在争议。对此问题存在三种观点,分别是或者优先支持终局执行的债权人,或者优先支持保全执行的债权人,或者限制终局执行为保全效力,与前保全执行并存,待前保全执行获得胜诉终局裁判时,两者按比例清偿。[2]

---

[1] 参见房绍坤主编:《民法》(第6版),中国人民大学出版社2021年版,第98页。
[2] 参见谭秋桂:《民事执行法学》(第3版),北京大学出版社2015年版,第286页。

（一）终局执行优越说

该观点认为，倘若对于他人已经采取保全措施的某个财产，自己凭据获得的终局裁判对之申请强制执行，该终局执行应该获得优先支持，保全执行的存在不能影响终局执行的实施，不能提出排除的申请。例如，诉前或诉中，甲就申请对乙的房屋进行查封，以备将来获得胜诉判决后能够实现其金钱债权，对乙享有金钱债权的丙依据获得的终局胜诉判决，申请对被查封的房屋进行强制执行时，甲的查封行为将失效，丙的以终局裁判为依据的执行将得到优先的支持。具体理由如下：

第一，保全执行的功能定位不高。为了将来能够顺利执行判决而对债务人的财产提前采取控制，这是保全执行的逻辑。但其效力也仅仅是限制债务人对财产的处分，其依据不是最终的，保全执行人不能因此获得优先于终局执行的地位。故当两者竞合时，应该让保全执行让位于终局执行。

第二，获得终局裁判等执行依据的难度高于获得保全裁定的难度。保全执行的形式是裁定，作为裁定基础的事实，只要证据达到释明的标准，就能进行事实认定。[1]而获得终局执行的基础的事实，当事人只有完成高度盖然性的证明标准才能获得认定，为此需要付出极大努力。如果让前者阻碍后者的执行，实质上属于变相支持前者，让更努力的人吃亏，违背公平与正义，故不能优先支持保全执行申请人。

第三，保全执行人的权益有更合适的维护途径，没必要以损害终局执行的效力为代价。如果保全执行人的权益更值得保护，那么能够凭借执行异议之诉来处理，程序合适，方式合理。倘若凭借肯认保全执行的优先效力的方式来获得保护，不仅法理上与情理上都将面临质疑，使终局裁判的威信受到质疑，还会损害纠纷解决机构的公信力。

第四，承认保全执行的优先效力将助长保全执行盛行之风，加剧执行难问题。如果保全执行人能够排除强制执行，那么不想还钱的债务人就可以与他们合谋提出保全执行的方式，来阻碍终局执行的进行，实质上架空了终局裁判的效力。终局执行的不畅最终将加剧执行难的局面。

---

[1] 参见占善刚：《降低程序事实证明标准的制度逻辑与中国路径》，载《比较法研究》2021年第6期。

对于前述的看法,支持保全执行者提出了反对的观点:

第一,采取保全措施是为了维护判决在将来可以被实现,故所有左右将来实现可能的情况都在保全执行的效力范围内。获得终局裁判的债权人针对已经采取保全措施的财产申请强制执行,会对将来执行产生冲击。终局执行属于保全执行效力的规制范围。如果支持终局执行优先,那么终局执行人可以强制执行破坏保全执行的效果,保全执行的功能无法发挥,其将丧失继续存在的必要。故应该优先考虑保全执行的功能与意义。

第二,支持终局执行的人,把平等主义作为论据之一。由于所有债务人财产针对的是全部债权人,大家应该平等受偿,如果优先支持保全执行人,那么将会导致不平等现象的出现,由此可知保全执行不应优先于终局执行。反对者认为,不能因前者不能优先于后者,就让后者一定优于前者。如果认可终局执行具有优先地位,那么实质上也是对平等主义的背离。最根本的原因在于,平等主义和保全执行与终局执行竞合的问题没有多大关系。平等主义解决的问题是金钱债权执行之间的竞合问题。即多个获得终局执行的金钱债权人都请求对义务人的某个财产实施执行,而且该财产变价后所得款额,无法同时满足所有债权人的债权,此时就会出现应该按照债权额与总的债权额的比例实现受偿,还是申请执行的顺序依次受偿的问题。而此处的问题是先申请的保全执行的效力,与后申请的终局执行的效力之间的关系问题。不同于上述都是终局执行之间的效力问题,也不同于上述都是金钱债权执行之间的效力问题。由此可知,适用平等主义论述此处的问题,属于错用。故不能以平等主义作为探讨解决对策的论据。

第三,保全执行的效力不见得一定低于终局执行的效力。支持者认为,保全执行只具有暂时性的效力,相对于具有终局效力的终局执行来说,不具有更高的地位。反对者认为,只有当两个执行的当事人相同,并且基于同一个诉讼程序前后发生时,这样的比较才能成立。简言之,当事人相同,管辖法院和作出法院相同,只是诉讼阶段不同而产生不同结果,两者具有一定从属关系,终局执行的作出,也就意味着保全执行的使命结束,这样的两者之间可以排序。如果不具备这些前提,当事人不同,作出的法院不同,此时两者没有从属关系,两者的功能也不同,那么很难说终局执行一定具有优先地位，不能因终局的，就否定暂时的。

第四，对于债务人勾结其他人阻碍终结执行，进而损害债权人利益的说法，反对者认为这种情况影响有限。债务人也有可能勾结另外的债权人，使其获得终局裁判，进而阻碍保全执行的进行。

(二) 保全执行优越说

该观点认为，获得终局裁判的债权人，申请对已经采取保全措施的特定财产强制执行时，不应该优先保护终局执行债权人，应该优先支持保全执行人，终局执行不能继续进行。[1]支持者具有如下理由：

第一，维护将来的终局裁判可以被顺利实现，是保全措施的功能。实现的方式是冻结财产的状态，防止被处分。能够影响到将来执行的行为，与保全执行的功能相抵触，都属于保全执行的调整范围。允许获得执行名义的债权人申请强制执行，在保全执行未来转化为终局执行时，不再可能执行，保全制度名存实亡。

第二，从保全制度的效力出发可知，目前立法与理论对其效力的主观范围和客观内容并没有盖棺论定。剥夺债务人的处分只是实现目标的手段之一。从保全制度的目的出发，债务人之外的债权人及其申请终局执行的行为，也应该被囊括在其效力之内。既然如此，后者的行为就不应该破坏前者的效力。

第三，对于优先支持保全执行会激发保护主义的看法，明显欠缺依据。况且在优先支持终局执行时，不影响债务人同样行为的发生。毕竟地方保护主义是一种违背经济规律和民法原理的行政行为，其存在与否并不是民商事制度引发的，制度是被人设计和使用的。就算在我国司法实践中存在这种行为，也不能因此否认制度的正确性。存在的不一定是正确的，更不能基于存在的来论证其他制度的合理性和正当性问题。故不能以此否认优先支持保全执行的正确性。即便是支持论者中的温和派，也没有转向对立者的任何可能。虽然他们允许不违法的终局执行的进行，但当保全人也获得终局裁判后，就可以颠覆终局执行的成果，依据执行名义直接向财产的受让人主张所有权的变更，间接否定终局执行的优先地位。

---

[1] 参见董少谋：《民事强制执行法学》(第2版)，法律出版社2016年版，第163页。

在优先支持保全执行时，需要注意以下几点：

第一，正如前文所述，保全执行效力的主观范围和客观范围，应该以是否影响将来执行为判定标准。如果后来的终局执行不影响保全执行的目的，就不应该优先支持保全执行的进行，毕竟后者属于依据终局裁判的执行。

第二，作为后者的以终局裁判等为依据的执行可以分为控制性执行和处分性执行，两者对前者保全执行的影响效果不同，只有处分性执行才会真正冲击保全执行的效力。作为前者的保全执行，也不总是能够顺利转入终局执行，保全执行人可能因为自己的原因而撤回执行，或者因为客观原因被撤销执行，还有可能发生被驳回判决的情况，这些情况下保全执行不复存在。此时，当因优先支持保全而不允许终局执行进行时，启动的保全执行程序将完全终止。如果允许前者的保全执行与后者终局执行的控制性执行并存，那么，当保全执行不复存在时，后者的终局执行还可以继续执行。这既提高执行的效率，又节省执行的资源。换言之，保全执行仅仅与处分性执行存在效力冲突，而与控制性执行则没有。如果后者实施了处分性执行，前者可以提出异议。

第三，对于保全执行效力的时间范围，也需要进行明确。其效力应该止于保全期间届满之时；如果在保全期间转为终局裁判，那么应该止于执行完毕时。除此之外的期间，终局执行具有优先保护的法律地位。

（三）折中说

该观点没有片面支持终局执行或者保全执行任何一方，而是吸取两者的优点，摒弃两者的缺点。折中说认为保全执行是法律规定的制度，目的是保障将来的执行。既然如此，就不能忽视其存在，更不能漠视其效力。当获得终局裁判的债权人申请执行保全措施对象的相同财产时，两者的效力都应该被尊重，不能被人为排序，此时应该仅仅允许终局执行的控制性措施，不允许其处分性的行为，这里的终局执行仅仅具有保全执行的效力，以便观察保全执行的诉讼走向。如果因为主观或者客观的原因没有获得终局裁判，或者获得了不利的终局裁判，那么可以继续进行终局执行的实施。如果获得有利的终局裁判，那么就按照比例原则对两个终局裁判的执行进行处理。[1]

折中说具有两个特色。其一，终局执行人，对于保全执行人已经采取保全措施的财产，能够申请进行控制性措施，但不能申请进行处分性措施。这样做能够防止因实质处分财产导致保全执行人进行程序救济和实体救济，进而限缩纠纷的范围。如果以后保全执行不复存在，就可以继续处分性执行。其二，对不同性质的两者进行排序，因没有合理的标准，硬要把不同性质的东西放在一起进行评价，肯定不易办到。为此，就要尽力把两者变得同质，然后再进行评价就比较容易做到。而折中说的思路，就符合这个逻辑。

但是，折中说也存在让人质疑的地方。当保全执行人获得有利的终局裁决而申请执行后，就在特定财产上形成竞合现象。因保全执行人申请在先，应该优先执行。按比例清偿的正当性为何？就算是为弥补终局执行的等待，那么限度是否过大？金钱债权执行竞合之间如此处理尚且容易操作，如果两个执行债权性质不同，比例又应如何把握？非金钱财物如何按照比例清偿？我国专门研究该问题的学者认为，当保全执行获得有利的终局裁决后，两者应当凭据申请执行的时间先后确定执行的先后顺序，[2]或者凭据对应的以终局裁判等为依据的执行之间竞合的情形处理。[3]笔者赞成该观点，其与本书探讨的终局执行竞合的处理方式，逻辑一致。

二、两者竞合的执行顺序规则

两者之间的竞合从内容上来说包括四种类型，有时是保全的执行在前面，有时是终局的执行在前面，有时都是以支付金钱为内容，有时都是以支付金钱以外的债权为内容，有时既有支付金钱的内容，也有支付金钱以外行为的内容，处理起来难度较大，既要考虑到内容方面的差异，又要考虑到执行阶段的不同。参考比较法上的经验，笔者的解决思路是先以内容为基础，再以阶段为对象构建分析框架，然后具体进行分析。

---

[1] 参见谭秋桂：《民事执行法学》（第3版），北京大学出版社2015年版，第286页。

[2] 参见肖建国：《中国民事强制执行法专题研究》，中国法制出版社2020年版，第45~46页；董少谋：《民事强制执行法学》（第2版），法律出版社2016年版，第168页。

[3] 参见王娣：《强制执行竞合研究》，中国人民公安大学出版社2009年版，第290页。

（一）内容相同而阶段不同

这种情况中又存在两种情形：以支付金钱为内容的假扣押执行和以终局裁判等为依据的执行之间；以支付金钱以外行为为内容的假处分执行与以终局裁判等为依据的执行之间。前一种情况比较常见，也相对容易解决。依据后来的终局执行的申请，对债务人的财产既可以采取保全措施，又可以采取变价措施，只是对于变价款，需要提存先采取保全措施方的款项。如果后来的保全执行获得终局的胜诉裁判，则可以获得变价款，如果不能获得，那么变价款将继续处理。后一种情形很少见，并且也很复杂。其原因在于，不以金钱为内容的债权的基础权利类型多样，竞合的类型多样。依据先保全者能否获得终局裁判为标准，如果能够获得，就依据申请执行的顺序排列执行顺序，除非存在更值得保护的权益；如果不能获得，那么竞合产生的前提就不存在。

（二）内容不同且阶段不同

此种类型也存在两种情况，保全金钱债权的执行与不以支付金钱为内容的终局执行之间，以及保全非金钱债权的执行与以支付金钱为内容的终局执行之间。对于这两种情况，通常情况下需要依据先保全人能否获得终局裁判而作出安排。如果没有获得终局裁判，那么就不存在继续探讨执行顺序的前提；如果能够获得终局裁判，那么遵循申请执行的先后确定实现顺序，除非存在更值得保护的权益。[1]

第三节 保全执行之间竞合的执行顺序规则

一、重复保全的容许

探讨此处竞合问题的前提是保全执行之间的并存。如果不能并存，那么竞合就不能产生，更不需要研究确定执行顺序的办法。对于首先采取保全措施后是否允许其他人申请保全，存在争议。笔者认为，我国需要容许保全执

---

[1] 参见张登科：《强制执行法》，三民书局2018年版，第618页。

行的并存。第一，从法理上来说，保全的功能仅仅是以限缩债务人对自己财产的处分空间，来确保未来实现债权人的债权。只要不影响这个目的实现，那么就可以容许任何其他诉讼行为，其中当然包括其他的保全措施。第二，正如本书第二章所述，执行竞合中执行顺序的通常考量因素是优先主义，作为排列顺序判断标准的保全措施不能进行禁止，因为独存的保全措施无法用来确定顺序。第三，从实践的角度出发，不允许重复保全，可能造成执行程序的空转。如果因不允许进行后边的保全措施，在先的诉讼没有顺利获得终局裁判，那么就可能导致执行程序无果终结，浪费司法资源，导致后来执行人的抱怨。另外，因终局执行的内容存在差异，故为其服务的保全执行的内容也存在多种类型，有的执行措施相同，有的措施不同；后者的情形下，有的不能并存，有的能够并存，需要具体情况具体分析。

二、保全执行之间竞合的执行顺序规则

对于以保全裁定为依据的执行之间竞合的执行顺序规则的分析，存在两种框架，即以内容为标准或以执行措施是否抵触为标准。笔者认为，以后者为标准，虽然论述更具体，但结构比较混乱，而前者更利于论述和理解，结合两者是明智的选择。

（一）假扣押之间竞合的执行顺序规则

假扣押的执行都是执行内容相同，执行程序基本一样，执行措施无外乎控制财产、变价执行对象和分配变价款等的执行，而分配规则上文已经论述，在各个债权程序运行中几无冲突，应该允许后者存在。至于具体的分配情况，依据以终局裁判等为依据的执行之间竞合的类型中的以支付金钱为内容的执行之间竞合的清偿规则进行即可。

（二）假扣押与假处分之间竞合的执行顺序规则

此种竞合类型，基于在先执行内容的不同，可分为两种情况：

1. 先假扣押执行后，再申请假处分执行

如果保全金钱债权的执行与保全非金钱债权的执行的内容并不抵触，则可并存。后来，任何一方获得执行名义申请执行时，与还未获得执行名义者产生的竞合，属于以保全裁定为依据的执行与以终局裁判等为依据的执行之

间的竞合问题,不属于此处的论述范围。倘若两者的执行措施一开始就存在互相抵触的情况,那么就应该依据执行时间的先后定其优劣,已经先为假扣押执行后,不能够再为假处分执行。[1]

2. 先假处分执行后,再申请假扣押执行

如果两者内容并不抵触,则可并存。后来,任何一方获得执行名义申请执行时,与还未获得执行名义者产生的竞合,属于以保全裁定为依据的执行与以终局裁判等为依据的执行之间的竞合问题,不属于此处的论述对象。若两者采取的保全措施自始存在互相抵触的内容,前者保全的效力会被后者破坏,那么假处分执行被进行后,不能够再为假扣押执行。

(三) 假处分之间竞合的执行顺序规则

此种竞合类型,基于执行措施之间的关系,可分为两种情况:

1. 执行措施不相抵触

如果前后保全措施的内容不会产生冲突,应该允许竞合,将后案并前案办理。后来,任何一方获得执行名义申请执行时,与还未获得执行名义者产生的竞合,属于以保全裁定为依据的执行与以终局裁判等为依据的执行之间的竞合问题,不属于此处的论述对象。

2. 执行措施相抵触

先后两个假处分,后假处分妨害前假处分的效力或与之发生矛盾时,如何处理?例如,债权人声明假处分裁定,要求被执行人允许申请执行人通过争议的地方,被执行人也获得了保全裁定,禁止债权人进入系争土地。先后假处分裁定相互抵触者,后假处分效力如何?对此存在两种学说,即命令违法说与命令适法说(执行违法说)。[2]前者认为,后假处分虽非无效,但是违法,能够依靠执行异议程序撤销。后者认为,后假处分裁定适法仅执行违法,即裁定无需执行者,假处分裁定不生效力,如果需要执行则不能执行。笔者认可命令违法说。因后假处分的债权人本能够对前假处分提起异议以求救济,却舍弃此合法的救济程序,而以后假处分妨害前假处分,自然不应该容许。否则前假处分债权人复能够以另一假处分妨害后假处分,循环不已,

---

[1] 参见董少谋:《民事强制执行法学》(第2版),法律出版社2016年版,第168页。
[2] 参见张登科:《强制执行法》,三民书局2018年版,第623页。

将扰乱法定救济体系。

第四节 先予执行与民事执行竞合的执行顺序规则

先予执行的目的在于处理当事人生活和生产经营上的当务之急，通过一定的程序和满足一定的条件才能实现。因其具有优先性，可以出现在其他执行程序的任何环节。换言之，其可以与民事执行的保全或者终局执行产生竞合。至于处理的思路和规则，立法上没有给出方案，需要通过法理分析予以确定。正如上文所述，它们之间的竞合分为三种类型，后两种之中还要区分民事执行的内容，采用不同的规则。具体分析如下：

（一）先予执行之间竞合的执行顺序规则

对于先予执行之间竞合的执行顺序规则，现行法存在缺位。由于不同类型的先予执行的目的不同，背后代表的民事权益的分量存在区别。追索的赡养费、抚养费、医疗费用、劳动报酬等，关涉权利人的基本生活和生命健康，体现生存权益。[1]追索的恢复生产和经营急需的保险费等，虽然紧迫，但包含的仅仅是经济利益。前者应该比后者更紧迫，更需要优先保障。当两者内部出现多个先予执行裁定时，应该按照申请先后确定实现顺序。[2]

（二）先予执行与民事金钱债权执行竞合的执行顺序规则

为了分析的方便，此处，笔者先将民事执行的内容限定为支付金钱。也就是说，先予执行与以支付金钱为内容的保全执行或者终局执行之间的竞合。对于先予执行与以保全裁定为依据的执行之间的竞合，因先予执行的非合意性、非公示性和优先性，会对其他民事权益造成影响，为了减少冲突或者平衡权益，应该限定先予执行对象的顺序。如果债务人具有其他财产，那么可以先执行其他财产，如果没有其他财产，与保全执行竞合。先予执行具有特殊性，必须予以优先支持，采用先予执行程序可以破除保全执行的效力。变价保全财产之后，需要对保全执行的部分进行提存。此后，先予执行和保全执行都有两种走向，要么获得胜诉判决，要么不能获得。当两者都获得时，

---

[1] 参见江伟主编：《民事诉讼法学》（第3版），北京大学出版社2015年版，第220~221页。
[2] 参见韩宇：《对执行竞合的思考》，载《人民司法》2006年第7期。

不用改变现状,且保全执行获得提存物;当两者都没获得时,恢复原状,并且先予执行人还要承担处分被执行人财产而导致的损失。如果前者获得,后者没有获得,那么先予执行的部分不变,提存的部分返还债务人;如果前者没有获得,后者获得,那么要返还先予执行部分,并赔偿处分执行财产造成的损失,[1]提存的部分给予保全执行人。这是两者之间的程序问题,如果变价财产不能全部涵盖两者的债权,此时应当如何处理?笔者认为,应该依据紧迫性程度,而优先支持先予执行人。[2]虽然保全执行的基础权利也可能是优先债权,但既然没有申请先予执行,那么就没有先予执行的紧迫性。况且,先予执行保护的权益也很重要,故兼具重要性与紧迫性的先予执行更值得被保护。

先予执行与以终局裁判等为依据的执行之间的竞合,显著不同于先予执行与以保全裁定为依据的执行之间的竞合的情况是,不需要考虑先予执行是否能够启动变价程序和对部分变价款进行提存的工作。为了减少权益之间的冲突或者平衡权益,先予执行的对象应该优先挑选其他财产。没有其他财产或者财产无法全部清偿其债务时,再按照与终局执行的竞合规则处理。竞合后,两者都不会阻止变价的进行,需要注意的是变价款是否能够完全涵盖这两个债权时的不同处理规则。如果不可以同时清偿两者,笔者认为此时应该优先支持先予执行;如果能够同时清偿,那么不存在冲突的问题。先予执行存在两种走向:如果获得胜诉,那么承认现状即可;如果没有获得,那么需要退回款项,用来补足终局债权人的赔偿款。因不存在启动变价程序的错误,此时也不需要赔偿损失。

(三)先予执行与民事非金钱债权执行竞合的执行顺序规则

需要强调的是,上述探讨的前提是保全措施或者终局执行的内容都是金钱债权的情况。如果执行的债权属于非金钱债权,那么为了减少两者之间的权益冲突,先予执行应该优先执行非金钱债权执行对象以外的其他财产。发生竞合时,解决对策的分析思路与上文类似,涉及的顺序问题,参照上述金钱债权与非金钱债权执行竞合的规则进行处理。

---

[1] 参见黄志雄:《论民事执行竞合》,载《福建法学》2008年第2期。
[2] 参见刘正一:《先予执行与财产保全竞合之我见》,载《人民法院报》2008年2月29日。

第五节　执行竞合程序的构建与完善

正如上文所述,现行法中没有处理执行竞合的专门程序。现有程序与执行竞合的目的与性质不完全匹配,利用该程序会产生较大的消极作用。鉴于执行竞合实践的大量存在,除金钱债权执行竞合外,对于其他执行竞合也有必要构建专门的处理程序。现行法下,参与分配程序主要用来处理金钱债权执行之间的竞合问题。[1]最初设立该程序的目的主要是赋予没有破产资格的民事主体平等获得赔偿的机会,由此采用了平等主义的清偿规则。个人破产程序的构建,并不会导致参与分配程序的退出,从比较法上的经验来看,其将作为多个金钱债权的处理程序继续存在。笔者认为,其也完全有能力胜任执行竞合处理程序的功能,只是随着功能的调整与清偿规则的变化,需要对该程序进行重构。因此,针对金钱债权执行竞合的处理程序不需要专门构建,只需要完善即可。其他的执行竞合类型,目前只能使用执行异议程序和执行异议之诉程序来解决,该类处理程序既不能完全满足执行竞合的功能需要,还增加了程序的复杂度,需要另外专门构建。

一、处理金钱债权执行竞合程序的完善

众所周知,我国破产法的适用对象是企业法人,当自然人与非法人组织存在破产原因时,个人破产法的缺失导致债权人无法获得平等的救济,为此,我国通过在执行程序中建立参与分配制度来发挥平等保护债权人的破产程序作用。这一点可以通过立法获得支持。《民诉法解释》第506条把被执行人的财产不足以清偿所有债权这个破产原因作为适用该程序的条件,遵循比例关系实现债权的方式跟破产的分配方式差别不大。我国理论界与实务界,也称其为小破产程序,虽然发挥了一定积极作用,但却具有阻碍执行效率和不能保障实质公平等弊端。面对时代所需,我国已经确立建立"个人破产法"的立法目

---

[1] 参见王娣、王德新、周孟炎:《民事执行参与分配制度研究》,中国人民公安大学出版社、群众出版社2019年版,第192页。

标，理论界进行了系统立法的尝试，[1]部分地区也在进行实践探索。[2]基于这种大好形势，出台"个人破产法"只会是时间问题。上文多次提到，要在区分执行程序与破产程序功能的基础上，设定金钱债权执行竞合时的优先清偿主义的处理规则，并在破产程序中构建一般破产主义的规则。以此推理，实行平等主义的参与分配程序是否将要寿终正寝？并非如此的话，平等主义将发挥什么作用，如何与其他制度协调？关于前述问题，有必要继续研究。

（一）参与分配程序的存废之争

当我国建立个人破产程序后，面对自然人与非法人组织的破产原因时，可以为其提供完善的破产法保护。按照常理来说，原本发挥该作用的参与分配程序将退出历史舞台。但通过比较法上的考察可知，具有个人破产程序的法国与德国，竟然仍保留着参与分配程序。究其原因在于不同的功能定位使其具有继续发挥作用的空间，即属于解决多个金钱债权终局执行竞合的平台。具言之，实践中广泛存在以下情况，即针对同一被执行人的特定财产，多个金钱债权人为获得赔偿，同时或者先后进入执行程序，虽然金钱债权的性质与数额不同，但程序的目的相同。因此，可以通过一个程序进行解决，如此一来，可以减轻法院的负担，节省司法资源，提高整体的执行效率。可见，该制度不见得一定要废除。毕竟其是通过投入大量资源而建立的，应该尽可能使之继续发挥作用。通过比较法上对功能的考察可见，参与分配程序与执行竞合程序的功能需要具有契合性，即属于给多个金钱执行提供排序的平台，并且在该平台上，还能够解决对分配顺序的争议。因此，在一般破产主义下，参与分配程序不仅具有继续存在的必要，而且针对金钱债权的执行竞合还能发挥执行竞合程序的功能。只是随着功能的调整，需要对相应规则进行重构。[3]

（二）参与分配程序的规则调整

1. 与破产程序的协调

在参与分配程序仍然发挥破产功能的前提下，个人破产解决的是多个债

---

[1] 北京外国语大学个人破产法研究中心于2020年3月底向社会公布《个人破产法（学者建议稿）》。

[2] 《深圳经济特区个人破产条例》（2020年8月26日深圳市第六届人民代表大会常务委员会第四十四次会议通过）。

[3] 参见陈杭平：《中国民事强制执行法重点讲义》，法律出版社2023年版，第200~202页。

权人的问题，参与分配处理的也是多个债权人之间的问题，保留后者，是否导致两者功能的重复？两者的功能如何协调呢？

（1）参与分配不应继续发挥破产功能。依据现行法的规定，通常情况下，只有获得执行名义的人才能参加参与分配程序，执行标的仅仅限于被采取强制执行的债务人的财产，对于恶意的和偏颇性的清偿行为，其没有明确的否定，故参与分配程序无法平等保障全体债权人的权益，难以真正替代破产程序。而破产程序具有完备周到的程序设计，不仅能给予债权人平等的保护，而且还能控制债务，给予债务人重新崛起的机会，具有参与分配无法替代的优势。因此，在一般破产主义下，参与分配程序不应该继续发挥破产功能，应该专注于给多个金钱债权人解决竞合提供平台。

（2）参与分配应该选择与债权性质匹配的分配原则。在分配程序不再发挥破产功能后，其就属于纯粹的执行程序，就应该遵循执行程序的法理和规则。由于破产程序属于一般执行程序，坚持平等原则，故作为个别执行程序的民事执行程序，就应该坚持优先原则。由此可知，在我国通过个人破产程序建立一般破产主义的前提下，换言之，债务人的总财产能够涵盖债权人的总债权的情况下，把在先采取保全措施的债权人排位靠前，不仅可以激发债权人的积极性，而且能够在债务人符合破产情形时，倒逼破产程序的启动，从而实现高效的资源配置，激发市场经济的活力。对于参与分配采用优先主义的原则，也能从比较法上获得支持。通过考察比较法可知，破产和参与分配之间的关系，具有两种不同的类型。一种是只有商人可以破产，加上执行程序中参与分配适用平等主义；另一种是所有民事主体都可以破产，加上采用优先主义的参与分配。在没有建立个人破产程序的情况下，我国过去采取的是第一种模式。在当时个人破产程序没有建立的情况下，发挥破产的功能，采用平等主义建构参与分配程序具有合理性。但参与分配程序发挥破产功能具有无法克服的缺陷。为保护勤勉和诚实的个人创业者等，我国应顺应国际执行破产程序发展的大趋势，采取一般破产主义，同时不能再坚持参与分配中平等主义的立场。

（3）促进执行与破产的分工与协调。建立个人破产程序后，将会出现程序选择的实践问题。如果被执行人的财产不足以支付债权人的全部债权，那么债权人很有可能部分选择破产程序，部分选择参与分配程序，也会发生全部选择参与分配的情况。此时需要明确程序的关系，否则不利于两者的并存。由于参与分配程序发挥破产功能存在不足之处，即不仅会导致债权人之间的不平等，还会导致债权人哄抢债务人的财产而损害债务人东山再起的基础，故当参与分配程序和个人破产程序都被申请时，应该明确个人破产程序的优先地位；当利益相关方都申请参与分配程序，而不申请破产程序时，应该建立破产程序的强制启动模式。后者的原因在于民事领域坚持处分原则，破产程序作为处分民事权益的程序，也应遵守此基本原则，国家不能主动介入。但实践中基于各种原因，利益相关方无论如何都不申请破产，[1]导致破产程序处于失灵状态，其作用得不到发挥。与此同时，大量符合破产的案件无法进入破产程序而积压在执行程序，导致执行程序承受大量不应有的压力，执行案件数量大幅增加，权宜之计的终本案件也大量增加，执行率居高不下，司法公信力受到较大侵蚀。此时，能否启动执行程序，牵涉到国家权威和公共利益，因此，国家公权力就具有了介入的必要性与正当性。只要出现这种情况，执行机关就可以主动推动进入破产程序。需要强调的是，这种模式应该是例外的，不能动摇申请主义的原则地位。

2. 参与分配程序的规则重构

由于参与分配程序的功能发生了变化，遵循的清偿原则也发生了巨大变化，故需要对其适用条件作出重新调整。

（1）执行对象是相同债务人的相同财产。参与分配程序过去虽然在执行程序中，但发挥的是个人破产程序的作用。个人破产程序解决的是所有债权人的平等保障问题，那么发挥相同功能的参与分配程序本质上具有破产程序的性质。其适用的对象就是被执行人的总的财产。例如，《执行规定》第55条和《民诉法解释》第506条都把执行对象规定为被执行人的财产。毕竟是执行中的程序，不能完全采用破产中的概念表达，但可以通过解释较为容易地与债务人的所有财产对应上。在未来所有民事主体都能破产时，其就不需要再发挥破产的功能，此后的功能应该是为解决金钱债权终局执行竞合问题

---

[1] 参见唐应茂：《为什么执行程序处理破产问题？》，载《北京大学学报（哲学社会科学版）》2008年第6期。

提供简便高效的程序。之后，参与分配程序就属于个别执行程序，其执行对象应该与执行程序保持一致，即同一债务人的同一财产。

（2）主体资格因债权性质而存在差异。参与分配的主体资格，会因债权的性质不同而不同，当债权属于普通债权时，只有得到执行名义，才能参加参与分配程序，如果债权具有优先地位，那么为保障其优先效力，没有得到执行名义也可以获得分配资格。对于参与分配的债权人是否必须获得执行依据，立法出现反复。《最高人民法院关于适用〈中华人民共和国民事诉讼法〉若干问题的意见》（已失效），曾经限定分配资格为有执行名义的人，或已经启动诉讼程序的人。之后，后一种类型被《执行规定》废除。再之后的《民诉法解释》与《执行规定》采取了同一种思路，只明定已经获得执行依据的债权人才可加入该程序。没有设置个人破产程序之前，参与分配程序发挥的是破产功能，理应让所有债权人进入该程序，只有这样才能平等保护所有债权人。《最高人民法院关于适用〈中华人民共和国民事诉讼法〉若干问题的意见》的做法符合这个功能定位，而《执行规定》和《民诉法解释》进行限定的做法则不符合这个逻辑。[1]然而，当所有民事主体都可以破产的情况下，执行中的参与分配要回归执行的功能，成为仅仅是处理多个金钱债权执行竞合时的平台。其本质上属于个别执行，区别于破产程序的一般执行，此时参与分配的主体只能是前者，当然，无执行名义的债权人的权益也不会受损。其原因在于，启动执行程序的前提是不存在破产原因，债权人的债权都能被债务人的财产覆盖。在后实现不影响最终实现，而不是不能实现债权。就算具备破产情形，没有获得执行依据的债权人也可以提起破产程序，阻断执行程序，并进入破产程序，从而获得平等的保护。当执行债权基于优先权或者担保物权等优先受偿权时，参加该程序时可以不用获得执行依据。立法采取一贯的立场，无论过去还是现在，无论个人破产程序有没有建立，允许没有获得执行依据的优先债权人参加该程序。其原因在于，拥有优先受偿权的债权人如果因为没有执行依据而不能参加该程序，那么执行款就只能分配给普通债权人，此时，实体上赋予该债权人的优先受偿的法律效果就名存实亡。

---

[1] 参见江必新主编：《强制执行法理论与实务》，中国法制出版社2014年版，第698页。

更多普通债权人将利用这一漏洞，纷纷采取这种方式，从而损害实体法的权威。正如上文所述，当执行程序与担保物权的效力发生冲突时，通常情况下，担保物权这个负担将消灭，如果仅仅因为没有执行依据就剥夺该债权人参与资格，那么其对执行款优先受偿的地位就无法保障。为此，多个执行法立法建议稿借鉴国外的做法，呼吁设立强制参加制度。对于此种做法损害其他债权人或者债务人利益的看法，更是无稽之谈。由于法律赋予了其他债权人或者债务人对优先债权的存在或分配金额等提出异议的途径，故让无执行依据的优先债权人参与分配不会实质侵害他们的权益。

（3）不存在破产原因。《执行规定》把财产与债权的关系作为参与分配的要件。《民诉法解释》第506条，改变了一些措辞表述。从表面理解，确实容易与破产程序的"无财产可供执行"相混淆。在有限破产主义之下，作为参与分配构成要件的这些表述具有合理性。因其要发挥破产程序的功能，因此启动该程序的构成要件就需要实质上符合破产原因。而在一般破产主义之下，参与分配程序只是一种解决多个金钱债权人竞合的执行程序，区别于破产程序。此时，同一债务人的特定财产，才是参与分配的对象，才是多个债权人权利冲突的前提。不能清偿全部债权的对象也应该是这个特定财产，而不应该是被执行人的总的财产。如果被执行人的总的财产不能覆盖所有申请执行人的所有负担，就符合启动破产程序的构成要件。需要强调的是，现在法院都普遍采用案件管理的方式，进行诉讼和执行案件的立案、分配、终结等管理，为运行顺畅和方便考核，尽量不把案件集中合并处理。并案处理和集中管辖，会增加程序的复杂性和难度。将不能清偿全部债权的对象限定在特定财产之上，不仅利于限制集中管辖的规模，而且方便法院的案件管理和考核评价。简言之，如果特定对象的执行款能够清偿所有债权人的债权，那么最好各个执行程序分别进行。如果推测不能清偿所有债权的话，可以参与分配。如果真不能，申请执行人能够对被执行人的其他资产申请民事执行。如果其他财产还不能完全清偿的话，就最好申请破产来维护自己的权益。因此，被执行人的某一财产不可以偿还全部的执行负债，而其总的资产却能够覆盖全部执行负债，才是启动参与分配程序的前提条件。

二、处理其他执行竞合类型程序的构建

(一) 模式的选择

通过上文的分析可知,现行法下,非金钱债权执行之间或者与金钱债权执行之间竞合的处理程序,既不能完全发挥确定执行顺序的功能,还增加了适用程序的复杂性,给法院和当事人都增加了额外劳动。因执行异议之诉程序具有自己的目的和规则,且与执行竞合程序存在较大区别,很难把现有制度改造为兼具执行异议之诉程序功能和执行竞合程序功能的制度框架。另一个方案是,在执行异议之诉程序的基础上增加一个确定顺序的程序,使两者构成一个完整的执行竞合程序框架。笔者认为,这个思路也是不可取的。首先,其虽然是一个修补程序,但构造并不简单。不仅需要考虑程序的功能和法理、适格主体、适用范围、管辖、时效要求、启动要件、受理的形式和效力、证明问题、结果的形式和效力、异议的方式和途径等,还要考虑与执行异议之诉程序的关系。且在形式上与新建程序没有多大区别,当事人启动和运行的投入不见得少。其次,执行异议之诉程序+修补程序的构造,并不符合执行的价值追求。执行价值首重效率,兼顾公平。执行异议之诉程序是诉讼程序,运行该程序,不利于提高执行效率。

符合执行程序价值追求的执行竞合程序的构造应该是,按照符合执行效率的优先主义原则对多个执行申请进行排序,付诸实施。如果相关利害关系人对执行顺序不存在争议(无论是后申请执行人没有异议,或者先申请执行人认诺后申请执行人的异议),那么可以直接实施执行。即便存在争议,也可先通过简单程序修改顺序,若仍有不满,再进入诉讼程序最终解决争议。这样既提高了效率,又能保障公平。显然执行异议之诉程序+修补程序的构造,不符合这个逻辑。从某种程度上来说,先执行异议后执行异议之诉,或者先参与分配后参与分配之诉的构造模式,更符合这个逻辑。

虽然执行异议程序可以用来处理对执行顺序没有争议的情况,或者形式审查对执行顺序有争议的情况,但是执行异议之诉程序的功能与执行竞合程序的功能仍然存在区别。上文已经论述增加修补程序的不足之处,故先执行异议后执行异议之诉的模式,不能替代专门执行程序的构建。

既然先参与分配后参与分配之诉模式与执行竞合程序的模式一致,那么其他的执行竞合类型能够与金钱债权执行竞合共用参与分配程序吗?笔者认为不能。其原因包括:其一,参与分配中能够进行分配的只能是金钱债权背后的金额。物之交付和行为、不行为的强制执行并没有金额可供分配,并且其执行债权的性质具有独占性,不会产生参与分配的问题。[1]其二,因金钱债权执行程序和内容相同,金钱债权人可以参与到已经开始的其他金钱债权人启动的执行程序中,不会给执行程序的进行增加困扰。而非金钱债权与金钱债权之间的执行程序和执行措施存在很大差别,获得执行依据的金钱债权人参加到已经开始的非金钱债权执行程序中会产生很多冲突,增加麻烦。因此,需要建构专门的执行竞合处理程序。

(二) 程序的具体内容

1. 排序申请的提出

根据执行实践可知,多个债权人几乎不可能同时申请强制执行,对于在前提出的执行申请,如果符合条件,法院必须执行。之后有债权人也提出执行申请,并且发现已经有人对其执行对象进行强制执行时,如果存在更值得保护的权益,那么就能够向法院提出排列执行顺序的请求,排除前者的执行,促进自己的执行。之后,再有债权人提出强制执行申请,并具有优先保护的权益时,也应该按照这个逻辑处理。

(1) 申请的条件。提出申请的前提是符合执行竞合要件。当以支付金钱为内容的执行与以支付金钱以外行为为内容的执行并存于同一个债务人的同一特定财产之上且无法都获得满足的情况下,为推进执行顺序地进行,需要确定执行的顺序。反过来说,之所以要确定执行顺序,就是因为执行竞合的存在。如果都能满足的话,也就没有必要排列执行顺序。

对于启动的主体范围,笔者认为后申请执行人具有此资格。两个以上获得执行依据的债权人,通常不会同时启动实现程序,后申请执行人,一般情况下只能靠后执行,如果其有优先保护的权益,那么继续执行将损害其权益。

---

[1] 参见王娣、王德新、周孟炎:《民事执行参与分配制度研究》,中国人民公安大学出版社、群众出版社2019年版,192~193页。

因此，执行顺序的确定与其利益关系密切，其应具有启动该程序的资格。[1]因民事执行竞合涉及的是民事权益，应该由当事人自由处分，法院通常不能依职权介入，因此，不能赋予法院启动权。

执行竞合类型多样，金钱终局和非金钱终局之间的竞合以及非金钱终局之间的竞合，属于此处的程序要件，没有争议。其他的类型是否适用这个程序，还需要具体分析。通过本章第一节的内容可知，保全执行之间竞合的冲突性并没有那么显著，没有转为终局执行之前，执行措施不能相容时按照时间先后确定执行顺序即可，能够相容时并存即可。虽然涉及执行顺序的问题，但执行措施的执行顺序问题，不是实体权益的执行顺序问题。因比较简单，只需要进行债权人的申请、法院制作顺序表和程序异议即可。这样既能保障救济的权益，又能兼顾执行效率。可见，保全执行之间的竞合也符合执行竞合程序的前期程序的逻辑。

对于以保全裁定为依据的执行与以终局裁判等为依据的执行之间竞合的处理思路，本书主张采用优先主义的观点，即需要等到保全执行获得终局执行名义后再进行判断。此时的处理思路与处理终局执行之间的竞合的思路类似，所以，相较于后者，额外需要一个转化过渡程序，其他的部分与终局执行之间的竞合的处理程序一样，因此，等到转化完毕后利用通常的执行竞合程序处理即可。可见，该类型也符合启动的要件。只不过，需要在后终局执行人申请执行时中止其执行，等待前保全执行人获得终局执行名义。因保全中的执行转化为终局中的执行后，时间比后终局执行申请得更早，执行靠后的后终局执行人接下来可以向执行法院提出制作顺序表的申请。

（2）申请的审查。接到申请执行人的申请后，法院需要对申请进行审查。该申请如果不符合要求且不能补正，或者能够补正而逾期不补正的，法院应该裁定驳回；如果符合要求，那么为了防止错误执行顺序下损害的发生或者扩大，首先有必要中止执行程序的进行。之后，应该启动对执行顺序的确定程序。

---

［1］参见张卫平：《诉的利益：内涵、功用与制度设计》，载《法学评论》2017年第4期。

2. 确定执行顺序

审查通过后，法院应该对执行顺序进行确定。这个阶段，当事人有必要上交证明自己具有优先地位的文件，法院仅仅实行书面审查，无须当事人进行对抗辩论，尽量提高执行效率。法院审查的标准是，先申请执行人是否在先提出了执行申请，后申请执行人是否具有更值得保护的权益，最后作出执行顺序表。

（1）顺序表的记载事项。顺序表除了应该记载执行顺序外，还应该记载债权人的姓名和各个执行债权的内容。存在金钱债权的还需要记载具体的金额。执行法院为制作该表，可以要求申请执行人提交详细的补充材料，不提交也不影响其应受排序的权利。执行法院能够依据申请时提交的材料和执行记录等其他材料，并不是只能依据当事人的证据而进行事实的认定。

（2）顺序表的交付和阅览与异议截止时间的确定。确定异议截止的时间，是为了确定当事人对顺序表是否有异议。应该以异议截止之日5日前，将顺序表交于利害关系人，使其能够充分了解顺序表的内容，并发表支持或者反对的意见。倘若没有交付给当事人，那么程序具有瑕疵，当事人能够申请执行异议。

3. 异议程序

执行法院制作的顺序表，仅仅具有形式上的确定力，至于实体内容是否妥当以及能否作为依据实施执行，则应视当事人是否对该裁定提出异议而定。如果没有异议，执行法院即可实施；如果利害关系人对此裁定不满，可以提出异议。

（1）异议的分类与程序。异议分为针对程序的异议和针对实体的异议。针对程序的异议，如果法院认为有理由，应该作出修正；如果认为没有理由，应该裁定驳回。异议人若对此裁定不服，可以在一定期间内，提出复议。如果程序上不服的事由兼具实体上不服的事由，那么只能依据对实体不服的方法寻求救济。如果对顺序表存在实体上的异议，那么应当在实行期日1日之前，向执行法院提交书面异议，如若逾期提出，则不产生异议的效力。异议的对象是债权人的债权是否存在、金钱债权金额的范围、执行的排序等实体上的事由。异议书上应该记载不当和应该如何变更的说明，否则其他当事人无从知晓其异议是否正当,并进行同意或者反对的陈述。因执行法院仅仅审查异议是否合法,不审查异议有无理由,因此异议不必附加理由。

(2)异议的审查。如果异议不合法,例如使用言词异议,或者于实施执行后提出异议,或者由没有代理权的代理人代理提出异议等,那么执行法院应该裁定驳回其异议,但可以补正时,应该命令其限期补正,逾期还不补正时,应该裁定驳回。申请异议而被驳回时,能够申请执行复议以获得救济。倘若执行异议被驳回,那么之后其他的当事人就没有必要对此异议发表看法,更无提出异议之诉的必要。

如果异议正当,并且到场的有利害关系的当事人同意该异议或者没有进行反对的陈述,应该立即更正顺序表并实施执行。执行法院认为异议正当时,不能直接更正顺序表,还需要征询有利害关系的当事人的意见,视其反对或者赞成而定。对于反对的情况,应该通过后面的顺序表异议之诉处理。如果部分有利害关系的当事人没有到场,但到场的当事人表示同意,应该变更顺序表,并将该表送达未到场的当事人,给予其知悉和表达意见的机会。如果之后仍然不提出反对的意见,那么就视为同意更正。如果进行反对的陈述,应该通知异议人,由其另行提起顺序表异议之诉来解决。如果存在利害关系的当事人没有到场,那么无法于实施执行前获得有利害关系的当事人的意见,并且该意见涉及实体问题,法院不能直接判定。为不影响执行效率,应该留在后面的顺序表异议之诉中解决。如果异议不正当,因顺序表涉及实体问题,执行法院并没有认定的权力,故原则上不能驳回其裁定,应按照异议进行更正,除非有有利害关系的当事人表示反对。

(3)异议的结果。对于异议的观点,如果其他利害关系人没有提出反对意见,那么执行顺序确定,应该尽快实施执行。如果提出了反对意见,那么利益相关人可提起顺序表异议之诉,为此需要提交相应证明材料。如果没有提起该诉讼,或者没有提交该材料,那么视为撤回异议申请;如果提起了诉讼,并且提交了证明材料,那么继续中止执行。

若债权人没有在实施执行前提出异议申请或者撤回异议,或者视为撤回异议,执行法院应依据原顺序表进行执行。此后,异议人是否能够以该顺序违背实体法为由,提起不当得利返还之诉?笔者认为,需要依据正确的执行顺序而判定。如果执行结果违背了本来的执行顺序，那么应该返还。否则，就无需返还，以维护公平正义。

4. 诉讼程序

利害关系人对异议人的意见提出反对的看法，表明对执行顺序的安排和其他问题存在实质争议，需要由相应的程序来解决。

（1）顺序表异议之诉的性质。目前我国没有这样的程序，可以参照分配表异议之诉程序来构建。因顺序表异议之诉胜诉确定时，应该改变执行顺序的安排，故其性质上应该属于形成之诉。且其诉讼标的是原告主张顺序表上被告的执行顺序和原告的执行顺序，与法律规定或者法律价值不一致，换言之，是对顺序表的异议权。[1]因此，原告如果败诉了，仅仅表明原告对顺序表的异议权不存在，就原告与被告的实体关系，并无既判力。

（2）诉讼当事人。执行竞合的前提是多个依据终局裁判的执行的并存与冲突。按照申请先后去实现债权，后申请执行人的利益会被影响，其提出申请确定执行顺序后，又被利害关系人提出异议，执行顺序并未改变，需要对该问题进行实质判断来维护权益。后申请执行人具有诉的利益。如果多个后申请执行人，对顺序表提出异议，那么他们能够作为共同的原告来进行起诉，也能够分别进行起诉。他们不满的都是原告自己与被告之间的执行顺序，只需要个别相对地进行确定即可，因此，顺序表异议之诉并非必要的共同诉讼。该诉的被告是提出异议的先申请执行人。因为各个债权人都获得了终局意义上的执行依据，所以债务人与债权人之间的权利义务关系不再存在争议。债务人不能争议债权问题，至于债权顺序的确定，更与其没有直接关系，所以债务人没有原告资格。

（3）管辖法院。顺序表异议之诉应该由执行法院管辖，具体是实施执行的法院所属的民事审判庭。

（4）起诉与受理。原告应该在异议截止时间起15日内向执行法院起诉并提交证明材料。如果后申请执行人明确表达了对异议的反对意见，那么其应自发表反对意见之日起15日内起诉。没有在法定期间内起诉并提交证明的，

---

[1] 参见张登科：《民事执行法》，三民书局2018年版，第535页。

视为撤回了其诉讼申请。申请被撤回后,顺序表将基于异议意见而更正,执行法院依此实施即可。起诉符合要求而法院受理时,产生继续中止执行的效果。待将来判决确定后,再行实施。

(5) 攻击与防御方法。原告能够主张顺序表应该变更的一切理由,例如,被告的债权不成立、已消灭、期限未到来、被告的债权并无优先受偿地位、自己的债权具有优先地位等。如果被告对债务人的债权,是依据终局执行名义而得,原告是否能够以既判力基准时以前存在的事由对被告债权的存否或者数额进行争执呢?债务人与特定债权人进行勾结,很容易就假债权取得有既判力的执行依据。如果依据既判力的反射效力,而不允许借助顺序表异议之诉将该假债权排除,将妨碍执行,并且,并无依据足以证明债务人与特定债权人之间判决的既判力或者反射效力能够扩张到顺序表异议之诉的原告,故原告可以依据既判力基准时以前存在的实体事由进行争执;被告能够主张原告之诉不合法或者无理由的一些事实,与一般诉讼并没有什么不同。

(6) 顺序表异议之诉中的和解。对于在顺序表异议之诉中能否进行和解,存在疑问。因顺序表异议之诉本质上属于形成诉讼,似乎不能通过和解产生改变顺序表的效果。因该诉讼本质上是要解决原告与被告之间的执行顺序问题,对此民事权益当事人存在自由处分的权利,应该能够进行和解。此点也体现在前阶段的利害关系人能够自由表达支持或者反对异议申请人的意见中。

(7) 判决和救济。顺序表异议之诉的全部或者部分具有理由时,法院应该判决更正原顺序表。判决应该表明是否应该变更执行顺序以及如何变更,使执行法院能够据此更正顺序表。顺序表异议之诉是为了相对解决原告与被告之间的执行顺序问题,仅仅对诉讼当事人产生既判力。因顺序表异议之诉,属于普通的民事诉讼,存在救济的原因时应该给予当事人提出上诉甚至再审的权利。

(8) 执行的实施和剩余权利的处理。原告获得胜诉判决后,应该以此为依据申请执行法院变更执行顺序并实施执行。因是形成诉讼,判决生效后,直接发生变动的效力。推进执行程序的顺利进行属于执行法院的职责,但不是诉讼法院的职责,并且顺序表安排的仍然是民事权益,属于当事人自由处分的范围,法院不能依职权推动执行程序的恢复。竞合的前提是债务人的特定财产不能同时满足多个债权人的债权实现,那么确定完执行顺序并执行后,有的债权人的债权实现将落空。但这些债权不会消失,金钱债权中,担保物权会转化为普通债权,优先权仍然可以就债务人的其他财产获得优先地位。非金钱债权的权利,将转化为金钱义务,通过债务人的其他财产进行清偿。

第六章

我国民事执行竞合相关制度的完善

第一节 民事执行与刑事执行的竞合

一、两者竞合的基本问题

理清民事执行与刑事执行的异同点,是研究两者竞合问题的前提和基础。刑事执行的执行依据只产生于人民法院所作的刑事裁判文书,然后直接由裁判机关移送执行机关进行强制执行。刑法是通过对犯罪人的生命、身体、自由、资格、财产等进行处罚,以达到惩罚犯罪、改造品性、预防再次犯罪、弥补受害人等作用。刑事执行可以划分为刑事裁判非涉财产部分的执行与刑事裁判涉财产部分的执行。刑事裁判涉财产部分的执行,通过判处罚金、没收财产、没收赃款赃物和收缴供犯罪所用本人财物,能够实现针对犯罪分子的刑法目的。责令犯罪分子退还或者赔偿,以此救济受害人。通过对民事执行与刑事执行的对比可知,两者的差异主要在执行机关、执行内容、执行方法和执行程序方面。在执行机关方面,刑事裁判非涉财产部分的执行机关类型多样,包括社区矫正机关、公安机关和人民法院。刑事裁判涉财产部分的执行机关与民事执行的机关相同,都是人民法院。在执行内容方面,刑事执行的内容就是刑事处罚的内容,即剥夺生命、劳动改造、限制自由、剥夺资格、处罚财产等。而民事执行的内容是强制债务人履行金钱债务或者行为债务。刑事裁判非涉财产部分的执行方法与执行内容具有对应性,而刑事裁判涉财产部分的执行方法与民事执行的方法具有类似性，例如有时也需要对债务人的财产进行控制或者变价等。在执行程序方面，两者区别明显。刑事执行的启动多是基于职权，而民事执行一般是通过债权人的申请而启动。

司法实践中，犯罪分子被刑事审判部门判处罚金或者没收财产的刑罚后，执行依据会被依职权移送到执行部门实施执行，当执行部门对犯罪分子的合法财产采取执行措施时，会出现执行对象上已经存在民事执行，或者之后民事债权人依据执行名义对刑事执行对象采取执行措施的情况，此时就产生了民事执行与刑事执行的竞合。[1]正如上文所述，刑事执行可分为刑事裁判非涉财产部分的执行和刑事裁判涉财产部分的执行。前者中，财产一般作为证据，通常不会与民事债权发生并存的现象，但是证据最后的去处，会引发竞合问题。例如，这些证据要么最后归还所有人，要么作为赃款赃物或者犯罪工具而被收归国有。如果民事债权人的债权存在于这些被追缴、退赔或者没收的财产上，就会发生竞合现象。刑事裁判涉财产部分的执行中，存在罚金刑、没收财产刑、责令退赔、赃款赃物的追缴和供犯罪所用本人财物的没收等问题，涉及的执行对象都可能成为民事执行的对象，使民事执行与刑事执行形成竞合的情形。

二、解决两者竞合的立法现状和不足

对于这些竞合现象如何处理，现行法给出了一些解决方案。通过分析这些法律规范可以得出以下观点：第一，民事责任优先于罚金刑和没收财产刑。这背后体现的是民事优先原则。这个原则，体现在《中华人民共和国刑法》（以下简称《刑法》）第36条、《民法典》第187条[2]以及《最高人民法院关于刑事裁判涉财产部分执行的若干规定》第13条中。《刑法》中的规定比较明确。[3]虽然《民法典》没有直接言明，但官方的司法解释明

---

[1] 参见江必新主编：《强制执行法理论与实务》，中国法制出版社2014年版，第730页；肖建国：《论财产刑执行的理论基础——基于民法和民事诉讼法的分析》，载《法学家》2007年第2期。

[2] 《民法典》第187条规定：民事主体因同一行为应当承担民事责任、行政责任和刑事责任的，承担行政责任或者刑事责任不影响承担民事责任；民事主体的财产不足以支付的，优先用于承担民事责任。

[3] 《刑法》第36条规定：由于犯罪行为而使被害人遭受经济损失的，对犯罪分子除依法给予刑事处罚外，并应根据情况判处赔偿经济损失。承担民事赔偿责任的犯罪分子，同时被判处罚金，其财产不足以全部支付的，或者被判处没收财产的，应当先承担对被害人的民事赔偿责任。

确了该规则。[1]通过对《最高人民法院关于刑事裁判涉财产部分执行的若干规定》第13条进行体系解释，也能得到此结论。人身损害赔偿、具有优先受偿权的债权和其他民事债务，本质上都属于民事债权。罚金刑和没收财产刑，本质上都属于刑事处罚。民事债权都排在前面，刑事处罚都放在后边，体现了民事债权优先于刑事债权的理念。第二，没收财产之前犯罪分子负担的合理正当债务早于没收财产被实现。[2]第三，退赔被害人的损失优先于其他民事债务。[3]

这些规则的构建，对处理两者的竞合问题，具有积极影响。但是，这些规则还存在不完善和遭受质疑的地方。第一，具有优先受偿权的债权的范围及其与其他债权的关系，具有不确定性。第二，优先受偿权优先于责令退赔的合理性是什么？第三，刑事退赔优先于其他民事债务的正当性为何？是否存在例外？需要说明的是，民事优先原则实际上是专门用于规制民事终局执行与刑事终局执行竞合情形的程序规则，[4]因此，笔者下文将主要围绕民事终局执行与刑事终局执行的竞合展开论述。

---

[1] 参见最高人民法院民法典贯彻实施工作领导小组主编：《中华人民共和国民法典总则编理解与适用（下）》，人民法院出版社2020年版，第942~943页。

[2]《刑法》第60条规定：没收财产以前犯罪分子所负的正当债务，需要以没收的财产偿还的，经债权人请求，应当偿还。《最高人民法院关于适用财产刑若干问题的规定》（法释〔2000〕45号）第7条规定："刑法第六十条规定的'没收财产以前犯罪分子所负的正当债务'，是指犯罪分子在判决生效前所负他人的合法债务。"

[3]《最高人民法院关于适用〈中华人民共和国刑事诉讼法〉的解释》（法释〔2021〕1号）第521条规定："刑事裁判涉财产部分的执行，是指发生法律效力的刑事裁判中下列判项的执行：（一）罚金、没收财产；（二）追缴、责令退赔违法所得；（三）处置随案移送的赃款赃物；（四）没收随案移送的供犯罪所用本人财物；（五）其他应当由人民法院执行的相关涉财产的判项。"《最高人民法院关于刑事裁判涉财产部分执行的若干规定》（法释〔2014〕13号）第13条规定："被执行人在执行中同时承担刑事责任、民事责任，其财产不足以支付的，按照下列顺序执行：（一）人身损害赔偿中的医疗费用；（二）退赔被害人的损失；（三）其他民事债务；（四）罚金；（五）没收财产。债权人对执行标的依法享有优先受偿权，其主张优先受偿的，人民法院应当在前款第（一）项规定的医疗费用受偿后，予以支持。"

[4] 参见刘东：《涉财产刑执行中民事债权优先受偿的困境与出路》，载《华东政法大学学报》2021年第5期。

三、两者竞合中执行顺序规则的完善

(一) 优先受偿权的范围及其与其他债权之间的位阶关系

对于优先受偿权的范围，需要通过体系解释的方法来确定。通过上文民事执行和民事执行竞合的相关内容可知，优先受偿权是一个集合的概念，既是权利，又是效力；既包括程序性的，也包括实体性的。通过对《最高人民法院关于刑事裁判涉财产部分执行的若干规定》第13条的分析可知，此处的优先受偿权仅指实体性的和效力性的，包括优先权和担保物权。因人身损害赔偿中的医疗费用属于一般优先权，应该优先支持。这种费用用于支付抢救、治疗被害人的花销，属于拯救被害人生命、恢复被害人健康的救命钱与保命钱。[1]在受害人的生命健康面对现实威胁的境况下，该费用已被支出。主要基于医疗费用实现的紧迫性与必要性，决定该费用的优先地位。[2]另外，医疗费用在被执行人赔偿责任中所占比重往往并不太大，其最先实现清偿，一般不会对其他权利的实现造成根本性冲击。这与民事金钱债权执行竞合中的处理规则是一致的。人身损害赔偿中还包含其他项目，那些项目也应当获得靠前的支持。因此，此处的优先受偿权包含除医疗费用之外的人身损害赔偿、其他优先权和担保物权。它们之中，除医疗费用的人身损害赔偿肯定最优先获得清偿外，剩余的优先受偿权内部之间的关系，按照民事执行竞合中的相关规则处理。

(二) 优先受偿权优先于刑事退赔的正当性

依据《最高人民法院关于刑事裁判涉财产部分执行的若干规定》的规定可知，债权人对执行标的享有的优先受偿权，劣后于人身损害赔偿中的医疗费用，优先于退赔被害人的损失。对于实体法上的优先受偿权劣后于人身损害赔偿的原因，上文已经论述。对于优先受偿权优先于退赔被害人损失的原因，主要在于保障优先受偿权制度所体现的保护交易安全等法律价值的实现。

---

[1] 参见王娣、王德新、周孟炎：《民事执行参与分配制度研究》，中国人民公安大学出版社、群众出版社2019年版，第296页。

[2] 参见程凤义、刘伟超：《刑事裁判涉财产部分的执行顺序》，载《人民司法（应用）》2016年第16期；崔建远主编：《我国物权立法难点问题研究》，清华大学出版社2005年版，第242页。

对于退赔被害人损失的财产，如果负担债权人的优先受偿权，那么债权人的优先受偿权优先于退赔被害人的损失受偿。即使相关财产应当退赔被害人，如果该财产上已经依法设定了担保物权等优先受偿权，对于优先受偿权人来说，该财产已经被纳入了被执行人"责任财产"的范围，在保护所有权的价值之上，又加入了交易安全、债权人信赖利益、权利公示公信等更高的价值选择，对执行标的的优先受偿权可以对抗所有权。被害人的财产权利受到限制物权等优先权的压制，即便被执行人对该财产的所有权存在瑕疵，构成无权处分的情况（构成善意取得）。[1]故应该认可优先受偿权优先于退赔被害人的损失的原则。需要说明的是，对优先受偿权优先于退赔被害人的损失获得清偿的理解不能局限于表面。进行退赔的前提是追缴，追缴的对象是赃款赃物等非法所得。如果发现犯罪分子具有非法所得，首先需要做的就是追缴，而不是直接执行优先受偿权。[2]追缴之后，需要把违法所得返还给受害人。如果不能返还原物，那么可以进行金钱赔偿，而赔偿的来源是犯罪分子的合法财产。此时，才有该顺位规则适用的空间。通常情况下，金钱赔偿的性质为债权，应该让位于优先权和担保物权等优先受偿权。

优先受偿权的对象是被执行人的特定财产，而不是其他财产，优先受偿权的债权人只能对该特定财产的交换价值享有优先受偿的权利，获得优先受偿的顺位，而对于被执行人的其他财产并不能优先受偿。只有确保该权利是依法成立的，债权人才能享有优先受偿权。区别于普通债权，没有取得生效法律文书确认的优先受偿权，依然可以在执行程序中直接主张。现行法中，处理金钱债权执行之间竞合的程序是参与分配。规范参与分配的《民诉法解释》第506条，即对执行对象存在优先权和担保物权的债权人，即使没有获得执行依据，仍然能够参与该程序。而没有优先受偿权的普通债权人，只能在获得执行依据后，才能申请启动或者参加该程序。由此可知，没有获得执行依据的优先受偿权人，只要在执行程序中，被法院认可其享有优先债权，那么就可以获得优先受偿的地位。如果利害关系人对此存在异议，那么可以

---

[1] 参见最高人民法院执行局编著：《最高人民法院关于刑事裁判涉财产部分执行的若干规定理解与适用》，中国法制出版社2017年版，第169~185页。

[2] 参见吉林省梅河口市人民法院［2018］吉0581执异20号执行裁定书。

依据相关规定，提起异议或者异议之诉，以资救济。[1]

(三) 刑事退赔优先于其他民事债务的正当性及其例外情况

退赔被害人的损失，应该优先于其他民事债务被实现。为分析其原因，首先需要理清两者的概念与性质。退赔是指，将违反《刑法》得到的财物归还或者赔偿原来的主人。违法所得的财物，是指凭借实行犯罪行为所得到的财物及其非法的收益。"退"是指，倘若存在原物，则把原物归还；"赔"是指，不存在原物或者已被处置时，根据换算的金额进行赔付。按照退赔的起因来划分，犯罪分子可以主动退赔被害人，也可以被法院责令退赔被害人。顾名思义，前者是犯罪分子自愿主动地将财物退回或者赔偿相应的款项，后者是犯罪分子在司法机关强制下将财物退回或者赔偿相应款项的行为。责令退赔和处置赃款赃物具有重合的部分。遵循法律的规定，犯罪分子的所有违法所得，均必须被追缴或者责令退赔。责令退赔的财产，必须是关涉犯罪的犯罪分子违反《刑法》得到的所有财物。实践中，许多犯罪分子违反《刑法》得到的财物都具有合法的形式外衣，但不能掩盖赃款赃物的本质。这些财物不属于犯罪分子的合法财产，假如其被刑事裁判认定为违法所得及其收益，就应该被没收或退赔给被害人。

虽然责令退赔与财产刑均针对犯罪分子的财产，但两者具有明显的区别。刑法没有将责令退赔规定在刑罚体系中，其本质上不是一种刑事处罚的方法，把犯罪分子违法所得的财物归还被害人，是为了救济被害人。财产刑被规定在刑法的附加刑体系中，本质上属于一种刑罚的方法，是对犯罪分子物质上的处罚。执行对象不是犯罪分子的违法所得，而是其合法拥有的财产，并将之上缴国库。

责令退赔和刑事附带民事赔偿之间，具有本质不同。刑事附带民事赔偿的权利主体与责令退赔的权利主体相同，即被害人或者其近亲属。但是，刑事附带民事赔偿的执行对象只能是犯罪分子的合法财产，不能用犯罪分子的违法所得，来承担民事赔偿责任。于是，《最高人民法院关于适用〈中华人民共和国刑事诉讼法〉的解释》（以下简称《刑诉法解释》）第 176 条与《最

---

[1] 参见黄忠顺：《刑事涉财产执行中的案外人权益救济———以案外人权益救济程序的当事人构造为视角》，载《交大法学》2023 年第 6 期。

高人民法院关于适用刑法第六十四条有关问题的批复》均规定，倘若犯罪嫌疑人不合法占有和处理被害人的财物，均应凭借追缴或者责令退赔的方法解决。倘若被害人提起附带民事诉讼，人民法院不予受理。

与此相对，其他民事债务是指普通的民事债务，也包含刑事附带民事赔偿。刑事附带民事诉讼，属于刑事诉讼中顺带处理民事赔偿问题的程序，与其他民事诉讼程序没有本质不同。被执行人的刑事附带民事赔偿责任，与普通民事责任没有先后之分，应为同一执行顺位。普通民事债务的权利人应取得执行依据，才能参与财产分配程序，主张优先于财产刑受偿，没有取得执行依据的债权人不享有此项权利。在被执行人同时承担刑事责任和民事责任的情况下，普通债权人要求从执行财产中优先受偿的，也应如此。其原因在于，未经生效法律文书确定的普通民事债权，执行机构无法认定其是否属于被执行人所负"正当债务"。其中不排除被执行人与案外人串通虚构债权债务关系，对抗执行的情形，此时其不仅在民事执行中无权申请参与分配，而且在财产刑执行中，也无权直接加入财产分配，除非债权人对执行对象依法具有靠前受偿的法律地位。刑事附带民事诉讼权利人与普通债权人居于同一顺位，只有取得刑事附带民事诉讼生效法律文书，才能从执行财产中受偿。

刑事案件中的被害人，通常无法预测和避免遭受犯罪侵害，法律给予其通过刑事追缴或者责令退赔的方式对犯罪分子非法占有和处置的财产主张权利的机会，而不需要通过自己起诉、自己举证的附带民事诉讼的方式去寻求救济。最主要的是，犯罪分子需要退赔给被害人的财物，并不能来源于犯罪分子的合法财物，而是源于被害人的财物。虽然这些财物有可能具有执行对象的外观，但本质上属于犯罪分子的违法所得，在法律上仍然应该被定性为被害人的财物。不能从犯罪行为给被害人造成更严重损失的角度来解释退赔优先于民事债务，毕竟刑事附带民事赔偿也是因犯罪分子的侵害行为所致，但法律却将之与普通民事债务等同视之。将刑事退赔排列在普通民事债务之前的原因是，被犯罪分子占有和非法处置的财物，在刑法上仍被视为被害人所有的财物（尽管在表现形式上可能属于被执行人的合法自有财产），[1]从

---

[1] 参见乔宇：《刑事涉案财物处置程序》，中国法制出版社2018年版，第294~295页。

另一个角度来看，这些财物不属于作为犯罪分子的被执行人的责任财产，当然不能用来清偿被执行人的民事债权，而应该将之返还其所有权人。从这个意义上来说，被害人要求退赔的权利，本质上属于物权性质的请求权或者类似物权性质的请求权。由此观之，源于被害人被侵害的不可预见性、无法避免性与被侵害财产的特殊性，被害人的退赔权利被刑事法律赋予了一种物权化的效力，使其能够优先于普通民事债权获得清偿。

在民法上，因财物损失引发的民事请求权为债权请求权，而不是物权请求权。然而，刑法上的退赔和民法上因财物损失导致的损害赔偿，在实质上存在区别。依据《刑诉法解释》第176条的规定可知，责令退赔和刑事附带民事诉讼属于两种不同的救济制度。凭借刑事附带民事诉讼主张民事财物损害赔偿的请求权是债权请求权，与通过责令退赔主张的财物损害的请求权存在较大差别。根据《刑诉法解释》第175条的规定可知，刑事附带民事诉讼中的财物损害赔偿，是基于财物被犯罪分子毁坏而遭受的损失，不同于财物被犯罪分子占有和处置而导致的损失。面对后者的情形，应该依据该解释第176条的规定，通过追缴或者责令退赔获得救济。由此可知，在刑事领域，责令退赔和刑事附带民事诉讼的适用范围存在不同之处，受害人享有权利的性质也不同，更区别于民法上因财产损害而产生的请求权的性质。如果依据民法上的请求权来进行分析，那么肯定不能得出退赔优先于其他民事债务，而是得出退赔实质上属于刑事附带民事责任的结论。这就与前述《刑诉法解释》的相关规定产生矛盾。总而言之，不能从民法上财产损害赔偿请求权的角度去分析刑事退赔。应该立足刑事领域的特殊性，把犯罪分子的违法所得或者退赔的对象作为被害人所有的财产对待，不能将其作为犯罪分子的责任财产对待，来清偿犯罪行为引发的民事债权或者其他的民事债权，更不能用来清偿犯罪分子的财产刑。

需要强调的是，退赔早于其他民事债务被清偿，属于两者位序的通常情形，不排除例外情形的存在。对于一些特殊类型犯罪中涉案财物的处理，就不能按照该顺位规则来处理。司法实践中，"有法院认为，对于非法吸收公众存款罪、集资诈骗罪等非法集资类案件，以及其他部分破坏市场经济秩序、金融管理秩序的犯罪，退赔被害人的损失应当和其他普通民事债务处于相同实现位序，按照比例分配"。[1]比如，在非法吸收公众存款案中，一些受害人为了保护自己的权益，基于借款合同，向法院起诉而获得确认其债权的裁判文书，然后去申请执行犯罪分子的财产；另外一些受害人则在刑事诉讼中通过刑事退赔的方式，请求返还财产，从本质上来说，两种受害人损害赔偿的本质是相同的，但通过刑事退赔能够更早获得赔偿，有违公平。应该把两种损失赔偿同等看待，按比例清偿。[2]通过分析这些情形可知，它们都与经济活动有关，或者存在民事交易的外观，并且被害人的损害都是金钱。其原因在于，作为退赔优先于其他民事债务顺位规则基础的物权请求权或者物权性质的请求权，无法适用于金钱债权。因金钱属于种类物，占有即所有。而物权需要客体特定，才能享有效力。不能特定的金钱与普通的金钱没有实质区别，基于此的受害人的请求权，也不应该被区别对待。至于是否还存在其他例外的情形，需要通过实践去获得答案。总之，退赔被害人的损失与普通民事债务的受偿顺位，有必要结合司法实践的具体情况进行综合考量，不应将该顺位规则绝对化。

(四) 两者竞合中牵涉的其他执行顺序规则

依据《刑法》第64条和《刑诉法解释》第176条的规定可知，对于犯罪分子违反《刑法》得到的财物，存在追缴或责令退赔两个维权途径。于是，作为责令退赔权利人的被害人具有两条救济的道路，既可以追缴，也可以申请责令退赔。但关于两者的适用顺序，现行法律没有给出明确答案。比如，追缴赃款赃物上缴国库和没收供犯罪所用本人财物，在与作为被执行人的犯罪分子的刑事责任、民事责任并存的情况下，执行顺序的确定没有获得法律的回应。笔者认为，有必要追缴的赃款赃物，倘若属于应该退赔被害人的财物，则应当按照退赔被害人损失的顺序规则处理。假如是需要上缴国库的财产，那么不可被认定为被执行人的合法财产，因此，该财产不可用于实现犯罪分子的普通民事债务和刑事附带民事债务。提供给犯罪使用的本人财物（包括犯罪工具），是应该被依法没收或销毁的财产，也不是犯罪分子合法所

---

[1] 参见江西省高级人民法院［2018］赣执复81号执行裁定书。
[2] 参见浙江省义乌市人民法院［2017］浙0782民初14841号民事判决书；北京市第三中级人民法院［2019］京03民终14189号民事判决书。

有的财产，只能被没收上缴国库或者依法销毁，肯定不能用于实现普通民事债务和刑事附带民事债务。存在较大争议的是，这些应当上缴国库的赃款赃物或者供犯罪使用的本人财物，如果背负了抵押权、质权、留置权等担保物权及其他优先受偿权，此时，应该优先上缴国库还是优先支持优先受偿权的实现？对此，现行法没有明确规定。笔者认为，应该优先支持优先受偿权，原因在于赃款赃物能够成立善意取得。依据对《最高人民法院关于刑事裁判涉财产部分执行的若干规定》第11条的理解可知，"犯罪分子把刑事裁判定性的赃款赃物，用于清偿债务、进行转让或者设置其他权利负担时，如果符合该条的情况，那么人民法院应该予以追缴。但是，如果第三人善意取得该财物时，那么执行程序中不能予以追缴。其他权利负担，包括设置担保物权等优先受偿权的情形"。[1]换言之，该财物上能够成立担保物权的善意取得。此时，应该保护第三人依法成立的优先受偿权。

第二节 民事执行与行政执行的竞合

一、两者竞合的基本问题

对民事执行与行政执行之间竞合的探讨，需要先从宏观上把握两者之间的异同点。两者既有共同点，也有不同点。我国的行政执行分为两种。第一种是，行政相对人以行政机关为被告，诉至法院，并获得胜诉裁判，而行政机关抗拒执行，作为权利人的相对人请求人民法院对行政机关实行强制执行的程序。该程序被称为行政判决、裁定或者调解书的执行。第二种是，行政机关通过行政行为，给行政相对人判定一定义务，其抗拒承担后，行政机关使用自身的执行权或者通过法院的执行权，对行政相对人进行强制执行的程序，这种情况被称为行政执行。通过比较民事执行与行政执行可知，两者的执行机关都有人民法院，但行政执行的执行机关还可以是行政机关自身；两者的执行依据都有出自法院的情形，除此之外，前者的执行依据还可产生于

---

[1] 参见最高人民法院执行局编著：《最高人民法院关于刑事裁判涉财产部分执行的若干规定理解与适用》，中国法制出版社2017年版，第169~185页。

公证机关或者仲裁机关等,后者的执行依据还可产生于行政机关。两者最大的区别在于功能差异。作为民事救济程序的一部分,民事执行是为了维护民事权益的实现,而行政执行是为了保护行政领域的公共利益。民事执行以实现债权人的债权为基本功能,而行政执行的基本功能是实现行政机关的意志,并司法监督行政机关的公法行为。[1]

正如上文所述,行政执行分为行政机关为被执行人和行政相对人为被执行人的情况。行政机关为被执行人时,通常情况下不存在债务人的财产不能同时满足多个债权人债权的情况。行政相对人为被执行人[2],又分为行政机关存在执行权和不存在执行权两种情况。[3]前者的情况下,行政机关进行执行时,会发生与已经存在的民事执行竞合的情况;后者的情况下,行政机关申请法院执行的情况,称为行政非讼执行。当法院依据行政机关的申请进行执行时,会发生与已经存在的民事执行竞合的情况。[4]解决两种情况的关键是民事执行与行政执行的顺序问题,前一种情况还涉及执行权的确定和执行程序的衔接问题。[5]

依据执行的内容,民事执行和行政执行都可以划分为以支付金钱为内容的执行与以支付金钱以外行为为内容的执行。[6]民事执行与行政执行之间竞合的主要类型是以支付金钱为内容的执行之间的竞合。[7]此种情形也被称为私法上的债权与公法上的债权之间的竞合问题,其中最典型的是民事金钱债权与税收债权的竞合问题。换言之,作为公法上金钱给付义务的缴纳税款义务,实践中经常会与私法上的债务给付义务的实现发生冲突。为促进两者竞合时执行程序的顺利进行,需要理清执行顺序问题。

二、解决两者竞合的立法现状和不足

现行法对公法上与私法上的金钱给付义务的实现顺序,仅仅制定了简单

---

[1] 参见谭秋桂:《民事执行法学》(第3版),北京大学出版社2015年版,第9~10页。
[2] 参见江必新主编:《强制执行法理论与实务》,中国法制出版社2014年版,第787~792页。
[3] 参见肖泽晟:《论行政强制执行中债权冲突的处理》,载《法商研究》2011年第3期。
[4] 参见江必新主编:《强制执行法理论与实务》,中国法制出版社2014年版,第729~730页。
[5] 参见郭昌盛:《我国税务强制执行权的历史嬗变、实践困境及完善路径——以〈税收征管法〉修订为契机》,载《中国政法大学学报》2019年第2期。
[6] 参见肖建国主编:《民事执行法》,中国人民大学出版社2014年版,第316页。
[7] 参见王娣:《强制执行竞合研究》,中国人民公安大学出版社2009年版,第63页。

的规定，且存在不完善和不一致的内容。

（1）《税收征收管理法》和《企业破产法》对于缴纳税款义务和附担保债务给付的履行顺位存在较大的冲突。前者第45条规定，税款与担保物权的顺位，因两者成立时间的先后关系存在区别。而后者第113条规定，附担保债务给付固定优先于缴纳税款义务。

（2）对滞纳金是否具有与税款本身相同的履行顺位，执行相关立法与《企业破产法》都没有给出明确回答。国家税务总局认为，滞纳金与税款本身等质，应该优先清偿。[1]而最高人民法院持相反看法，[2]司法实践中也是遵循最高人民法院的规定。[3]

（3）"纳税义务的实现位序规则一般在破产情景下进行研讨，缺失对非破产前提下缴纳税款义务的履行顺位规则的关注。"[4]比如，执行程序中，自然人作为纳税人而无法履行全部公法、私法债权的情形。此时，因没有直接的法律规定，只能援引《税收征收管理法》的相关规定确定执行顺序。但《税收征收管理法》规定的顺序规则，缺乏对工资债权和人身损害赔偿之债等义务的关注，无法提供全面的指引。此时，如何确定履行顺序？

（4）《税收征收管理法》中规定的缴纳税款和留置权之间的履行顺位是否契合法理？前述法律规定，倘若税款早于留置权诞生，则支持税款的靠前实现。然而，留置权与抵押权或质权区别明显，前者是法定的担保物权，且不把登记作为成立要件。留置权优先于抵押权或质权的原因在于，留置权人的行为增加了留置对象的价值。详言之，由于该项增值对全体债权人都有积极意义，故应该优先保障。因此，留置权适用抵押权或质权与税款的顺位规则，正当性容易受到质疑。

（5）"欠税发生时间"的概念不确定，增加实践的难度。《税收征收管理

---

〔1〕《国家税务总局关于税收优先权包括滞纳金问题的批复》（国税函［2008］1084号）。

〔2〕《最高人民法院关于审理企业破产案件若干问题的规定》（法释［2002］23号）第61条第1款第2项和《最高人民法院关于税务机关就破产企业欠缴税款产生的滞纳金提起的债权确认之诉应否受理问题的批复》（法释［2012］9号）。

〔3〕在法院受理的破产案件中，一般认定滞纳金给付义务在破产领域中不可履行。参见四川省遂宁市中级人民法院［2018］川09民终1325号民事判决书。

〔4〕参见李慈强：《破产清算中税收优先权的类型化分析》，载《税务研究》2016年第3期。

法》以欠税发生时间与担保物权成立时间的关系,来确定缴纳税款义务与担保物权的履行顺序,但实践中往往难以确定欠税的发生时间,导致适用规则的困难。

三、两者竞合中执行顺序规则的完善

上述问题的存在,导致交易相对人无法准确预估纳税人缴纳税款对其所欲实施的交易安排的影响,降低交易的意愿,阻碍经济发展。虽然世界上多数国家存在逐步取消税收优先权或限制税收优先权的趋势,但在我国没有废除税收优先权规则的当下,仍然需要解决税收债权和私法债权冲突的问题,使其既能保护税收的实现,又不影响经济的发展。解决民事执行与行政执行竞合的关键是,确定非破产前提下纳税义务与其他给付义务之间的履行顺位。该问题既影响确定诸项给付义务之间的履行顺序,又影响具体的落实,需要研究解决。

(一)缴纳税款义务与私法债权之间的位阶关系

1. 缴纳税款义务优先于普通债权

凭据《税收征收管理法》第 45 条的规定可知,普通债权劣后于缴纳税款义务。但该法没有对债权的成立时间作出规定。其原因在于,缴纳税款义务的对象是纳税人的全部财产。如果先清偿普通债权,那么缴纳税款义务的基础就存在风险,危害国家公共利益。如果纳税人在缴纳税款之前,履行了普通债权,为保障优先权的实现,税务机关能够撤销该行为。

2. 生存权益相关债务优先于缴纳税款义务[1]

保障纳税人的生存权是税法中量能课税的内在要求之一。职工工资债权和人身侵权债权的背后代表了生存权益,关涉人权;与国家税收的经济利益相比,自然人的生命、健康等权益更值得保护,这是人权国家的体现和选择。[2]该理念已经得到了立法的确认。例如,《企业破产法》第 113 条,将企业欠付职工的工资和基本社会保险等费用,排在企业欠付的税款之前;"人身损害赔偿债权优先于财产性债权,私法债权优先于公法债权,补偿性债权优先于惩

---

[1] 参见关爱麟、崔晓磊:《税收优先权的法律适用困境及其化解》,载《税务与经济》2022 年第 2 期。

[2] 参见肖泽晟:《论行政强制执行中债权冲突的处理》,载《法商研究》2011 年第 3 期。

罚性债权原则"[1]获得了最高人民法院的肯认。另外，正如上文所述，民事执行竞合中，该类权益也应获得优先清偿的地位。

3. 其他法定优先给付义务优先于缴纳税款义务[2]

《税收征收管理法》第45条存在但书规定，阐明税收优先原则存在例外。通过分析可知，此类特别给付义务大致包含以下内容：《企业破产法》中的破产费用和共益债务给付义务；建设工程价款给付义务；购房消费者的物权期待权实现义务；《中华人民共和国保险法》中的保险金给付义务等。

4. 附抵押权和质权的债权与缴纳税款义务的位阶关系

在非破产情形下，根据《税收征收管理法》的规定可知，为平衡公法之债与私法之债之间的关系，税收优先权与抵押权或者质权之间的履行顺序，依据成立时间的先后来决定。在先成立的抵押权或者质权等担保物权，优先于缴纳税款义务。同时，为了减少税收优先权与民事交易行为的影响，《税收征收管理法》还设置了欠缴税款的公告规则、欠税人进行说明的规则及征管机关对欠税进行说明的规则。已经欠付税款的纳税人再成立抵押或质押时，应当向债权人明确说明欠税的情形，同时，债权人也能够向税务机关打听纳税人的税务情况，以此来确保债权人基于该信息而作出交易行为，具有合理性。因此，附抵押权或质权的债权与缴纳税款义务的位阶关系，应该采取《税收征收管理法》的思路处理。

5. 留置权与缴纳税款义务的位阶关系

依据《税收征收管理法》第45条的规定可知，留置权与缴纳税款义务的位阶规则，与抵押权或者质权和缴纳税款义务的位阶关系相同。但是，根据《民法典》的规定，留置权具有优先于抵押权和质权的效力。前者属于法定的担保物权，后两者属于意定的担保物权。故留置权与抵押权或质权采用相同的规则，难免遭受正当性方面的质疑。《民法典》规定留置权优先于抵押权或者质权的原因在于，留置权人的行为增加了留置物的价值，而此价值对所有债权人都有益。另外，留置权成立的前提是对留置物的占有，留置权与缴纳税款义务竞合时，留置物仍然在留置权人手中。占有作为最强的公示手段，从

---

[1]《全国法院破产审判工作会议纪要》（法[2018]53号）。
[2] 参见江必新主编：《强制执行法理论与实务》，中国法制出版社2014年版，第710~711页。

形式上表明了物的归属，理应优先保护。因此，现行法设置的成立在先的缴纳税款义务优先于留置权的规制，缺乏合理性，留置权应该优先于缴纳税款义务。

(二) 税收优先权的范围

1. 执行变价中产生的税款

目前，现行法对执行过程中拍卖和变卖等变价措施引发的税收负担和该税款是否具有优先地位的税收问题，没有直接的法律规定。

(1) 执行变价中产生税款的承担主体。

目前执行实践中，经常出现执行法院通过拍卖公告的方式，让买方承担变价措施产生的全部税款的情况。笔者认为，该做法是不合理的。该部分税款是为实现全体债权人的共同利益而产生的费用，理应获得优先地位。因税款和滞纳金同等管理是税法的一般原则，故滞纳金同样具有税收优先权。需要说明的是，当执行法院在先查封纳税人的财产时，税务机关能够通过参与分配程序参与到民事执行中。税收优先权的有无，与税务机关是否采取税收保全措施，以及税务机关是否请求法院实施执行无关。并且，由法院代征执行程序中所涉税款，利于防止执行程序中税收的流失。[1]具体理由分析如下：

第一，通过查阅税收的相关法律规定可知，现行法中没有关于执行中税费承担的直接规定。但存在与拍卖等变价行为本质类似的买卖的税收规定。依据该规定可知，税法给买卖双方分别设定了税收款项。由卖方承担的项目包括：增值税、印花税、所得税等；由买方承担的项目包括：印花税和契税等。依照税收法定原则，税收项目必须法定，纳税主体也必须法定。[2]因此，执行法院不可使用公告来约定变更法律的规定。

第二，税法属于实施分配的法律，法治国家制定税法的目的是在公民中公平设定税收的负担。而实现该目标的主要手段是纳税主体的设计。税法设定交易中税收的负担规则，正是实现该目标手段的体现。[3]如果允许通过约定的方式改变这种格局，将对税法的公平目标的实现产生消极影响。

---

[1] 参见郭昌盛：《执行程序中税收优先权的法律适用困境及其化解》，载《税务与经济》2019年第6期。

[2] 参见张守文：《论税收法定主义》，载《法学研究》1996年第6期。

[3] 参见张守文：《分配结构的财税法调整》，载《中国法学》2011年第5期。

第三，税法上的纳税主体规则是具有强制力的规则。《中华人民共和国税收征收管理法实施细则》第 3 条明确规定，与该法冲突的纳税人的协议一律无效。有观点认为，交易双方约定的税收负担，能够在民事领域和税收领域诞生两种效力。在民事领域，交易主体应当奉行意思自治的自由处分原则，只要没有违反效力性强制性规定，约定的税收负担的效力就应该被尊重。但是，这种约定不能改变税法上的规定，对税务机关没有拘束力。税务机关仍然能够依据税法对纳税主体的规定，而向法定的纳税人征收税款。笔者不支持该观点。税法上对纳税主体的规定不仅关涉税款能否按时足额入库，而且关系到能否公平分配税收的问题。倘若纳税主体与税收负担的规则属于管理性规定，[1] 那么税收的前述功能将面临不能实现的后果。因此，税法上关于纳税主体或者税收负担的规定属于效力性强制性规定，违反该规定的交易行为当然无效。

第四，变价执行标的产生的税款实际是执行成本的部分，让买方承受税法明定的应由卖方缴纳的税款，肯定提高了买方的成本，不契合经济的理性。此时，出于使竞价成本契合买方预想，提高变价成功率的考虑，必将使用压低成交价格的方法，如此一来将导致掩盖交易的真实价格。从形式上来说，强迫买方承受变价的税款，能够预防税收的丧失，但压低价格的方法也会降低计税的依据，最终导致税收收入的降低。虽然税款由买方承担，但税务机关却要依据税法的规定，将纳税凭证和发票等给予税法明定的纳税人。虽然卖方没有承担纳税义务，但却可以凭借前述票据进行税收的扣除（至少理论上成立）；而实际承担纳税义务的买方，却不能进行税前的扣除，这将使税前扣除和会计记账陷入困境。正如前文所述，法院会通过公告的形式，要求买方承担税款义务。这种公告和内容，实质上相当于格式条款。该公告虽然规定能接受者才能参与竞买，但并不能消除其强制的意味。法律明定，给出格式规定的一方，增加对方义务的行为无效，故该公告的相应内容应该无效。

（2）执行变价中产生的税款应当优先受偿。

第一，执行变价中产生的由纳税人承担的税款，应该在变价款中优先于

---

[1] 参见郭昌盛：《执行程序中税收优先权的法律适用困境及其化解》，载《税务与经济》2019 年第 6 期。

普通债权受偿。其一，该做法契合《税收征收管理法》第45条的规则。该条款明确阐明，税务机关征收的税款优先于普通债权而实现。其二，优先清偿该税款，能够防止被执行人获得变价款之后不进行纳税申报，而导致税款的流失。其三，保持与其他部分法的协调。依据国家税务总局的规定可知，无论执行中的变价行为是被执行人自主进行的，还是法院强制进行的，因变价获得的款项都应该进行纳税申报。并且，要求法院应当支持税务机关从该收入中优先征收税款。[1]

第二，执行变价中产生的税款，应该在变价款中优先于抵押权人受偿。具体理由如下：其一，契合《城市房地产抵押管理办法》（已被修改）第47条的规则。依据该规定可知，处分抵押的房地产所得的款项，应该首先支付处分房地产的费用，再清偿应该缴纳的税款，然后清偿抵押权人的债权本息和违约金，再清偿债务人违反合同给抵押权人造成的损失，最后仍有剩余的金额交还抵押人。可见，该规定确立了变价房地产所得价款的清偿顺序，并且将税款置于抵押权之前进行清偿。其二，从本质上来说，执行变价中产生的税款是获得抵押权的成本，近似于破产程序中的破产费用，应当在分配变价款时优先实现。[2]

第三，执行变价中产生的税款，应该在变价款中优先于建设工程价款受偿。最高人民法院通过相关批复和司法解释，明确规定了建设工程价款优先受偿权的对象、内容和期限。该优先权相对于抵押权和其他债权具有优先地位；享有优先地位的项目是承包人应当支付的工人的报酬、建造工程的材料款等已经支出的费用，但不包括发包人逾期支付工程价款的利息、违约金和损害赔偿金等款项；[3]承包人需要在发包人应支付工程价款之日起6个月内行使该优先权。[4]从性质上来说，原《中华人民共和国合同法》第286条确立的价款优先权，属于一种法定担保物权或者特别优先权，该权利的目的是

---

[1]《国家税务总局关于人民法院强制执行被执行人财产有关税收问题的复函》（国税函［2005］869号）。

[2] 参见浙江省天台县人民法院［2019］浙1023民初2172号民事判决书。

[3]《最高人民法院关于建设工程价款优先受偿权问题的批复》（法释［2002］16号，已失效）。

[4]《最高人民法院关于审理建设工程施工合同纠纷案件适用法律问题的解释（二）》（法释［2018］20号，已失效）。

填补承包人因建设工程而实际支出的成本（从前述优先权的内容也可以推出这一点）。虽然通过表面解释抵押权劣后于该优先权，可以推出该优先权优先于税款的结论，但因变价该工程而产生的税款是获得变价款的必需成本，近似于破产程序中的破产费用，于是，应该从变价款中优先偿还。[1]

2. 执行变价前已经欠缴的税款

执行变价前已经欠缴的税款可否优先征收，应该依据不同情况进行不同讨论。遵照《税收征收管理法》第45条可知，执行变价前已经欠缴的税款能否优先征收，取决于发生税款的时间与抵押权、质权或留置权的诞生时间的先后顺序。后者的时间容易判断，而前者的时间相对不容易判断。判断该时间的前提是厘清概念的含义。依据国家税务总局的规定可知，欠缴的税款是指，纳税人产生纳税义务后未按照税法的相关规定确立的期限向税务机关申报缴纳或者少缴纳的税款。欠缴税款的发生时间是，纳税人应缴纳税款的期限届满之次日。[2]由此可知，纳税义务的产生时间，与纳税期限是不同的概念。前者是指，符合税收设定的课税条件而产生缴纳税款义务的期限。此时，被执行人承担的税款仅仅是抽象意义上的。只有在被执行人遵照税法自行申报确定纳税数额或者被税务机关确定纳税数额后，纳税义务才真实地确立，此时的纳税义务才具有实操意义，且是被执行人应该在相应期限内实现的支付具体税款额的义务。"纳税义务从抽象变为具体的过程，就是纳税期限。"[3]该期限分为两个阶段，即计算纳税数额的期限和实际向税务机关缴纳的期限。前者是指纳税人计算税款的基期，或者税务机关计算税款的频率。基于该期限，才能确定具体的纳税数额。后者是指纳税人能够使用的缴纳税款的期限。纳税人只有在该期限内实际履行了义务，才能保证国家财政收入的及时获得。换言之，前者是一个时间点，后者是一个期限，前者是后者的基础，前者不发生，后者就没有意义。综上可知，缴纳税款期限届满的次日是指，税额确定后，实际缴纳税款的期限届满的次日，也就是前述的后者。当被执行人税

---

[1] 参见郑林、陈延忠：《民事执行中代扣代缴税款是否构成执行款：类案分歧及审查进路》，载《税务研究》2024年第1期。

[2]《国家税务总局关于贯彻〈中华人民共和国税收征收管理法〉及其实施细则若干具体问题的通知》（国税发〔2003〕47号，部分失效）。

[3] 参见刘剑文、熊伟：《税法基础理论》，北京大学出版社2004年版，第205页。

款缴纳期限届满的次日早于抵押权等担保物权成立之日时,那么被执行人欠缴的税款,就具有优先地位。反之,担保物权具有优先地位。但是,无论税款是否优先于担保物权,其总是优先于无担保的普通债权。

执行程序启动前,被执行人的纳税义务已经诞生,但没有按期实施纳税申报而欠缴的税款,执行程序启动后,税务机关才作出相应法律文书确定该部分欠款,此时,税务机关能够参与民事执行程序,且仍然可以在分配执行款时获得优先的地位。其理由在于,被执行人产生纳税义务后,负有自行申报并缴纳税款的义务。如果被执行人没有进行申报,那么就无法确定缴纳税款的具体数额,此后的向税务机关实际缴纳税款的行为将无法进行。虽然税务机关是在执行程序开始后作出要求纳税人缴纳税款的相应法律文书,从形式上来看,执行之前并未出现欠付税款的情况,但是,因被执行人未按法律规定自行申报,而事实上该税款已经诞生。尽管启动执行程序后税务机关才作出相应法律文书,但不可改变已经欠付税款的事实。[1]因此,不应该把税务机关作出法律文书的期限作为欠缴税款的发生时间,而应当把被执行人依法应该缴纳欠缴税款的期限届满的次日,当作欠缴税款的诞生时间,然后与担保物权的成立时间进行比较,来确定它们之间的先后位序。当然,这不影响税款优先于无担保的普通债权而获得清偿。

3. 执行变价前欠缴的滞纳金的优先受偿问题

正如上文所述,关于滞纳金是否具有类似于税款的优先地位,最高人民法院与国家税务总局的观点明显不同。其根源在于对滞纳金的性质等问题,存在争议。

我国税收征收管理的各种制度,是以正常经营的企业为对象设计的,而不是以破产等非正当状态为基础建立的。而最高人民法院的批复,是以企业破产的状态为基础的。破产状态下,企业的财产有限,如果把没有总额限制的滞纳金与税款等同视之,那么已经陷入资金短缺的破产企业更将无法清偿普通破产债权。最高人民法院的这种考虑,具有正当性,但是,通过违反税法把税款及其滞纳金等同视之的方式来清偿普通债权的做法,容易引发法外

---

[1] 参见李明、练奇峰:《不进行纳税申报情况下的税款追征期问题》,载《税务研究》2006年第8期。

裁判的质疑。这不仅效果有限，而且会产生很多副作用。例如，增加法院和税务机关适用法律的争议。

虽然依据国家税务总局的规定，滞纳金应该享有同税款同等的优先地位，但这并没有获得法院系统的认可。目前法院系统否认滞纳金优先地位的依据是《最高人民法院关于审理企业破产案件若干问题的规定》第61条。分析该条款可知，它适用于破产领域，并明定了两种非破产债权："其一，行政机关和司法机关对破产企业的罚款、罚金以及其他有关费用。其二，人民法院受理破产案件后，义务人没有支付应交款项的滞纳金，还包含义务人未执行生效法律文书而应当加倍支付的迟延利息和劳动保险金的滞纳金。"[1]通过分析这两种债权可知，该法律规定的目的是否定惩罚性质的滞纳金的破产债权资格。这就牵涉到滞纳金的性质问题。其如果属于惩罚性质的滞纳金，那么就应该依据前述规定被排除分配资格。反之，则可以具有分配资格。对于滞纳金的法律性质，一直以来存在争论。[2]虽然多数观点认为，滞纳金具有惩罚性质。但是，笔者认为，纳税人逾越明定的期限缴纳税款而被加征的款项，本质上是税收的附带给付，具有强制性、固定性与非处罚性。无论称其为利息，还是滞纳金，均不能变更其法律性质。此种公法上的金钱给付义务，并不是行政强制执行的手段，而是涉及纳税人错误占有税款而应支付的利息。[3]另外，本书的履行顺位规则的适用前提是非破产语境，不能直接遵从《最高人民法院关于审理企业破产案件若干问题的规定》。综上所述，在没有破产的前提下，滞纳金属于税收优先权的范围，税款和滞纳金都具有优先受偿的效力。[4]需要强调的是，为了平衡滞纳金与其他债权，需要规定滞纳金中止计算的情形，并对滞纳金的总额进行限制。

---

〔1〕 参见郭昌盛：《执行程序中税收优先权的法律适用困境及其化解》，载《税务与经济》2019年第6期。

〔2〕 参见赖向明、吴芳：《加收滞纳金是否属行政处罚》，载《涉外税务》1998年第11期；张慧英：《税收滞纳金探析》，载《税务研究》2003年第1期；钟广池、林昊：《论民事司法视野中的税收优先权》，载《法律适用》2009第8期；李刚：《税收滞纳金的功能与性质的界定方法：利罚参照比较法——从海峡两岸比较的角度》，载《税务研究》2018年第5期。

〔3〕 参见叶姗：《论滞纳税款加收款项之附带给付属性》，载《法学》2014年第10期。

〔4〕 参见郭昌盛：《我国税务强制执行权的历史嬗变、实践困境及完善路径——以〈税收征管法〉修订为契机》，载《中国政法大学学报》2019年第2期。

结　语

　　执行顺序的确定是解决执行竞合问题的关键，而确定执行顺序的考量因素是解决执行顺序问题的基础。优先主义更能实现执行程序的价值追求，不仅能保障执行公正，更能提高执行效率，通常情况下，应该按照申请执行的先后，来确定执行顺序。比较法上，广泛存在按照优先主义，确定执行顺序的立法例。后申请执行人，原则上应该靠后执行，除非其存在更值得保护的权益。确立该特殊考量因素的原因在于，时间标准无法顾及个体差异、权利区别和实体程序之间的差异而损害实质公平。后申请执行人是否具有更值得保护权益的问题，本质上是后申请执行债权是否具有优先受偿权的问题。是否具有优先受偿权的问题，需要对先后申请执行债权包含的权益进行具体分析后得出。在对具体权益进行比较的过程中，可以利用民事权益位阶或者价值位阶辅助判断。现行法下，当执行债权人对执行顺序产生争议时，除金钱债权执行竞合外，一般通过执行异议程序和执行异议之诉程序来进行处理。但这些程序不能完全满足处理竞合问题的需要，而且，还增加了处理的复杂性。故需要构建专门的执行竞合处理程序。个人破产程序确立后，参与分配程序不再需要承担破产的功能，重构规则后，能够满足处理金钱债权执行竞合的需要。两者共同组成我国的执行竞合处理程序。保全执行和终局执行之间的竞合，原则上需要遵守优先主义规则。至于多个保全措施的竞合，如果存在抵触，后者不能成立。先予执行与民事执行的竞合，不仅需要考虑民事执行的内容是支付金钱还是非金钱，也需要考虑民事执行的阶段是保全执行还是终局执行。另外，还需要考虑错误先予执行时的处理。民事执行与刑事执行或者行政执行，存在竞合的可能性，解决其之间竞合的立法存在不足，相关执行顺序规则需要完善。

参考文献

一、著作类

(一) 中文著作

1. 张登科:《民事执行法》,三民书局2018年版。
2. 吴光陆:《民事执行法》,三民书局2017年版。
3. 陈计男:《民事执行法释论》,元照出版公司2012年版。
4. 赖来焜:《民事执行法》(总论)(各论),元照出版公司2007年版。
5. 张永红:《英国强制执行法》,复旦大学出版社2014年版。
6. 江必新主编:《执行规范理解与适用》(增订2版)(上、下),中国法制出版社2018年版。
7. 苏盈贵:《强制执行法》(新白话六法系列),书泉出版社2017年版。
8. 许士宦:《强制执行法》,新学林出版股份有限公司2017年版。
9. 许士宦:《强制执行法·债务清理法》,新学林出版股份有限公司2013年版。
10. 江必新:《比较强制执行法》,中国法制出版社2014年版。
11. 沈达明:《比较强制执行法初论》,对外经济贸易大学出版社2015年版。
12. 张俊:《强制执行专题分析》,知识产权出版社2016年版。
13. 刘汉富主编:《国际强制执行法律汇编》,法律出版社2000年版。
14. 江必新主编:《强制执行法理论与实务》,中国法制出版社2014年版。
15. 杨与龄编著:《强制执行法论》(最新修正),中国政法大学出版社2002年版。
16. 人民法院出版社编:《最高人民法院司法观点集成·执行卷》,人民法院出版社2017年版。

17. 江必新主编:《最高人民法院执行业务指导》,中国法制出版社2015年版。
18. 江必新、刘贵祥主编,最高人民法院执行局编著:《最高人民法院执行最新司法解释统一理解与适用》,中国法制出版社2016年版。
19. 蔡震荣:《行政执行法》,元照出版有限公司2012年版。
20. 房绍坤主编:《民法》(第6版),中国人民大学出版社2021年版。
21. 谭秋桂:《民事执行法学》(第3版),北京大学出版社2015年版。
22. 王娣:《强制执行竞合研究》,中国人民公安大学出版社2009年版。
23. 黄金龙:《关于人民法院执行工作若干问题的规定实用解析》,中国法制出版社2000年版。
24. 赵国玲主编:《刑事执行法学》,北京大学出版社2014年版。
25. 董少谋:《民事强制执行法学》(第2版),法律出版社2016年版。
26. 肖建国:《民事诉讼程序价值论》,中国人民大学出版社2000年版。
27. 刘敏:《当代中国的民事司法改革》,中国法制出版社2001年版。
28. 张卫平主编:《司法改革论评》(第1辑),中国法制出版社2001年版。
29. 陈桂明:《诉讼公正与程序保障》,中国法制出版社1996年版。
30. 谭秋桂:《民事执行原理研究》,中国法制出版社2001年版。
31. 张文显:《法学基本范畴研究》,中国政法大学出版社1993年版。
32. 王利明等:《民法学》(第5版),法律出版社2017年版。
33. 常怡主编:《强制执行理论与实务》,重庆出版社1990年版。
34. 顾培东主编:《破产法教程》,法律出版社1995年版。
35. 黄剑青:《劳动基准法详解》,三民书局1993年版。
36. 王利明主编:《人身损害赔偿疑难问题:最高法院人身损害赔偿司法解释之评论与展望》,中国社会科学出版社2004年版。
37. 许德风:《破产法论——解释与功能比较的视角》,北京大学出版社2015年版。
38. 夏吟兰主编:《婚姻家庭继承法》(第2版),中国政法大学出版社2017年版。
39. 巫昌祯主编:《婚姻与继承法学》(第5版),中国政法大学出版社2011年版。
40. 张玉敏:《继承法律制度研究》(第2版),华中科技大学出版社2016年版。
41. 程啸:《保证合同研究》,法律出版社2006年版。
42. 杜江涌:《遗产债务法律制度研究》,群众出版社2013年版。
43. 张玉敏主编:《中国继承法立法建议稿及立法理由》,人民出版社2006年版。
44. 崔建远:《物权法》(第3版),中国人民大学出版社2014年版。
45. 韩世远:《合同法总论》(第4版),法律出版社2018年版。

46. 申卫星：《物权法原理》（第 2 版），中国人民大学出版社 2016 年版。
47. 范健、王建文：《公司法》（第 4 版），法律出版社 2015 年版。
48. 王利明：《物权法研究》（第 3 版）（上册），中国人民大学出版社 2013 年版。
49. 孙宪忠：《中国物权法总论》，法律出版社 2003 年版。
50. 邹海林：《破产法——程序理念与制度结构解析》，中国社会科学出版社 2016 年版。
51. 李永军：《破产法——理论与规范研究》，中国政法大学出版社 2013 年版。
52. 范健、王建文：《破产法》，法律出版社 2009 年版。
53. 李浩主编：《强制执行法》，厦门大学出版社 2004 年版。
54. 王娣主编：《强制执行法学》，厦门大学出版社 2011 年版。
55. 王欣新：《破产法》，中国人民大学出版社 2013 年版。
56. 崔建远主编：《我国物权立法难点问题研究》，清华大学出版社 2005 年版。
57. 朱新林：《论民事执行救济》，中国政法大学出版社 2015 年版。
58. 马登科主编：《民事执行的现代转型与制度创新》，厦门大学出版社 2014 年版。
59. 毋爱斌：《民事执行拍卖制度研究》，厦门大学出版社 2014 年版。
60. 杨奕：《民事执行体制改革研究》，清华大学出版社 2013 年版。
61. 曹凤国主编：《最高人民法院股权执行司法解释理解与适用》，法律出版社 2023 年版。
62. 国家法官学院案例开发研究中心编：《中国法院 2019 年度案例·执行案例》，中国法制出版社 2019 年版。
63. 肖建国主编：《民事执行法》，中国人民大学出版社 2014 年版。
64. 肖建国：《中国民事强制执行法专题研究》，中国法制出版社 2020 年版。
65. 江必新主编：《民事强制执行操作规程》，人民法院出版社 2010 年版。
66. 乔宇：《刑事涉案财物处置程序》，中国法制出版社 2018 年版。
67. 王娣、王德新、周孟炎：《民事执行参与分配制度研究》，中国人民公安大学出版社、群众出版社 2019 年版。
68. 王利明等：《民法学》（第 6 版），法律出版社 2020 年版。
69. 魏振瀛主编：《民法》（第 8 版），北京大学出版社、高等教育出版社 2021 年版。
70. 曹凤国主编：《执行异议之诉裁判规则理解与适用》（第 2 版），法律出版社 2023 年版。
71. 王欣新：《破产法》，中国人民大学出版社 2019 年版。
72. 马忆南：《婚姻家庭继承法学》（第 4 版），北京大学出版社 2019 年版。
73. 司伟主编：《执行异议之诉裁判思路与裁判规则》，法律出版社 2020 年版。
74. 乔宇：《强制执行前沿与热点问题》，中国法制出版社 2020 年版。
75. 傅松苗、丁灵敏编著：《民事执行实务难题梳理与解析》，人民法院出版社 2017 年版。

76. 刘贵祥、宋朝武主编:《强制执行的理论与制度创新:"中国执行论坛"优秀论文集》,中国政法大学出版社 2017 年版。
77. 曹凤国主编:《执行实务难点问答》,人民法院出版社 2024 年版。
78. 程啸、高圣平、谢鸿飞:《最高人民法院新担保司法解释理解与适用》,法律出版社 2021 年版。
79. 人民法院出版社编:《最高人民法院 最高人民检察院指导性案例》(第 6 版),人民法院出版社 2022 年版。
80. 谭秋桂等:《民事执行权与审判权分离改革路径研究》,知识产权出版社 2022 年版。
81. 李燕、马登科主编:《执行法与破产法论丛》,法律出版社 2024 年版。
82. 司伟:《执行异议之诉:原理与实务》,法律出版社 2022 年版。
83. 张元:《民事执行实务精要》,中国法制出版社 2022 年版。
84. 陈杭平:《中国民事强制执行法重点讲义》,法律出版社 2023 年版。

(二) 外文译著

1. [日] 山本和彦:《日本倒产处理法入门》,金春等译,法律出版社 2016 年版。
2. [法] 让·文森、雅克·普雷沃:《法国民事执行程序法要义》,罗结珍译,中国法制出版社 2002 年版。
3. [美] 查尔斯·J.泰步:《美国破产法新论》(第 3 版),韩长印、何欢、王之洲译,中国政法大学出版社 2017 年版。
4. [德] 弗里茨·鲍尔、霍尔夫·施蒂尔纳、亚历山大·布伦斯:《德国强制执行法》(上册),王洪亮、郝丽燕、李云琦译,法律出版社 2019 年版。
5. [德] 弗里茨·鲍尔、霍尔夫·施蒂尔纳、亚历山大·布伦斯:《德国强制执行法》(下册),王洪亮、郝丽燕、李云琦译,法律出版社 2020 年版。
6. [日] 竹下守夫:《日本民事执行法理论与实务研究》,刘荣军、张卫平译,重庆大学出版社 1994 年版。
7. [德] 舍费尔、奥特:《民法的经济分析》,江清云、杜涛译,法律出版社 2009 年版。
8. [日] 田中成明:《现代社会与审判——民事诉讼的地位与作用》,郝振江译,北京大学出版社 2016 年版。
9. [德] 鲍尔、施蒂尔纳:《德国物权法》(上册),张双根译,法律出版社 2004 年版。
10. [日] 石川明:《日本破产法》,何勤华、周桂秋译,中国法制出版社 2000 年版。

(三) 外文著作

1. [日] 齐藤和夫:《民事执行法》(非金钱执行编),信山社 2017 年版。
2. [日] 园部厚:《民事执行の实务》(上)(下),新日本法规出版株式会社 2017 年版。

3. ［日］吉国智彦：《滞调法の基本と実务》，第一法规株式会社2017年版。
4. ［日］上原敏夫、长谷部由起子、山本和彦：《民事执行法·保全法》，有斐阁2017年版。
5. ［日］中野贞一郎：《民事执行·保全入门》（补订版），有斐阁2017年版。
6. ［日］浦野雄幸：《（逐条概说）民事执行法》（全订版），商事法务研究会1982年版。
7. ［日］圜部厚：《执行关系诉讼的实务》，青林书院2017年版。
8. ［日］中野贞一郎、下村正明：《民事执行法》，青林书院2016年版。
9. ［日］中野贞一郎：《执行力的客观的范围》，载山木戸克己教授還曆記念《実体法と手続法の交錯（下）》，有斐閣1978年版。
10. Stuart Sime, *Apractical Approach to Civil Procedure*, *Twentieth Edition*, Oxford University Press, 2017.
11. the Rthon Sir Maurice Kay、Stuart Sime、Derek French, *Blackstone's Civil Practice*, Seventh Edition, Oxford University Press, 2018.

二、期刊论文类

（一）中文期刊

1. 王富博：《关于〈最高人民法院关于执行案件移送破产审查若干问题的指导意见〉的解读》，载《法律适用》2017年第11期。
2. 江必新：《民事诉讼法执行程序修改应关注的十大问题》，载《人民司法》2011年第17期。
3. 唐应茂：《为什么执行程序处理破产问题?》，载《北京大学学报（哲学社会科学版）》2008年第6期。
4. 张永泉：《民事执行程序中"参与分配"的理论与制度构建》，载《苏州大学学报》2017年第4期。
5. 陈韵希：《论民事实体法秩序下偏颇行为的撤销》，载《法学家》2018年第3期。
6. 韩长印、朱春和：《参与分配制度与破产立法》，载《当代法学》2000年第1期。
7. 赵万一、高达：《论我国个人破产制度的构建》，载《法商研究》2014年第3期。
8. 江伟、肖建国：《民事执行制度若干问题的探讨》，载《中国法学》1995年第1期。
9. 王贵彬：《论执行异议之诉中对借名买房人的裁判思路和救济路径》，载《西部法学评论》2021年第4期。
10. 葛行军、刘文涛：《关于执行财产分配的立法思考》，载《法学研究》2001年第2期。
11. 肖建国：《论民事诉讼中强制拍卖的性质和效力》，载《北京科技大学学报（社会科学版）》2004 年第 4 期。

12. 朱晓喆：《比较民法与判例研究的立场和使命》，载《华东政法大学学报》2015 年第 2 期。
13. 庄加园：《预告登记在民事执行程序中的效力》，载《当代法学》2016 年第 4 期。
14. 张卫平：《案外人异议之诉》，载《法学研究》2009 年第 1 期。
15. 金可可：《预告登记之性质——从德国法的有关规定说起》，载《法学》2007 年第 7 期。
16. 郭富青：《论股权善意取得的依据与法律适用》，载《甘肃政法学院学报》2013 年第 4 期。
17. 黄忠顺：《物之交付执行中的案外人救济程序研究》，载《北方法学》2022 年第 1 期。
18. 王利明：《民法典合同编通则中的重大疑难问题研究》，载《云南社会科学》2020 年第 1 期。
19. 李建伟：《有限责任公司股权变动模式研究——以公司受通知与认可的程序构建为中心》，载《暨南学报（哲学社会科学版）》2012 年第 12 期。
20. 陈彦晶：《有限责任公司股权善意取得质疑》，载《青海社会科学》2011 年第 3 期。
21. 余佳楠：《我国有限公司股权善意取得制度的缺陷与建构——基于权利外观原理的视角》，载《清华法学》2015 年第 4 期。
22. 张双根：《股权善意取得之质疑——基于解释论的分析》，载《法学家》2016 年第 1 期。
23. 张笑涛：《股权善意取得之修正——以〈公司法〉司法解释（三）为例》，载《政法论坛》2013 年第 6 期。
24. 陈瑜：《实际出资人显名登记的性质》，载《人民司法·案例》2019 年第 11 期。
25. 张勇健：《商事审判中适用外观主义原则的范围探讨》，载《法律适用》2011 年第 8 期。
26. 丁南：《论民商法上的外观主义》，载《法商研究》1997 年第 5 期。
27. 冉克平：《抵押权善意取得争议问题研究》，载《暨南学报（哲学社会科学版）》2018 年第 11 期。
28. 李仁玉、陈敦：《动产质权善意取得若干问题探讨》，载《国家检察官学院学报》2005 年第 1 期。
29. 阙梓冰：《购房人优先权的价值理念与解释路径》，载《法律适用》2020 年第 11 期。
30. 赵俊劳：《我国物权法特殊动产物权变动生效要件的解释与完善》，载《法律科学》2017 年第 4 期。

31. 王睿:《期待权概念之理论源流与界定》, 载《北方法学》2017 年第 2 期。
32. 张丽洁:《论物权期待权与抵押权的适用规则——从未经变更登记的房产民事执行的角度》, 载《甘肃政法学院学报》2019 年第 2 期。
33. 孙宪忠、常鹏翱:《论法律物权与事实物权的区分》, 载《法学研究》2001 年第 5 期。
34. 邓和军、罗娜:《论案外人执行异议之诉的证明责任》, 载《海南大学学报(人文社会科学版)》2018 年第 5 期。
35. 赵申豪:《借名购房行为效力判定路径之辨识》, 载《法治研究》2017 年第 4 期。
36. 杨代雄:《借名购房及借名登记中的物权变动》, 载《法学》2016 年第 8 期。
37. 杨代雄:《使用他人名义实施法律行为的效果》, 载《中国法学》2010 年第 4 期。
38. 赵秀梅:《借名登记合同中的法律问题》, 载《国家检察官学院学报》2014 年第 5 期。
39. 徐亮:《借名实施法律行为的法律效果》, 载《中国检察官》2017 年第 10 期。
40. 冉克平:《论借名实施法律行为的效果》, 载《法学》2014 年第 2 期。
41. 王利明:《民法上的利益位阶及其考量》, 载《法学家》2014 年第 1 期。
42. 冉克平、黄依畑:《借名买房行为的法律效果研究》, 载《财经法学》2020 年第 2 期。
43. 张伟强:《借名登记问题的经济分析——兼论物债何以二分》, 载《法学杂志》2019 年第 8 期。
44. 崔建远:《论外观主义的运用边界》, 载《清华法学》2019 年第 5 期。
45. 王毓莹:《股权代持的权利架构——股权归属与处分效力的追问》, 载《比较法研究》2020 年第 3 期。
46. 王毓莹、史智军:《涉商品房消费者之执行异议之诉的若干要件分析》, 载《法治研究》2021 年第 3 期。
47. 刘颖:《论债权请求权人可否提起案外人异议之诉》, 载《暨南学报(哲学社会科学版)》2020 年第 4 期。
48. 马钰凤:《我国遗产债务清偿顺序之重构》, 载《湖北社会科学》2011 年第 4 期。
49. 汪洋:《遗产债务的类型与清偿顺序》, 载《法学》2018 年第 12 期。
50. 马利峰、罗思荣:《论人身损害赔偿之债在破产程序中的优先受偿》, 载《法治研究》2010 年第 7 期。
51. 许德风:《论担保物权的经济意义及我国破产法的缺失》, 载《清华法学》2007 年第 3 期。
52. 易小明:《分配正义的两个基本原则》, 载《中国社会科学》2015 年第 3 期。
53. 董彪、刘卫国:《民事执行中生存权与债权的冲突与平衡》, 载《法学论坛》2007 年第 4 期。

54. 韩长印、韩永强：《债权受偿顺位省思——基于破产法的考量》，载《中国社会科学》2010 年第 4 期。
55. 徐虹：《向实质正义的理性回归——执行程序中的优先权制度反思与超越》，载《法律适用》2010 年第 8 期。
56. 宋宗宇：《优先权制度在我国的现实与理想》，载《现代法学》2007 年第 1 期。
57. 申卫星：《论优先权同其他担保物权之区别与竞合》，载《法制与社会发展》2001 年第 3 期。
58. 张义华、王海波：《论优先权性质的界定及其价值》，载《河南财经政法大学学报》2014 年第 2 期。
59. 高圣平：《民法典动产担保权优先顺位规则的解释论》，载《清华法学》2020 年第 3 期。
60. 王利明：《论民事权益位阶：以〈民法典〉为中心》，载《中国法学》2022 年第 1 期。
61. 肖建国、庄诗岳：《参与分配程序：功能调整与制度重构》，载《山东社会科学》2020 年第 3 期。
62. 陈荣宗：《民事执行之竞合》，载《台大法学论丛》1974 年第 2 期。
63. 刘东：《涉财产刑执行中民事债权优先受偿的困境与出路》，载《华东政法大学学报》2021 年第 5 期。
64. 杨解君：《论利益权衡下的行政执行与民事执行衔接》，载《中国法学》2007 年第 1 期。
65. 肖泽晟：《论行政强制执行中债权冲突的处理》，载《法商研究》2011 年第 3 期。
66. 肖建国：《论财产刑执行的理论基础——基于民法和民事诉讼法的分析》，载《法学家》2007 年第 2 期。
67. 黄忠顺：《论司法机关在财产刑执行中的角色分担》，载《中国刑事法杂志》2014 年第 1 期。
68. 杨与龄：《论强制执行程序之竞合》，载《法令月刊》1986 年第 3 期。
69. 乔宇：《论财产刑执行的法律问题——以财产刑制度性执行难为中心》，载《法律适用》2015 年第 10 期。
70. 林金文、赖正直：《刑事裁判涉财产部分执行问题分析》，载《人民司法》2017 年第 7 期。
71. 石朝晶：《执行竞合时假扣押申请人有无优先受偿权》，载《人民司法》2015 年第 15 期。
72. 崔婕：《强制执行竞合的解决——兼论我国相关强制执行制度的完善》，载《法商研究》2001 年第 4 期。

73. 刘贵祥、赵晋山、葛洪涛：《〈关于首先查封法院与优先债权执行法院处分查封财产有关问题的批复〉的理解与适用》，载《人民司法》2016 年第 19 期。

74. 包冰锋、田文、熊璨：《首封权与优先债权执行的冲突与调和》，载《人民司法》2019 年第 13 期。

75. 姜志远、周玉文：《我国物权立法应设立优先权制度》，载《法学杂志》2006 年第 2 期。

76. 张强：《优先权制度的立法困境与对策》，载《河南省政法管理干部学院学报》2006 年第 5 期。

77. 申卫星：《我国优先权制度立法研究》，载《法学评论》1997 年第 6 期。

78. 王全弟、丁洁：《物权法应确立优先权制度》，载《法学》2001 年第 44 期。

79. 肖建国：《强制执行形式化原则的制度效应》，载《华东政法大学学报》2021 年第 2 期。

80. 孙新强：《我国法律移植中的败笔——优先权》，载《中国法学》2011 年第 1 期。

81. 邵长茂、谷佳杰：《民事强制执行立法的重点难点问题——民事强制执行立法专家论证会会议综述》，载最高人民法院执行局编：《执行工作指导》（总第 71 辑），人民法院出版社 2020 年版。

82. 王利明：《关于劳动债权与担保物权的关系》，载《法学家》2005 年第 2 期。

83. 王学力：《我国上市公司高管人员薪酬差异情况分析》，载《中国劳动》2014 年第 5 期。

84. 谢增毅：《公司高管的劳动者身份判定及其法律规则》，载《法学》2016 年第 7 期。

85. 覃有土、雷涌泉：《人身损害赔偿若干疑难问题研究》，载《法商研究》2004 年第 1 期。

86. 陈政：《优先受偿：人身侵权债权的破产清偿顺位》，载《广西社会科学》2014 年第 7 期。

87. 李雪田：《论破产优先权》，载《当代法学》2008 年第 3 期。

88. 杨立新：《论侵权请求权的优先权保障》，载《法学家》2010 年第 2 期。

89. 许德风：《论破产债权的顺序》，载《当代法学》2013 年第 2 期。

90. 马东：《论应当赋予侵权债权在破产分配中以优先地位》，载《法学杂志》2012 年第 2 期。

91. 王利明：《人格权的积极确权模式探讨——兼论人格权法与侵权法之关系》，载《法学家》2016 年第 2 期。

92. 黄忠顺：《案外人排除强制执行请求的司法审查模式选择》，载《法学》2020 年第 10 期。

93. 王红岩、张文香：《论执行标的》，载《政法论坛》2000 年第 3 期。

94. 黄忠顺：《论直接执行与间接执行的关系》，载《东岳论丛》2020 年第 6 期。

95. 黄忠顺：《以人民为中心的民事强制执行立法：逻辑起点、价值理念及关键环节》，载《深圳大学学报（人文社会科学版）》2022 年第 1 期。

96. 刘颖：《执行文的历史源流、制度模式与中国图景》，载《中外法学》2020 年第 1 期。

97. 王聪、云晋升：《未登记动产抵押权研究》，载《社会科学战线》2020 年第 7 期。

98. 其木提：《误转账付款返还请求权的救济路径》，载《法学》2020 年第 2 期。

99. 崔建远：《不当得利规则的细化及其解释》，载《现代法学》2020 年第 3 期。

100. 房绍坤、柳佩莹：《论购买价款担保权的超级优先效力》，载《学习探索》2020 年第 4 期。

101. 金春：《论房地产企业破产中购房消费者的权利保护》，载《法律适用》2016 年第 4 期。

102. 严银：《执行程序中的查封优先权》，载《人民司法》2017 年第 10 期。

103. 王群、陈光卓：《预查封商品房之变价款的执行清偿顺位》，载《人民司法》2018 年第 35 期。

104. 王巍：《民法典编纂视阈下遗产债务清偿顺序制度的理论评析与路径重塑》，载《河北法学》2019 年第 3 期。

105. 张卫平：《论民事诉讼制度的价值追求》，载《法治现代化研究》2021 年第 3 期。

106. 任重：《民事诉讼法教义学视角下的"执行难"：成因与出路》，载《当代法学》2019 年第 3 期。

107. 马登科：《审执分离运行机制论》，载《现代法学》2019 年第 4 期。

108. 肖建国：《执行标的实体权属的判断标准》，载《政法论坛》2010 年第 3 期。

109. 杨秀清：《以利益衡量为基础构建民事执行拍卖效力制度》，载《法学杂志》2014 年第 8 期。

110. 王虹霞：《司法裁判中法官利益衡量的展开》，载《环球法律评论》2016 年第 3 期。

111. 蔡琳：《论"利益"的解析与"衡量"的展开》，载《法制与社会发展》2015 年第 1 期。

112. 张磊：《论税收优先权与担保物权效力冲突的解决路径》，载《北京化工大学学报（社会科学版）》2019 年第 1 期。

113. 高颖佳：《税收优先权与担保物权冲突的解决》，载《人民司法》2017 年第 34 期。

114. 李慈强:《破产清算中税收优先权的类型化分析》,载《税务研究》2016 年第 3 期。

115. 王博:《权利冲突化解路径的经济法律分析》,载《法学》2016 年第 11 期。

116. 孙新强:《破除债权平等原则的两种立法例之辨析》,载《现代法学》2009 年第 6 期。

117. 于海涌:《法国工资优先权制度研究》,载《中山大学学报(社会科学版)》2006 年第 1 期。

118. 易小明:《分配正义的两个基本原则》,载《中国社会科学》2015 年第 3 期。

119. 侯玲玲、王林清:《从民法到社会保障的工资债权保护》,载《法学杂志》2013 年第 7 期。

120. 郭昌盛:《我国税务强制执行权的历史嬗变、实践困境及完善路径——以〈税收征管法〉修订为契机》,载《中国政法大学学报》2019 年第 2 期。

121. 李刚:《税收滞纳金的功能与性质的界定方法:利罚参照比较法——从海峡两岸比较的角度》,载《税务研究》2018 年第 5 期。

122. 叶姗:《论滞纳税款加收款项之附带给付属性》,载《法学》2014 年第 10 期。

123. 郭昌盛:《执行程序中税收优先权的法律适用困境及其化解》,载《税务与经济》2019 年第 6 期。

124. 赵大伟:《共同财产制下夫妻个人债务执行程序的规则建构》,载《交大法学》2022 年第 2 期。

125. 黄忠顺:《案外人排除执行利益研究》,载《法学杂志》2021 年第 9 期。

126. 金印:《案外人对执行标的主张实体权利的程序救济》,载《法学研究》2021 年第 5 期。

127. 张亮、孙恬静:《案外人执行异议之诉中债权人与隐名股东保护的价值衡量》,载《法律适用》2021 年第 8 期。

128. 胡纪平:《财产刑与民事执行的竞合及其处理》,载《当代经济》2007 年第 9 期。

129. 程凤义、刘伟超:《刑事裁判涉财产部分的执行顺序》,载《人民司法》2016 年第 16 期。

130. 陈杭平:《执行价款分配模式转型之辩》,载《中国法学》2023 年第 5 期。

131. 王贵彬:《论执行力客观范围的扩张———以应还土地上拆除房屋之诉讼实现路径为视角》,载《河北法学》2020 年第 6 期。

132. 郑林、陈延忠:《民事执行中代扣代缴税款是否构成执行款:类案分歧及审查进路》,载《税务研究》2024 年第 1 期。

133. 庄诗岳:《论离婚协议中房屋给与约定的排除执行效力》,载《中国不动产法研究》2023 年第 2 期。

134. 张卫平：《"审执分离"本质与路径的再认识》，载《中国法学》2023 年第 6 期。
135. 吴俐、杨馥源：《"给付内容明确"之扩张——以区块链数字资产强制执行为视角》，载《社会科学动态》2023 年第 11 期。
136. 骆小春、王维茗：《从对峙到共存：执行程序中居住权的保护范围及措施》，载《东南大学学报（哲学社会科学版）》2023 年第 6 期。
137. 黄忠顺：《刑事涉财产执行中的案外人权益救济———以案外人权益救济程序的当事人构造为视角》，载《交大法学》2023 年第 6 期。
138. 崔吉子、魏哲：《不同形态共有物分割请求权的代位行使———兼评〈民事强制执行法（草案）〉相关条款》，载《东岳论丛》2023 年第 10 期。

（二）外文期刊

1. ［日］中野贞一郎：《执行制度改革的论点》，载《奈良法学会杂志》11 卷 1 号（1998）。
2. ［日］三谷忠之：《日本の民事執行制度の歴史及び近時の民事執行法改正について》，载《香川法学》33 卷 3·4 号（2014）。

三、学位论文类

1. 王娣：《民事执行竞合研究》，中国政法大学 2004 年博士学位论文。
2. 肖建光：《民事执行竞合问题研究》，中国政法大学 2003 年硕士学位论文。
3. 金成焕：《论金钱债权与非金钱债权的终局执行竞合》，延边大学 2010 年硕士学位论文。
4. 杨明：《论保全执行与终局执行的竞合》，西南政法大学 2017 年硕士学位论文。
5. 冯鹏：《论民事强制执行竞合的解决》，中国政法大学 2009 年硕士学位论文。
6. 谭亮：《论民事强制执行竞合的解决》，中国政法大学 2011 年硕士学位论文。
7. 陈建浩：《民事强制执行竞合问题研究》，兰州大学 2006 年硕士学位论文。
8. 杨露娜：《财产刑执行与民事执行竞合研究》，中国政法大学 2011 年硕士学位论文。
9. 王齐亮：《房屋买受人与其他债权人执行竞合问题研究》，山东大学 2015 年硕士学位论文。
10. 龙奎：《执行竞合论》，西南政法大学 2006 年硕士学位论文。
11. 孙东雅：《民事优先权研究》，中国政法大学 2003 年博士学位论文。
12. 尚彦卿：《民事执行中参与分配制度研究》，西南政法大学 2018 年博士学位论文。
13. 刘灿：《论参与分配中的优先权》，湘潭大学 2021 年硕士学位论文。
14. 徐伟：《我国民事执行款分配顺序研究》，兰州大学 2021 年硕士学位论文。
15. 王福华：《民事保全制度研究》，中国政法大学 2005 年博士学位论文。

16. 赵娟:《执行参与分配程序中的优先权问题研究》,暨南大学 2015 年硕士学位论文。
17. 陈政:《破产债权清偿顺序问题研究——以权利冲突及其解决为视角》,西南政法大学 2014 年博士学位论文。

四、报纸类

1. 兰世民:《执行分配中优先权冲突下的工资债权保护》,载《人民法院报》2007 年 6 月 21 日。
2. 司伟:《有限责任公司实际出资人执行异议之诉的裁判理念》,载《人民法院报》2018 年 8 月 22 日。
3. 王毓莹:《执行异议之诉中账户资金的排除执行问题》,载《人民法院报》2017 年 11 月 1 日。
4. 金殿军:《工资在执行程序中的优先受偿权》,载《人民法院报》2009 年 3 月 27 日。